Elsässer **Der deutsche Sonderweg**

Jürgen Elsässer

Der deutsche Sonderweg

Historische Last
und politische Herausforderung

Diederichs

Bibliografische Information Der Deutschen Bibliothek
Die Deutsche Bibliothek verzeichnet diese Publikation
in der Deutschen Nationalbibliografie; detaillierte bibliografische
Daten sind im Internet über http://dnb.ddb.de abrufbar.

Redaktion: AMS Autoren- und Medienservice, Reute
Umschlaggestaltung: Eisele Grafikdesign, München
Produktion: Maximiliane Seidl
Satz: AMS/Rudolf Kempf, Reute
Druck: GGP Media, Pößneck
Printed in Germany

ISBN 3-7205-2440-X

Inhalt

Einführung 7

Schröders »deutscher Weg«
im Wahlkampf 11

Der deutsche Sonderweg
und die Mythen der Historiker 18

Aufstieg und Niedergang
der Bonner Republik 52

Die Wiedervereinigung als
Kraftakt gegen die Nachbarn 65

Die Sozialdemokratie
in der Berliner Republik 83

Golfkrieg 1991 und das Ende
der »Machtvergessenheit« 103

Außenpolitische Muskelspiele
des neuen Deutschland 119

Der Kurswechsel
der Clinton-Regierung 139

Wachsende Rivalitäten
zwischen Berlin und Washington 149

Gemeinsame und widerstreitende Interessen
am Persischen Golf 162

Die steigende Exportabhängigkeit
Deutschlands von den USA 174

Krieg als Flucht
vor dem wirtschaftlichen Kollaps 184

Die Phantom-Armee der EU
im Sperrfeuer der USA 201

Eine neue Partie
auf dem eurasischen Schachbrett 211

Machtkampf zwischen Gaullisten
und Atlantikern 220

Frieden in Europa statt Offensive
auf dem Weltmarkt 229

Danksagung 241

Anmerkungen 242

Register 261

Einführung

Angesichts des Stahlgewitters über Bagdad kommen einem die Worte von Goethe bei der Kanonade von Valmy im Jahr 1792 in den Sinn: »Von hier und heute geht eine neue Epoche der Weltgeschichte aus, und ihr könnt sagen, ihr seid dabeigewesen.«

Doch während der Betrachter damals, als er die Heere der Französischen Revolution siegen sah, das definitive Ende des Mittelalters erhoffte, muß man heute das Gegenteil befürchten – seine Wiederkehr. Die brüllende Armada aus Stahl und Feuer, die sich sengend und mordend durch die Wüste wälzt, vergleichen arabische Kommentatoren mit dem Hunnensturm, der 1258 über Mesopotamien hinwegfegte. Albrecht Dürers apokalyptische Reiter triumphieren an allen Fronten.

Völkerrecht und globale Ordnung lagen in Trümmern, noch bevor der erste Marschflugkörper abgefeuert wurde. Beim Angriff auf den Irak wurden nicht nur die UN ignoriert – das geschah schon 1999 beim Krieg gegen Jugoslawien –, sondern auch der vermeintliche Sieger von damals, die NATO. Das Imperium marschiert allein, die Vereinten Nationen werden verhöhnt, und selbst die Verbündeten werden nicht gefragt. Kündeten die Bomben auf Belgrad vom Ende des Weltsicherheitsrats, so läuten die Bomben auf Bagdad die Todesstunde des atlantischen Pakts ein. Die Macht vertilgt nun ihre eigenen Organe, nachdem sie die Fesseln des internationalen Rechts gesprengt hat.

In dieser schwarzen Nacht passierte etwas Unerwartetes: Deutschland verweigerte sich dem Krieg, erstmals seit der Wiedervereinigung. Zwar leistete die Bundesregierung unter Berufung auf Vertragspflichten gewisse Hilfsdienste, aber sie stellte keine Truppen und gab der Supermacht trotzig Widerworte.

Das Nein aus Berlin hat von Paris bis Moskau Hoffnungen geweckt, in Washington und London aber Befürchtungen: Droht ein neuer deutscher Sonderweg und die Abkehr vom Westen? Setzt Schröder die Zukunft des Kontinents, die Kohls Einigungswerk gestiftet hat, durch Alleingänge aufs Spiel? Ist er der Urenkel von Kaiser Wilhelm? Müssen wir die Rückkehr des alten Europa unter »reichsdeutscher« Vorherrschaft befürchten?

Diese Fragen leiten sich alle aus einem gemeinsamen Dogma ab: Deutschland wird wieder gefährlich, wenn es aus dem Bündnis mit den USA ausschert. Wer sich heute Amerika verweigert, zündet morgen Synagogen an und marschiert übermorgen in Polen ein. Die Dogmatiker unterstellen, daß die Kritiker der USA Nationalisten seien, vielleicht sogar Nazis, jedenfalls zweifelhafte Demokraten. Sie verordnen: Der Pazifismus hat zu Auschwitz geführt. So schüchtern sie die Zweifelnden ein, damit niemand ihre Behauptungen infrage stellt und mit der Realität konfrontiert.

Dieses Buch bricht mit dem Dogma und präsentiert Fakten. Jede Leserin und jeder Leser kann sie überprüfen. Präsentiert wird eine Streitschrift zur aktuellen Debatte und deren historischen Hintergrund.

Die wissenschaftliche Diskussion über die Wendepunkte der deutschen Geschichte – Luther, Bismarck, Hitler – wird gegen den Strich gebürstet, über die Entwicklung unter Kohl und Schröder werden eine Fülle unbekannter Tatsachen präsentiert. Immer bestimmt der Krieg im Irak und das Zerwürfnis der einstigen Verbündeten die Perspektive. Während die Schlacht um Bagdad tobt, entstand eine Analyse des deutsch-amerikanischen Verhältnisses, die in allen Punkten der dogmatischen Lehre entgegensteht:

1. Der deutsche Sonderweg vor 1945 war zweifellos ein beispielloser Amoklauf – aber keineswegs gegen »den« Westen im allgemeinen oder gar gegen Amerika, sondern gegen die europäischen Nachbarn gerichtet. Der traditionelle Erbfeind war Frankreich, der Vernichtungskrieg wurde gegen den Osten geführt.
2. Deutschland hat seinen Sonderweg nicht auf Druck von vorbürgerlichen, mittelalterlichen oder halbfeudalen Gesellschaftsschichten eingeschlagen, sondern auf Initiative der Wirtschaft. Die Finanziers und Profiteure des Nationalsozialismus überstanden die Kriegsniederlage unbeschadet – dank der Protektion durch die USA.
3. Was die deutsche Wirtschaft nach 1945 von neuen Sonderwegen abhielt, war die Teilung des Landes. Das Ende der Teilung beendete die Epoche des europäischen Friedens. Die Wiedervereinigung war nicht mehr zu verhindern, als Bush senior gegen den erbitterten Widerstand von Thatcher und Mitterrand Kohls Anschlußpolitik unterstützte.
4. Das neue Deutschland knüpfte 1990 da an, wo das alte 1945 gestoppt worden war – dieses Mal mit Rückendeckung durch die USA. Die Renaissance des Militarismus, der Aufbau einer interventionsfähigen Bundeswehrmacht, die zweite Zerschlagung Jugoslawiens, die Bedrohung Rußlands durch die Ostverschiebung der NATO, schließlich der Krieg gegen Serbien – all dies war das Werk der *Partners in Leadership.* Nicht nur Moskau, sondern auch die europäischen NATO-Verbündeten versuchten immer wieder, diese Sonderwege zu stoppen.
5. Grundlage der deutsch-amerikanischen Waffenbrüderschaft ist die symbiotische Verflechtung der beiden

Nationalökonomien. Beide sind, auf ganz unterschiedliche Weise, mehr am Krieg interessiert als andere Volkswirtschaften.

6. Ein konsequenter Bruch mit den USA würde die Chance für eine Entspannungspolitik in Europa eröffnen. Eine stabile Freundschaft mit Paris und Moskau ist die beste Vorkehrung gegen einen neuen deutschen Sonderweg.

Eines ist klar: Ein »Weiter so« gibt es nicht mehr. Die bisherige Weltordnung ist zerfallen, die Einheit des Westens ebenso. Die NATO ist in Auflösung, vielleicht sogar die EU. Die Deutschen müssen sich entscheiden, ebenso wie alle anderen Europäer, nein: wie alle anderen Erdenbürger: Wollen sie Teil eines weltumspannenden Imperiums sein? Wollen sie einen Gegenblock gegen die angelsächsische Hemisphäre aufbauen? Oder kann aus der globalen Friedenssehnsucht eine globale, wenigstens eurasische Friedensordnung entstehen? Das letzte Drittel des Buches diskutiert die unterschiedlichen Pfade der zukünftigen Entwicklung.

Robert Kagan, einer der neokonservativen Einflüsterer der Bush-Regierung, ordnet Amerikaner und Europäer verschiedenen Planeten zu – die einen kämen vom Mars, die anderen von der Venus. Damit stünden auch die Deutschen im Banne der Liebesgöttin. Weiß Kagan eigentlich, daß er damit den ewigen Marsianern das größte Kompliment gemacht hat? Man wünschte, er hätte recht. Offensichtlich ist nämlich, daß die deutsche Absage an die amerikanische Kriegslogik halbherzig und von eigenen Interessen bestimmt ist. Schröders Nein ist nicht das Ende deutscher Großmachtpolitik, noch nicht einmal der Anfang vom Ende. Aber vielleicht wird man einmal sagen: Es war das Ende vom Anfang. Jetzt müssen sich alle einmischen, die weder Stimmvieh noch Kanonenfutter sein wollen.

Schröders »deutscher Weg« im Wahlkampf

Der 30. Juli 2002 war ein sonniger, aber kein heißer Tag. Über dem Schloß von Schwerin spannte sich ein blauer Himmel, der See davor glitzerte. Eine Kompanie der Bundeswehr war angetreten, um den französischen Staatsgast Jacques Chirac mit allen Ehren zu empfangen. Nach dem Defilée bahnte sich der Kanzler einen Weg durch die Menge, schüttelte mechanisch Hände, verzog die Mundwinkel zum Lachen. Den Präsidenten hatte er weit zurückgelassen, der wirkte etwas verloren. Kein Mensch hätte in diesem Augenblick daran gedacht, daß dieses so unterschiedliche Politikerpaar zusammenfinden könnte, und welche Kraft sich daraus entwickeln würde. Das Treffen in Schwerin endete ohne Ergebnisse. »Augenzeugen erinnerten sich an eine ziemlich unterkühlte Atmosphäre.«[1] Gerhard Schröder wirkte die meiste Zeit abwesend. Kein Wunder, er hatte andere Sorgen.

Sieben Wochen vor der Bundestagswahl waren die Umfragewerte für die Regierungsparteien katastrophal. Die SPD bewegte sich auf die 30-Prozent-Marke zu. Der Juli hatte es in sich gehabt: Zuerst war der Rettungsversuch für die Telekom mißlungen. Deren Chef Ron Sommer mußte trotz Protektion durch den Kanzler seinen Hut nehmen. Dann kam das Scharping-Desaster. Ein bestechlicher Minister; ein Minister, der sich erwischen läßt; und ein Minister, der sich weigert zu gehen und gefeuert werden muß. Das war zuviel gewesen. Auch beim anschließenden Urlaub im heimischen Hannover hatte Schröder nicht entspannen können. Es mußte etwas geschehen, sonst war alles verloren.

In den Tagen nach Schwerin konferierte Schröder mit Franz Müntefering und dem Kampa-Chef Matthias Machnig, die bei der SPD-Wahlkampagne die Fäden zogen. Der Journalist Manfred Bissinger, Kanzleramtschef Frank-Walter Steinmeier und Regierungssprecher Uwe Heye wurden hinzugezogen. Schröder machte Druck. Die heiße Phase des Wahlkampfes mußte vorgezogen werden. Ende August war zu spät. Anfang August, also jetzt – das war der richtige Zeitpunkt. Mitten in den Schulferien? Das war egal, nur das Thema war wichtig. Schröder wollte bereits am kommenden Montag loslegen – Großkundgebung. Nicht in Berlin, sondern in Hannover – dort hatte vor vier Jahren sein Siegeszug begonnen. Müntefering hatte die entscheidende Idee, verdichtete sie zu einem Begriff: der deutsche Weg. »Der Franz« war der Erfinder, sollte Schröder später loben.[2] Am Donnerstag, dem 1. August, trugen sie diese Idee gemeinsam dem SPD-Präsidium vor. Noch am Abend schlug der Kanzler im ZDF einen neuen Akkord an. Ob er ein Kaninchen im Hut habe, um die Wahlen doch noch zu gewinnen, fragte Wolf von Lojewski. Es gehe nicht um Kaninchen, antwortete der Kanzler, sondern um Inhalte. »Erstens, wir hören wirklich Nachrichten aus dem Nahen Osten, die beunruhigen, bis hin zu neuer Kriegsgefahr. Ich denke, wir haben nach dem 11. September bewiesen, ... daß wir Solidarität mit unseren Partnern leisten, aber für Abenteuer nicht zur Verfügung stehen, und dabei wird es bleiben.«[3]

Auf der Sitzung des SPD-Präsidiums am Montag, dem 3. August, wurde formell beschlossen: Die Ablehnung des Irak-Feldzuges der USA sollte in den Mittelpunkt des Wahlkampfes gerückt werden. Müntefering: »Wir lassen uns nicht in Kriegsabenteuer verwickeln. Wir machen einen deutschen Weg und lassen uns nicht vereinnahmen.« Schröder legte nach, seine Regierung werde sich auch nicht an der Finanzierung eines Irak-Krieges beteiligen – Kohl und Genscher hatten dafür 1991 insgesamt 18 Milliarden Mark nach Washington überwiesen. Die Zeit der »Scheckbuchdiplomatie« sei vorüber.[4] Ein Krieg am Golf müsse, so der Kanzler weiter, auch deswegen vermieden werden, »weil er die wirtschaftliche Lage so negativ beeinflussen würde, daß auch Deutschland betroffen sei«.[5] Als besonders brisant sollte sich im folgenden erweisen, daß Müntefering einen »Automatismus« ablehnte, »wonach sich Deutschland an einem militärischen Einsatz beteilige, wenn ein entsprechendes Mandat der Vereinten Nationen vorliege«.[6]

Nachmittags auf der Kundgebung wurde der neue Kurs erstmals vor großem Publikum ausprobiert. »Es ist wahr«, eröffnete Schröder kurz vor halb zwei seine Rede, »wir haben uns auf den Weg gemacht, unseren deutschen Weg.«[7] Schröder verwendete den Ausdruck gleich mehrfach. Allerdings gab er ihm, im Unterschied zu Müntefering, eine Bedeutung über die Außenpolitik hinaus: Der »deutsche Weg«, das bedeute friedlich nach außen und sozial im Innern. Millionen-Abfindungen für Wirtschaftsbosse, während die »ihnen Anvertrauten« auf die Straße gesetzt würden – das gehe nicht. Hier seien die Vereinigten Staaten kein Vorbild. »Das ist nicht der deutsche Weg.« Im übrigen sollten sich die Unternehmer nicht als »fünfte Kolonne« der CDU/CSU aufführen. Das gefiel der Basis. Die 3000 Sympathisanten unterbrachen den Kanzler oft durch Beifall und schwenkten die vorgefertigten leuchtendroten Pappschilder mit »Dranbleiben, Gerd!«. Das Rezept war aufgegangen.[8]

In den verbleibenden Wochen bis zur Wahl am 22. September sollte Schröder die Kernelemente dieser Rede bei allen öffentlichen Auftritten wiederholen. Auch der Bild-Zeitung, kurz vorher von Müntefering noch mit Klage bedroht, ließ er einen Text zukommen, den das Boulevardblatt in seiner Vier-Millionen-Auflage verbreitete. Schröder schrieb in der Springer-Zeitung unter der Überschrift »Meine Vision von Deutschland«: »Unser Deutschland ist ein selbstbewußtes Land. Es ist stolz auf die eigene Tradition und offen für den Reichtum anderer Kulturen ... Unser Deutschland genießt Respekt und Ansehen in der Welt. Weil wir Partner und Vorbild sind. Weil wir das Europa der Völker bauen und weltweit Frieden und Menschenrechte sichern und schützen helfen.« Deutschland ist Vorbild, Deutschland baut Europa, Deutschland rettet die Welt. Acht der zwölf Absätze des kurzen Textes begannen mit »Unser Deutschland«. In drei weiteren kam »Deutschland« auf andere Weise am Anfang vor. So hieß es gleich im ersten Absatz: »Das Deutschland, für das ich arbeite, ist ein stolzes, ein solidarisches Land. Ein Land, das seine Leistung nicht mies machen läßt.« Und am Ende stand: »Das ist unser deutscher Weg. Für die Vision kämpfe und arbeite ich.«[9]

Die braunen Kameraden schwangen sich sofort aufs Trittbrett. Die Deutsche National-Zeitung jubelte: »Schröder hatte den Mut, den geplanten Militärschlag der Amerikaner gegen den Irak zum Wahlkampfthema zu machen. Seine Versicherung, daß Deutschland für Bushs Abenteuer nicht zur Verfügung stehe, kam so unverhofft und unvermittelt, daß seine politischen Gegner darin natürlich ausschließlich ein Ablenkungsmanöver von innenpolitischen Schwierigkeiten sehen wollen ... Sei es wie es sei, den Lesern der National-Zeitung kann es nur recht sein, wenn ein regierender Sozialdemokrat Positionen übernimmt, die diese Zeitung bereits seit letztem September vertritt.«[10]

Die Oppositionsparteien und die konservative Presse waren entsetzt. Der frühere Bundesaußenminister Hans-Dietrich Genscher von den Freidemokraten bezichtigte den Kanzler der »Deutschtümelei«. Der Begriff »deutscher Weg« stehe historisch »gegen den gemeinsamen europäischen Weg, mit dem wir das Vertrauen unserer Nachbarn erworben haben«.[11] Wolfgang Schäuble, der außenpolitische Sprecher der CDU, warnte vor einer »gespenstischen Debatte um einen antiamerikanischen deutschen Sonderweg«.[12] Der »deutsche Weg« sei ein »alter Weg«, der auf Vorstellungen zurückgreife, »die unter Bezeichnungen wie Dritter Weg, Mitteleuropa oder Äquidistanz eine gewisse, aber keine gute Tradition haben«, hieß es in der Welt.[13] Ex-General Klaus Naumann, der Vater der neuen Bundeswehr, warnte vor »Schröders deutschem Irrweg«.[14]

Der Coup des Kanzlers gelang – in einem Wahl-Finish, das seit Gründung der Bundesrepublik seinesgleichen sucht, holte er in sieben Wochen einen Rückstand von zehn Prozentpunkten auf und ging knapp vor seinem Herausforderer Edmund Stoiber über die Ziellinie. Alle Beobachter waren sich einig, daß neben dem engagierten Zupacken des Kanzlers in der ostdeutschen Flutkatastrophe sein »deutscher Weg« gegen den Irak-Krieg das Duell entschieden hatte. Das schützte ihn aber nicht vor weiterer Kritik, selbst aus den eigenen Reihen. Schröder habe »gegen Grundprinzipien deutscher Außenpolitik nach dem Zweiten Weltkrieg verstoßen. Nie wieder deutsche Sonderwege beschreiten«, kritisierte Parteifreund Hans-Ulrich Klose.[15] Vizekanzler und Außenminister Joschka Fischer schlug leisere Töne an, sprach statt von »Kriegsabenteuern« lediglich von einer »falschen Prioritätensetzung« der US-Außenpolitik. Davon müsse Washington abgebracht werden, das dürfe jedoch nicht mit einer »deutschen«, sondern müsse mit einer »europäischen Stimme« geschehen.[16] Später sollte er Schröders »deutschen Weg« auf Nachfrage sogar mit einem schroffen »Forget it!« vom Tisch wischen.[17]

Die Wochenzeitung Die Zeit versuchte, Schröder im Interview eine Brücke zu seinem Außenminister zu bauen. »Noch einmal zurück zum umstrittenen ›deutschen Weg‹: Gerade wenn man in dieser heiklen Frage eine europäische Position anstrebt, muß die nationale Konnotation dieses Wortes doch kontraproduktiv sein?« Doch der Kanzler beharrte darauf: »Der ganze Versuch, daraus einen Sonderweg zu konstruieren ... ist reine Wahlkampftaktik, weil ich mich eben nicht auf außenpolitische Fragen bezogen habe.«[18] Das war schlitzohrig, denn natürlich hatte Schröder zuvor nicht ausschließlich, aber hauptsächlich außenpolitisch argumentiert – sonst hätte der gesamte Wahlkampf-Schwenk Anfang August 2002 keinen Sinn gemacht.

Je näher der Krieg rückte und je tiefer der Graben zwischen Berlin und Washington wurde, um so schriller wurden die Töne. In der Presse wurde Schröder als »Pickelhauben-Pazifist« (Süddeutsche Zeitung), »Blechtrommler« (Stern) oder gar Wiedergänger des deutschen Kaisers »Wilhelm Zwo« (FAZ) geschmäht.[19] Arnulf Baring als führender konservativer Historiker klärte die Leser der Bild-Zeitung in einer fünfteiligen Serie über »Schröders verhängnisvollen Weg in die Isolation« auf. Sein Credo: »Ohne Amerika steht Deutschland alleine da.« [20] Als Berlin und Paris ihre Kritik an Bushs Kriegskurs immer enger abstimmten, forderte ein Kommentator in der Financial Times Deutschland: »Einen Beitrag zum Frieden kann Kanzler Schröder nur leisten, wenn er ... den Sonderweg mit Frankreich beendet.«[21]

Auch die Union feuerte Breitseiten ab. Michael Glos, Vorsitzender der CSU-Landesgruppe im Bundestag, fühlte sich bei der Achse »Moskau-Paris-Berlin« an die »Zeiten erinnert, in denen die meisten von Deutschlands Nachbarn unter der ›Achsen-Politik‹ des Deutschen Reiches zu leiden hatten«.[22] Die Parteivorsitzende Angela Merkel reiste als »Kritikerin des neuen deutschen Sonderwegs« im Februar 2003 nach Washington, um sich der US-Regierung als Alternative anzubieten.[23] Stoiber nutzte den Aschermittwoch, um – ausgerechnet in der Nibelungenhalle in Passau – eine Rede zu halten, die in Teilen an Joschka Fischer den Jüngeren erinnerte: »Nie wieder

Krieg! Und nie wieder deutscher Sonderweg!«[24] Was wohl Franz-Josef Strauß dazu gesagt hätte?

Bald waren die Frontlinien unübersichtlich geworden. Hatte zwischen SPD und Union eine große Rochade stattgefunden, war Schröder jetzt der Liebling der Rechten und Stoiber ein Sprachrohr der Antifa? Und was war der deutsche Weg? Erhalt des Sozialsystems oder Rückkehr ins Kaiserreich? Friedenstaube oder Pickelhaube? Setzten die Sozis zu Beginn des 21. Jahrhundert durch, woran im 20. Jahrhundert die Nazis blutig gescheitert waren – den deutschen Sonderweg?

Der Begriff ist zum rhetorischen Totschläger geworden. Keiner weiß mehr, was man darunter zu verstehen hat. Höchste Zeit also, an die Stelle der Polemik eine sachliche Klärung zu setzen.

Der deutsche Sonderweg und die Mythen der Historiker

Der deutsche Sonderweg reicht tief in die Geschichte zurück, doch seine kritische Analyse beginnt erst nach 1945, nach den Weltkriegen und dem Holocaust. Hätte es einen solchen Amoklauf nicht gegeben, brauchte man für die Absonderlichkeiten und Skurrilitäten in der Geschichte der Deutschen nicht den Begriff Sonderweg. Auch andere hatten einen Dschingis Khan, wollten ein Weltreich mit Kolonien errichten, verübten Pogrome. Aber die zweimalige Verwüstung des gesamten Kontinents innerhalb weniger Jahre, die unvorstellbare hohe Zahl der Kriegsopfer, schließlich der fast geglückte Versuch der vollständigen Ausrottung der europäischen Juden – das war ein Schock für die Menschheit, zumal das Grauen nicht von Hunnen oder anderen Barbaren, sondern von einem alten Kulturvolk ins Werk gesetzt worden war.

Warum gerade die Deutschen? Was war Besonderes an ihnen? Wie waren sie auf diesen Irrweg geraten? Das sind die Leitfragen bei der Erforschung des deutschen Sonderwegs. Sie wurden nach 1945 in den überfallenen Staaten oft gestellt, und zwar nicht nur von Wissenschaft und Politik, sondern auch von den kleinen Leuten, die ja Bekanntschaft mit den Besatzern gemacht hatten. Wenn man nach 1945 als Deutscher in diesen Ländern Urlaub machte, konnte man auf recht unliebsame Weise damit Bekanntschaft machen: Die Gastgeber sprachen nämlich kurzerhand von »Nazis«, wenn sie »Deutsche« meinten – und umgekehrt. »Guck mal, Opa, ein Nazischwein«, soll der

Enkel des bekannten niederländischen Journalisten Jan Blokker noch nach der Wiedervereinigung gekräht haben, als auf der Autobahn ein deutscher PKW vorbeifuhr. »Meine Brust schwoll vor Stolz«, berichtete der befriedigte Großvater in der Tageszeitung Volkskrant.[1]

Warum gerade die Deutschen? Bei der Suche nach einer Antwort stießen die Belesenen auf Brechts Gedicht »Deutschland, bleiche Mutter«, in dem es – eben nicht über die Nazis, sondern über das ganze Land – heißt: »Wie sitzest du besudelt unter den Völkern. Unter den Befleckten fällst du auf.« Oder sie lasen in Thomas Manns Roman *Doktor Faustus,* wie das uralte Märchen vom Pakt mit dem Teufel zum Gleichnis für eine ganze Nation wurde, die sich dem Mephistopheles verkauft. In den siebziger und achtziger Jahren schließlich fand sich in vielen Schulbüchern das Gedicht »Todesfuge« des Holocaust-Überlebenden Paul Celan.[2] Der düsteren Monotonie der Verse konnte man sich kaum entziehen.

> Schwarze Milch der Frühe wir trinken dich nachts
> wir trinken dich mittags der Tod ist ein Meister aus
> Deutschland
> wir trinken dich abends und morgens wir trinken
> und trinken
> der Tod ist ein Meister aus Deutschland sein
> Auge ist blau
> er trifft dich mit bleierner Kugel er trifft dich genau
> ein Mann wohnt im Haus dein goldenes Haar
> Margarete
> er hetzt seine Rüden auf uns er schenkt uns ein Grab
> in der Luft
> er spielt mit den Schlangen und träumet der Tod
> ist ein Meister aus Deutschland

Diese Hinweise auf das typisch Deutsche am Nationalsozialismus blieben aber am Rande der gesellschaftlichen Wahrnehmung – auch die Linke sprach lieber vom Faschismus als allgemein-kapitalistischem Phänomen als von seiner deutschen Sonderform mit ihrem antisemitischen Vernichtungswahn. Das änderte sich mit dem ungeheuren Erfolg des jungen US-amerikanischen Historikers Daniel Jonah Goldhagen Mitte der neunziger Jahre. Sein Buch »*Hitlers willige Vollstrecker. Ganz gewöhnliche Deutsche und der Holocaust*« brach 1996 mit weit über 100000 Exemplaren alle Verkaufsrekorde für ein Sachbuch – und das bei einem wissenschaftlichen Wälzer mit über 700 Seiten. Goldhagen schreibt: »Der Holocaust markiert die Abkehr der Deutschen von der Gemeinschaft der ›zivilisierten Völker‹, und diese Abkehr bedarf der Erklärung.«[3] Mit provozierender Schärfe stellt er fest: »Dabei [bei der Beschreibung und Analyse der Judenmörder, Anm. JE] müssen wir bequeme, aber oft unangemessene und vernebelnde Etikettierungen wie ›Nazis‹ oder ›SS-Männer‹ vermeiden und sie als das bezeichnen, was sie waren, nämlich Deutsche. Der angemessenste, ja der einzig angemessene allgemeine Begriff für diejenigen Deutschen, die den Holocaust vollstreckten, lautet ›Deutsche‹.« Zur Begründung führt er unter anderem an: «Der Holocaust hatte seinen Ursprung in Deutschland, er ist darum in erster Linie ein deutsches Phänomen ... Wer den Holocaust verständlich machen will, muß ihn als eine Entwicklung aus der deutschen Geschichte heraus begreifen.«[4]

Damit hatte Goldhagen bei einem Massenpublikum Bewußtsein für ein Problem geschaffen – aber mehr auch nicht. Goldhagen belegte zwar materialreich, daß der Judenmord in Nazi-Deutschland von einer breiten Mehrheit gewünscht oder zumindest zustimmend toleriert wurde und daß die Täter aus Lust und Leidenschaft mordeten und keineswegs im Befehlsnotstand. Aber bei der Erklärung dieser Singularität blieb der Autor in einer Tautologie befangen: Die Deutschen waren leidenschaftliche Judenmörder, weil ihre Gesellschaft seit Jahrhunderten von einem mörderischen Antisemitismus geprägt war.

Eine wissenschaftliche Untersuchung der Sonderentwicklung war nach 1945 von ganz unterschiedlicher Warte aus vorgenommen worden. Drei unterschiedliche Zugänge lassen sich ausmachen: Da waren zum einen jüdische Emigranten wie George L. Mosse, Fritz Stern, Hajo Holborn, Hans Kohn und Helmuth Plessner. Ein gut Teil von ihnen waren liberale Republikaner, aus dieser Richtung wäre außerdem noch Ralf Dahrendorf zu nennen. Die zweite Strömung bilden bundesdeutsche Historiker, die man im weitesten Sinn der Sozialdemokratie zurechnen kann, wie Fritz Fischer, Kurt Sontheimer, Hans-Ulrich Wehler, Jürgen Kocka und Heinrich August Winkler. Als drittes gab es in der kommunistischen Bewegung einige bedeutende Protagonisten des Sonderweg-Ansatzes wie den Komintern-Literaturpapst Georg Lukacs oder den SED-Kulturpolitiker Alexander Abusch, deren Arbeiten vom Marburger Professor Reinhard Kühnl fortgeführt wurden.

Sie alle gingen von einer gemeinsamen Fragestellung aus, die Abusch so formulierte: »An welchen Wendepunkten der deutschen Geschichte setzt die unheilvolle Entwicklung ein, die zur Etablierung der Nazibestialität auf deutschem Boden führte oder zumindest ihr Kommen erleichterte?«[5] An anderer Stelle insistierte er, die deutsche Selbstkritik dürfe sich nicht auf die Jahre vor und nach 1933 beschränken. »Die Enthüllung aller reaktionären Elemente in der deutschen Geschichte, Literatur und Philosophie, die zu Wegbereitern für Hitler werden und seine Herrschaft begünstigen konnten, ist zur unabdingbaren Verpflichtung geworden. Die ganze verpfuschte Geschichte der deutschen Nation steht zur Kritik in dieser Selbstprüfung, die eine tiefe Selbstreinigung erstrebt.«[6]

Drei wesentliche Streitpunkte innerhalb der Sonderweg-Theorie lassen sich herausarbeiten. Geriet Deutschland auf Abwege, weil es der geschichtlichen Entwicklung der großen Nationen im Westen hinterhergehinkt ist – oder weil es sie übersprungen hat? Wurde das von Bismarck gegründete Kaiserreich aggressiv, weil es noch zu viele feudale Elemente mit sich herumschleppte – oder weil es bereits zu viele kapitalistische hervorgebracht hatte? Und: Scheiterte die Demokratie, weil das Bürgertum in Deutschland schwächer und unselbständiger war als in Westeuropa – oder stärker und rücksichtsloser?

Diese Kontroversen sind entscheidend, um die Tauglichkeit der Sonderweg-Theorie auch für die Gegenwart, für die Beurteilung der Berliner Republik zu prüfen, und wir werden deshalb im weiteren noch ausführlich auf sie zurückkommen. Aber wir wollen die Darstellung nicht darauf reduzieren, denn der Dissens innerhalb der Sonderweg-Theorie betrifft nur die deutsche Geschichte im 19. und 20. Jahrhundert. Für die Zeit davor ist man sich einig mit Helmut Plessner: Deutschland war eine »verspätete Nation«. [7]

Das multikulturelle Reich

An dieser Stelle mag sich mancher verblüfft die Augen reiben. Warum sollten die Deutschen eine verspätete Nation sein? Blicken sie nicht auf eine mehr als tausendjährige Geschichte zurück? Gehört zu ihren Urahnen nicht Armin der Cherusker, der bereits im Jahre neun die römischen Legionen im Teutoburger Wald schlug? Was ist mit Karl dem Großen, dem Stammvater des heutigen Europa? Wurde nicht im Jahr 962 durch Otto I. das Heilige Römische Reich deutscher Nation gegründet?

Armin der Cherusker und Karl der Große sind vernachlässigbare Referenzgrößen: Sie werden zwar in deutschen Geschichtsbüchern gern in Beschlag genommen, können aber beim besten Willen nicht als Deutsche betrachtet werden. Der eine war Guerrillaführer eines sächsischen Stammes, der andere Schöpfer eines fränkischen Reiches, das weite Teile Germaniens und Galliens umfaßte. Die Worte Germanien und Gallien aber bezeichnen von der römischen Antike bis zum Hochmittelalter ein geographisches Gebiet rechts bzw. links des Rheins und verweisen keineswegs auf eine ethnisch einheitliche oder auch nur ethnisch verwandte Bevölkerung. Als Deutsche bezeichneten sich die Menschen des rechtsrheinischen Gebietes nicht, es gab nur das entsprechende Adjektiv: Deutsch bzw. theodiscus, gebildet aus dem althochdeutschen diot (Volk), meinte alle nicht-romanischen Volkssprachen. *Nationes theodiscae* waren demzufolge nicht nur Stämme in Germanien, sondern auch in England, Flandern und Italien.

Otto I. hat die Osthälfte des karolingischen Reiches im Jahre 962 zwar tatsächlich zu einem eigenen Reich zusammengefaßt, doch das war keineswegs, wie man es immer wieder in Geschichtsbüchern liest, das Deutsche Reich, sondern das Imperium Romanum. Den Zusatz Sacrum (»Heiliges«) erhielt es 1157, und 1442 kam der Appendix Nationis Germanicae (»germanischer Nation«) hinzu. Erst seit dem Jahr 1512 lautete der Name »Heiliges Römisches Reich deutscher Nation«. Und selbst dann entsprach die Bezeichnung noch lange nicht der Lebenswirklichkeit und dem Selbstverständnis der Menschen dieses Reiches: Dessen Bevölkerung war mitnichten ein Volk, sondern ein buntes Gemisch unterschiedlicher Sprachen und Kulturen. Weder die Herrschenden hatten ein nationales Bewußtsein noch die Beherrschten. Der Adel verstand sich supranational, war quer über die Landes- und Reichsgrenzen in den europäischen Adelsdynastien verschwägert, man verständigte sich auf lateinisch und später auf französisch. Die niedrigen Stände fühlten sich ihrer jeweiligen Region zugehörig, die Kommunikation jenseits des nächsten Tales mochte schon schwerfallen, jenseits des nächsten Gebirgszugs war sie unmöglich.

Noch zu Anfang des 19. Jahrhunderts schreibt Goethe in den Xenien: »Deutschland! Aber wo liegt es? Ich weiß das Land nicht zu finden!« Tatsächlich ist in der staatsrechtlichen Literatur des Mittelalters neben dem Begriff des Reiches (und keineswegs gleichbedeutend mit ihm) höchstens von den »deutschen (teutschen) Landen« die Rede. Der Terminus »Deutschland« dagegen tauchte erst im 19. Jahrhundert auf – und zwar in der deutschen Bundesakte vom 8. Juli 1815. Das »deutsche Volk« ist terminologisch auch nicht viel älter und hielt nach der Französischen Revolution Einzug in den Sprachschatz, als Imitation des seit 1789 geschichtsmächtigen *peuple francais.* Doch die neuen Begriffe machten noch keine neuen Realitäten. Selbst in der zweiten Hälfte des neunzehnten Jahrhunderts konnte von Nation noch keine Rede sein: »Mein Großvater hat noch nicht gewußt, daß er ein Deutscher war. Anno 70 eilte man bei uns noch zu den bayrischen Fahnen«, schreibt Martin Walser.[8]

Der Publizist Ludo Ludovico, von dem der obige Abschnitt inspiriert ist, hält den Begriff »deutsche Nation« vor 1871 für eine »Konstruktion par excellence«. Historiker, die solchen »hochideologisierten Ramsch« verbreiteten, litten an »nationalem Priapismus«.[9]

Martin Luther: Freiheitsfeind und Antisemit

Die Reklamation des »Römischen Reiches« – nicht der »deutschen Nation«! – für die Gründung von Kaiser Otto I. im Jahr 962 sollte allerdings schwerwiegende Folgen haben: Der Ansatz, das Erbe des Imperium Romanum anzutreten, führte zu einer dauernden Abhängigkeit des Kaisers von Rom. Nur wenn der Papst die Wahl eines neuen Kaisers bestätigte, konnte er von seinen christlichen Untertanen Anerkennung und Gefolgschaft erwarten. Dieses Abhängigkeitsverhältnis schwächte die Stellung des Kaisers zugunsten der Fürsten und verhinderte so die Herausbildung einer nationbildenden Zentralgewalt wie in Frankreich und England. Das Reichsgebiet war ein Flickenteppich, zur Mitte des 17. Jahrhunderts zählte man über 700 souveräne Länder und Ländchen, manche davon nicht größer als ein Dorf.

Neben einem starken Kaisertum fehlte auch jene soziale Schicht, die in anderen Staaten der Motor bei der Überwindung feudaler Zersplitterung war: das besitzende Bürgertum. Aufgrund der geographischen Zerrissenheit des Landes standen die Hansestädte in Nord- und Ostdeutschland in so gut wie keiner Beziehung zu den süd- und mitteldeutschen Patriziern und wurden durch die Verlagerung der internationalen Handelswege nach der Entdeckung Amerikas 1492 zugunsten der süd- und westeuropäischen Hafenstädte katastrophal zurückgeworfen.

Ohne den Rückhalt des Bürgertums blieben die Aufstände der Bauern im beginnenden 16. Jahrhundert gesellschaftlich isoliert. Die Zerschlagung der uneinigen Rebellen im Bauernkrieg 1525 forderte einen grausigen Blutzoll: Allein im Südwesten sollen nach Aussage eines zeitgenössischen Chronisten 130000 Bauern erschlagen worden sein.[10] »Die Niederlage der deutschen Freiheit im großen Bauernkrieg hüllte drei Jahrhunderte der deutschen Geschichte in Finsternis«, resümiert Abusch.[11]

Aber nicht nur die Niederlage der Aufständischen war fatal für die künftige Entwicklung Mitteleuropas, sondern auch das politische Bündnis, das sie herbeigeführt hatte. Auf die Seite der Feudalherren hatte sich nämlich eine neue geistig-religiöse Strömung geschlagen, die in anderen Gesellschaften durchaus innovativ wirkte – der Protestantismus. Zunächst schien die Kritik Martin Luthers an den Privilegien der katholischen Kirche auf einer Linie mit dem Sozialprotest der ausgebluteten Bauernschaft zu liegen, und mit Thomas Müntzer wurde tatsächlich ein protestantischer Prediger zu einem der wichtigsten Anführer des Aufstandes. Doch das »sanftlebende

Fleisch zu Wittenberg« (Müntzer über Luther) wechselte die Fronten, als die Revolte auf das Gebiet der protestantischen Landesfürsten übergriff. »Ich, Martin Luther, habe im Aufruhr alle Bauern erschlagen, denn ich habe sie totschlagen heißen: alle ihr Blut ist auf meinem Hals. Aber ich weise es auf unseren Herren Gott, der hat mir das zu reden befohlen«, rühmte sich Luther.[12] Der Lutherismus zerstörte freiheitliche Bestrebungen nicht nur auf dem Schlachtfeld, sondern auch in der Psyche seiner Anhänger. Während der Katholik die Sünde beim Beichten loswerden kann, muß sie der Protestant ein Leben lang mit sich herumschleppen. Karl Marx formulierte: »Luther hat ... die Knechtschaft aus Devotion besiegt, weil er die Knechtschaft aus Überzeugung an ihre Stelle gesetzt hat ... Er hat den Leib von der Kette emanzipiert, weil er das Herz in Ketten gelegt.«[13]

In seiner Schrift »Von den Jüden und ihren Lügen« warf Luther den Israeliten vor, sie hätten zur römischen Zeit mit Bar Kochba einen eigenen Messias ausgerufen, anstatt sich damals Jesus Christus anzuschließen. »Bar Kochba, das ist Thomas Müntzer«, schrieb Luther und verknüpfte so die Figur des Juden mit der des Revolutionärs – 400 Jahre später war von der jüdisch-bolschewistischen Weltverschwörung die Rede. »Was wollen wir Christen nun tun mit diesem verworfenen verdammten Volk der Juden? ... Erstlich: daß man ihre Synagogen oder Schulen mit Feuer anstecke ... zum anderen, daß man auch ihre Häuser desgleichen zerbreche und zerstöre ...«[14] Im Rückblick urteilte der Jude Ludwig Börne: »Die Reformation war die Schwindsucht, an der die deutsche Freiheit starb, und Luther war ihr Totengräber.«[15]

So war der Lutherismus gleichzeitig Ausdruck deutscher Zurückgebliebenheit wie ihre Verstetigung. Als sei das noch nicht genug gewesen, trug das Glaubensschisma auch noch zum Dreißigjährigen Krieg bei – etwa 100 Jahre nach dem Bauernkrieg das zweite und noch schlimmere

Gemetzel. Als dieser endlich zu Ende ging, war die Gesamtbevölkerung Deutschlands um mehr als die Hälfte zurückgegangen – von knapp 26 auf weniger als 13 Millionen – und damit wieder auf dem Stand, den sie ziemlich genau drei Jahrhunderte zuvor gehabt hatte.

Der Westfälische Friede 1648 bestätigte die Machtverteilung zwischen den verfeindeten Glaubensrichtungen im Reich, und auch später nahm das Gewicht des Luthersmus nicht ab. So sprach Leopold von Ranke noch 1839 von der Reformation als »unsrem wichtigsten vaterländischen Ereignis«.[16] Der Gründung des Nationalstaates durch Bismarck ging 1866 der Krieg des protestantischen Preußen gegen das katholische Österreich voraus. »Das heilige evangelische Reich deutscher Nation vollendet sich«, jubelte der nachmalige Hofprediger Adolf Stoecker nach der Kaiserproklamation im Spiegelsaal zu Versailles im Jahr 1871.[17] Wenige Jahre später begann der »Kulturkampf« der preußisch-deutschen Staatsspitze gegen die katholische Kirche.

Gegen Frankreich

Mit dem Sturm auf die Bastille 1789 brach ein neues Zeitalter an – auch für das Reich. Die fortgeschrittensten Denker spürten das: Hegel bezeichnete die Französische Revolution als »herrlichen Sonnenaufgang«, und Goethe sprach von der »neuen Sonne«, vom »Rechte der Menschen, das Allen gemein sei, von der begeisternden Freiheit und von der löblichen Gleichheit«[18]. Hegel wie Goethe machten aus ihrer Sympathie für Napoleon, in den Worten Hegels »der Weltgeist zu Pferde«, keinen Hehl.

Doch die Freude währte nicht lange. Kaum hatte der Korse sein Waterloo erlitten, wurden seine fortschrittlichen Neuerungen in den deutschen Landen wieder abgeschafft: Statt des bürgerlichen Gesetzbuchs (Code Civil) galt wieder das feudale Standesrecht, Ansätze zur Bauernbefreiung sowie die Gleichberechtigung der Juden wurden umstandslos revidiert. Die Schriften jüdischer Autoren wurden von den jungdeutschen Studenten 1817 auf der Wartburg verbrannt – bezeichnenderweise während der Feiern zum 300. Jahrestag der Lutherschen Reformation. 1819 kam es im Zuge der Hep-Hep-Krawalle in zahlreichen süddeutschen Städten zu Pogromen.

Zum ersten Mal in der Geschichte hatte sich in den Befreiungskriegen gegen Napoleon ein deutsches Nationalbewußtsein artikuliert und organisiert[19] – und das gleich in seiner häßlichsten Form. Der Philosoph Johann Gottlieb Fichte erhob in seinen »Reden an die deutsche Nation« (1807/1808) die Deutschen zum »Urvolk«, in dem sich »Göttliches« offenbare und das »ewig« sei. Als »Träger und Unterpfand der irdischen Ewigkeit« dürften Volk und Vaterland absolute Hingabe, selbst die Opferung des eigenen Lebens verlangen.[20]

Der sogenannte Turnvater Friedrich Ludwig Jahn erfand einen Begriff, den es vorher nicht gegeben hatte: das »deutsche Volkstum« (so der Titel seiner gleichnamigen Schrift aus dem Jahr 1810). Für ihn repräsentierten nur zwei Völker den »heiligen Begriff der Menschheit«, die klassischen Griechen und die Deutschen. Letztere hätten die Aufgabe, die Menschheit zu erlösen, sie »als Heiland zu segnen und den Völkern Menschwerdungskeime einzupflanzen«.[21] Er rief die Jugend dazu auf, einen »heiligen Kreuzzug« gegen »Franzosen, Junker, Pfaffen und Juden« zu führen.

Ernst Moritz Arndt übertraf ihn noch. Er schrieb 1807: »*Ein* Volk zu sein, *ein* Gefühl zu haben für *eine* Sache, mit dem blutigen Schwert der Rache zusammenzulaufen, das ist die Religion unserer Zeit; durch diesen Glauben müßt ihr einträchtig und stark sein, durch diesen den Teufel und die Hölle überwinden.«[22] Die Teufel waren für ihn ganz irdisch: »Ich will den Haß gegen die Franzosen, nicht bloß für diesen Krieg, ich will ihn für lange Zeit, ich will ihn für immer ... Dieser Haß glühe als die Religion des deutschen Volkes, als ein heiliger Wahn in allen Herzen und erhalte uns immer in unserer Treue, Redlichkeit und Tapferkeit...«[23]

Arndt schrieb: Wer sich, wie die Juden, »ein durchaus fremdes Volk«, »mit Frankreich verbündet und Frankreich um Hilfe anschreit, der meint Tückisches und Verräterisches gegen Deutschland«.[24] Fichte wußte eine probate Lösung für die Probleme mit den Juden: »Aber ihnen Bürgerrechte zu geben, dazu sehe ich wenigstens kein Mittel als das, in einer Nacht ihnen allen die Köpfe abzuschlagen und andere aufzusetzen, in denen auch nicht eine jüdische Idee sei. Um uns vor ihnen zu schützen, dazu sehe ich wieder kein Mittel, als ihnen ihr gelobtes Land zu erobern und sie alle dahin zu schicken.«[25]

Jahn und Arndt waren die Stichwortgeber für Burschenschaftler und andere Oppositionelle, die gegen die Fortsetzung der deutschen Zersplitterung, wie sie auf der Wiener Konferenz 1815 beschlossen worden war, und für ein einheitliches Deutschland kämpften. Doch das Deutschland, das sie erstrebten, war ein romantisches Gespinst aus Mittelalter und Germanentum, aus Kyffhäuser und Nibelungen.

Die Situation – einerseits preußischer Polizeistaat und nationale Zersplitterung, andererseits eine deutschnationale Bewegung mit Bücherverbrennungen und Antisemitismus – war so deprimierend, daß Karl Marx zu Beginn der vierziger Jahre des 19. Jahrhunderts die Misere in einer ersten Fassung der Sonderweg-Theorie folgendermaßen bilanzierte: »Ja, die deutsche Geschichte schmeichelt sich einer Bewegung, welche ihr kein Volk am historischen Himmel weder vorgemacht hat noch nachmachen wird. Wir haben nämlich die Restauration der modernen Völker geteilt, ohne ihre Revolutionen zu teilen. Wir wurden restauriert, erstens, weil andere Völker eine Revolution wagten, und zweitens, weil andere Völker eine Konterrevolution litten, das eine Mal, weil unsere Herren Furcht hatten, und das andere Mal, weil unsere Herren keine Furcht hatten ... Deutschland wird sich daher eines Morgens auf dem Niveau des europäischen Verfalls befinden, bevor es jemals auf dem Niveau der europäischen Emanzipation gestanden hat.«[26]

Politische und völkische Nation

In den Jahren und Jahrzehnten nach 1789 bildeten sich in Frankreich und Deutschland zwei unterschiedliche Modelle von Nation und Nationalismus heraus. Die französische Nation war in ihrer Entstehungsgeschichte nichts anderes als ein politisches Kampfbündnis unter Führung des dritten Standes, der Bourgeoisie. Am prägnantesten kam das in einer vor 1789 weitverbreiteten Schrift von Abbé Sieyès zum Ausdruck: »Was ist der dritte Stand?... Der dritte Stand ist eine vollständige Nation.«[27]

In Deutschland, wo sich bis dahin aufgrund der mittelalterlichen Verspätung weder ein einheitlicher Staat entwickelt hatte noch eine kräftige Bourgeoisie, kam dieses politische Kampfbündnis nicht zustande, die Fürstenherrlichkeit endete erst 1918. Da die Nation als politische nicht möglich war, trat sie als vor-politische ans Tageslicht – als Volksgemeinschaft des Blutes. Weil aber physiologisch gesehen in den Adern der Deutschen kein anderer Saft fließt als in denen anderer Menschen, mußte ein Echtheitszertifikat der besonderen Art eingeführt werden: Deutsches Blut zeichne sich dadurch aus, daß sich in ihm kein Tröpfchen jüdisches Blut finde. Deswegen war es zwangsläufig, daß die besondere Form der Nationbildung in Deutschland von Anfang an den Antisemitismus mit sich brachte. Zugespitzt kann man sagen: In Frankreich (und anderen westlichen Ländern) konstituierte sich die Nation gegen den Adel, in Deutschland gegen die Franzosen und die Juden.

Hannah Arendt hebt entsprechend den völkischen Nationalismus Deutschlands vom politischen Nationalismus des Westens ab: »Der völkische Nationalismus ... unterscheidet sich von dem westlichen Nationalismus auch dann, wenn dieser in seiner pervertierten chauvinistischen Form in Erscheinung tritt. Der Chauvinismus vor allem französischer Prägung ... konnte sich in allen möglichen romantischen Verherrlichungen der Vergangenheit, der Toten- und Ahnenkulte ergehen. Er konnte ein unglaubliches Vokabular der Großsprecherei ersinnen und versuchen, die ganze Nation mit ›gloire‹ und ›grandeur‹ besoffen zu machen; aber er hat niemals behauptet, daß Menschen französischer Abstammung, die in einem anderen Lande geboren und erzogen, ohne Kenntnis der französischen Sprache und Kultur, nur dank mysteriöser Qualitäten ihres ›Blutes‹ Stammesfranzosen seien ...«[28]

Der Unterschied zwischen den beiden Arten von Nationalismus war insbesondere für die Juden von existentieller Bedeutung. Zwar erhielten sie im Zuge der Reichsgründung 1870/71 auch in Deutschland die staatsbürgerliche Gleichberechtigung. Doch bereits in der ersten Wirtschaftskrise 1873 (»Gründerkrach«) wurde die Judenfeindschaft wieder virulent und war noch stärker als zuvor. Wilhelm Marr warf den Juden nicht länger ihre Religion, sondern ihre vermeintliche Rasse vor und kennzeichnete seine Haltung mit dem damals neuen Begriff Antisemitismus. Der erwähnte Prediger Stoecker verband antisemitische Demagogie und Sozialkritik. Der führende Historiker der Zeit, Heinrich von Treitschke, schrieb Ende der 1870er Jahre: »Bis in die höchsten Kreise hinauf ... ertönt es heute wie aus einem Munde: Die Juden sind unser Unglück.«[29] Welch ein Unterschied: Zur gleichen Zeit war der Jude Benjamin Disraeli britischer Premierminister. Und in Frankreich brachte am Ende des Jahrhunderts die Dreyfus-Affäre zwar einen bedeutenden Terraingewinn für den Antisemitismus. Doch gleichzeitig formierte sich eine mächtige intellektuelle Gegenbewegung, der Emile Zola mit *J'accuse* ein Manifest gab. Im kaiserlichen Deutschland war der Protest gegen den Antisemitismus auf einzelne zurückgeworfen, und der Jude Dreyfus hätte nicht einmal Hauptmann in der Armee werden können.

Untertanengeist und Obrigkeitsstaat

Der letzte Anlauf, den Feudalismus in Deutschland abzuschaffen, scheiterte in der Revolution 1848. Für Lukacs war diese Niederlage »entscheidend für die gesamte nachfolgende institutionelle und ideologische Entwicklung Deutschlands«.

Da ein einheitlicher Nationalstaat nicht durch Demokratisierung von unten zustandekam, entstand er schließlich durch »Verpreußung« von oben: Bismarck einigte 1871 das Reich mit Blut und Eisen. Unter Führung Preußens – in den Anfängen eine Militärkolonie östlich der Elbe, allein durch blutige Eroberungskriege gewachsen, industriell rückständig und von unproduktiven Krautjunkern dominiert – entstand eine Monarchie mit einem Parlament zum Schein und dominanter Militärkaste, die Arbeiterschaft blieb durch das Drei-Klassenwahlrecht im Abseits.

Das gesellschaftliche Idealbild war das des preußischen Offiziers (nicht, wie etwa in England, des erfolgreichen Kaufmanns). Feudale Überreste dominierten nicht nur in Recht, Verwaltung und Verfassung, sondern prägten selbst den Habitus der Bourgeois. Typisch für die Epoche des Bismarckismus und Wilhelminismus wurden »bürgerliche Menschen, die die Lebenshaltung und die Normen des Militäradels zu den ihren machten».[30] Heinrich Mann hat diesem Sozialtypus in seinem Roman *Der Untertan* in der Figur des Heßling ein – negatives – Denkmal gesetzt, und Norbert Elias hat seine Herausbildung in einer Studie über die Bedeutung des Duells untersucht. »(I)n anderen Ländern verlor es mit dem Aufstieg des Bürgertums zusehends an Bedeutung. In Deutschland läßt sich eine Entwicklung des Duells in beinahe entgegengesetzter Richtung beobachten. Im Zusammenhang mit der Übernahme von Adelsmodellen durch Kreise des Bürgertums nach 1871, ... breitet sich das Duellieren als zwingende Institution auch unter bürgerlichen Studenten aus.«[31] Während in anderen Gesellschaften die Menschen längst unter der Ägide des staatlichen Gewaltmonopols zu freien und gleichberechtigten Rechtspersonen geworden waren und ihre Streitigkeiten in der Regel vor Gericht austrugen, fanden es in Deutschland die Bürger ehrenvoll, die »Macht des Stärkeren« auszukämpfen und den Besiegten zu töten – nicht im Affekt, sondern als angekündigte Absicht. Der Staat tolerierte das blutige Ritual. Elias stellt fest: »Wenn man die Frage stellt, wie Hitler möglich war, dann drängt sich in der Tat die Einsicht auf, daß diese Ausbreitung von gesellschaftlich sanktionierten Modellen der Gewalttätigkeit ... zu den Voraussetzungen seines Kommens gehörte.«[32]

Ernst Blochs Ungleichzeitigkeiten

An dieser Stelle haken die Kritiker der Sonderweg-These ein. Warum konnten sich die »gesellschaftlich sanktionierten Modelle der Gewalttätigkeit« gerade in Deutschland ausbreiten? Waren die Pogrome gegen die Juden in Polen zu Ende des 19. Jahrhundert nicht sehr viel heftiger als im Reich? Warum war nur hier Hitler möglich, obwohl doch Deutschland keineswegs die einzige »verspätete Nation« war? Warum verübten die Tschechen, Slowaken oder Jugoslawen keinen Holocaust, obwohl ihre Nationalstaaten noch später als der deutsche entstanden, nämlich erst nach 1918? Warum blieb der Panslawismus, der nicht weniger völkisch war als der Pangermanismus, eine Bewegung romantischer Schwarmgeister und wurde keine blutige Realpolitik? Was ist mit den Russen und den Osmanen, deren Reiche nicht weniger rückständig waren als das preußische, denen Zucht, Ordnung und Untertanenmentalität mindestens genauso eingeprügelt wurden? Und wenn denn der Protestantismus ein Hauptfaktor des deutschen Irrwegs sein sollte: Warum haben die streng katholischen Österreicher und Kroaten in KZs und der SS zum Teil schlimmer gehaust als ihre deutschen Lehrmeister?

Italien und Spanien waren zwei weitere bedeutende Zuspätkommer des 19. Jahrhunderts. Die Faschisten ergriffen in beiden Ländern im 20. Jahrhundert die Macht und schwelgten, wie die Nazis, in archaischen Mythen. Doch der Unterschied zu Deutschland bleibt beträchtlich: Unter Mussolini konnte die Mordpolitik gegen die Juden nur gegen Widerstände durchgesetzt werden – auf dem Balkan flüchteten die Verfolgten von der deutschen in die italienische Besatzungszone, weil sie dort sicherer waren. Franco schließlich gewährte den Juden sogar Zuflucht oder zumindest Transit und hielt Spanien ganz aus dem Zweiten Weltkrieg heraus. Woher kommt dieser Unterschied? Die Verspätung und Zurückgebliebenheit kann es nicht sein: In beiden Ländern hatte die Inquisition jahrhundertelang jeden gesellschaftlichen Fortschritt blokkiert, war die Herrschaft von Adel und Klerus noch drükkender, das Mittelalter noch fühlbarer als in Deutschland.

Die Beispiele zeigen, daß der verzögerte Übergang in die Moderne als Erklärung nicht ausreicht, um den Weg Deutschlands in die Weltkriege und den Holocaust zu erklären. Vielleicht hatten diese Verspätungen sogar emanzipatorische Potenzen? Diese Pointe arbeitete der marxistische Philosoph Ernst Bloch heraus. »Deutschland überhaupt, dem bis 1918 keine bürgerliche Revolution gelungen war, ist zum Unterschied von England, gar Frankreich das klassische Land der Ungleichzeitigkeit, das ist, der unüberwundenen Reste älteren ökonomischen Seins und Bewußtseins.«[33] Und weiter: »Außer Gemeinheit und sprachloser Roheit, außer Dummheit und panischer Betrügbarkeit, wie sie jede Stunde, jedes Wort des Schreckens-Deutschland zeigt, ist ein Stück älteren und romantischen Widerspruchs zum Kapitalismus, mit Vermissungen am gegenwärtigen Leben, mit Sehnsucht nach einem unklar anderen.«[34]

Bloch erinnerte an Schillers Ausspruch »Ein edler Volk hat einst gelebt« und fuhr fort: »Schiller meinte die Griechen, doch keine falsche Gegenwart verwehrt, auch ans alte Deutschland zu denken ...«[35] In der Führeranbetung des Nationalsozialismus sah er keineswegs eine Variante deutschen Untertanengeistes, denn: »Sich selber helfen die Armen erst langsam und spät. Der Wunsch nach einem Führer dürfte der älteste sein ... Das erste Führerbild im menschlich großartigen Sinn stellt Moses dar; er ist zugleich ein Führer der Unterdrückten und einer ins gelobte Land.«[36] Auch im Schlachtruf vom »Dritten Reich« erblickte Bloch nicht antidemokratische Rückständigkeit, sondern das revolutionäre Erbe der Bauernkriege. »Gerade der Terminus Drittes Reich hat eine lange Geschichte, eine echt revolutionäre ... (I)m Original hatte das Dritte Reich den sozialrevolutionären Idealtraum der christlichen Ketzerei bezeichnet: den Traum von einem Dritten Evangelium und der Welt, die ihm entspricht. Die frühmittelalterlich einsetzenden Klassenkämpfe fanden im Haß gegen die Verweltlichung der Kirche ihren ersten Ausdruck.«[37]

Die Geschichtsmythen der Bourgeoisie

Den Großangriff auf die Sonderweg-Theorie trugen die englischen Historiker David Blackbourn und Geoff Eley Ende der siebziger Jahre in ihrem Buch *Mythen deutscher Geschichtsschreibung* vor.[38] Ihr Ansatz wurde Mitte der achtziger Jahre von Helga Grebing, Doris von der Brelie-Lewien und Hans-Joachim Franzen weitergeführt.[39] Sie argumentierten folgendermaßen: Zum einen sei der Begriff Sonderweg irreführend, da er einen Normalweg im Übergang vom Feudalismus zum Kapitalismus voraussetze. Die Entwicklung der Gesellschaften im Westen – Frankreich, Großbritannien, Niederlande, Vereinigte Staaten – sei so unterschiedlich verlaufen, daß man nicht von einem einheitlichen Prototyp sprechen könne. »Nach diesen Ergebnissen könnte es naheliegen, der englischen Entwicklung, wenn überhaupt, das Etikett eines ›Sonderwegs‹ aufzudrücken.«[40]

Die Tatsache, daß in den genannten Ländern revolutionäre Umwälzungen stattfanden, die in Deutschland in Blut ertränkt wurden, und daß dies schwerwiegende Folgen für die Entstehung demokratischer Strukturen hatte, wird von dieser Kritik allerdings nicht berührt. Winkler verweist richtig auf die Menschen- und Bürgerrechte in der Tradition der englischen Habeas-Corpus-Akte von 1679, der amerikanischen Unabhängigkeitserklärung von 1776 und der Erklärung der Menschen- und Bürgerrechte durch die französische Nationalversammlung am 26. August 1789. »Diese Tradition fehlte in Deutschland nicht, aber sie war schwächer als die des langlebigen Obrigkeitsstaates.«[41] Grebing trat vor diesem Hinweis den Rückzug an und mußte konzidieren, daß es zwar keinen »Sonderweg«, wohl aber eine »deutsche Eigenproblematik« gegeben habe.[42]

Die Kritik wird dort zutreffend, wo sie nicht die Sonderweg-These in Gänze zu kippen versucht, sondern die Schwächen seiner liberalen Protagonisten herausarbeitet, beispielsweise die Lobhudelei der emanzipatorischen Rolle des Bürgertums. Grebing hält es für falsch, im kaiserlichen Deutschland vom Fehlen oder einer schwächlichen Entwicklung der Bourgeoisie auszugehen, denn diese sei auch in den anderen Ländern nicht stärker gewesen (weswegen die Historikerin den Begriff für die Zeit vor 1900 nur in Anführungszeichen verwendet). Die gesellschaftlichen Gruppen, »die als ›Bourgeoisie‹ die Durchsetzung der kapitalistischen Wirtschaftsordnung trugen, (waren) in jeder der untersuchten Gesellschaften verschieden zusammengesetzt. Als ›Bourgeoisie‹ konnten auch andere Gruppen als nur das städtische Bürgertum fungieren. Eher noch als diese Schicht ließe sich aufgrund der Befunde für England und Preußen, teilweise aber auch für Frankreich, dem alten Adel die jeweils entscheidende Rolle bei der Umwandlung der wirtschaftlichen und gesellschaftlichen Verhältnisse zusprechen.«[43]

Einleuchtend auch der Hinweis, daß bei den deutschen Spezifika nicht von »Rückständigkeit» die Rede sein kann, also nicht vom »unheilvollen Einfluß einer ›vorindustriellen Elite‹ und deren autoritären Traditionen«.[44] Das Paradoxon, wonach das kaiserliche Deutschland der Entwicklung zur modernen Demokratie nicht hinterherhinke, sondern sie übersprungen habe, hatte 1948 schon der deutsche Historiker Rudolf Stadelmann formuliert: »Nicht die deutsche Reaktion, sondern der deutsche Fortschritt hat Deutschland gegenüber dem Westen zurückgeworfen.«[45]

Überholen, ohne einzuholen

Der entscheidende Faktor, wieso Deutschland und nicht andere verspätete Nationen die destruktive Energie entwickelte, die in die Katastrophen des 20. Jahrhunderts führte, war die schnelle Entwicklung des Kapitalismus. Ein rückständiges Deutschland wäre verschlafen, hinterwäldlerisch, spießig und eng geblieben, vergleichbar dem Osten und Südosten des Kontinents; erst die Tatsache, daß dieses rückständige Reich sich innerhalb weniger Jahrzehnte in beispielloser Weise modernisierte, machte es nervös, hungrig, unduldsam und aggressiv.

Es stimmt zwar, daß das deutsche Bürgertum in diesem Prozeß die in den westlichen Ländern bevorzugten Institutionen der parlamentarischen Demokratie nicht durchsetzen konnte – aber das war auch gar nicht in seinem Interesse. Während das französische Bürgertum sich 1789 mit den unteren Klassen verbündet hatte und so das *Ancien Régime* stürzte, scheuten die deutschen Bourgeois ein halbes Jahrhundert später vor der mit der Industrieentwicklung angewachsenen Arbeiterschaft zurück. Die Parole der schlesischen Weberaufstände 1844 »Deutschland, wir weben dein Leichentuch« offenbarte den Fabrikanten das revolutionäre Potential der Proleten und ließ sie das Bündnis mit den Fürsten suchen. Schnell vergaßen sie nach 1848 die von ihnen während der Revolution erhobene Forderung nach freiem, gleichem und geheimem Wahlrecht. Statt dessen sorgten die Nationalliberalen in den bürgerlichen Hochburgen Bremen, Lübeck sowie in den sächsischen Industriestädten für eine noch stärkere Einschränkung des Wahlrechts als in Preußen.[46]

Der Grund: Nur so ließ sich der Einfluß der Sozialdemokratie begrenzen. Die Unternehmer haben also nicht aus Feigheit oder mittelalterlichen Abhängigkeiten den Standpunkt gewechselt – sondern aus kluger Berechnung. Die institutionellen Veränderungen, die in England im 17. und in Frankreich im 18. Jahrhundert revolutionär durchgesetzt wurden und dem Bürgertum genützt hatten, hätten ihm im Deutschland des 19. Jahrhundert geschadet.

Besonders aufschlußreich sind die Ereignisse der Jahre 1878/79. Die Geschichtsschreibung spricht von einer »zweiten Reichsgründung«, weil sich die Kräfte im Staat auf überraschende Weise umgruppierten. Ein Großteil der Liberalen, die bis dahin Bismarck kritisiert hatten, wechselte die Seite und verbündete sich in einem »gesellschaftlichen Rückversicherungsvertrag« (Wehler) mit der preußisch-feudalen Machtelite. In der »Allianz aus Egge und Schornstein« arrangierte sich die Schwerindustrie mit den Großagrariern Ostelbiens. Die Vertreter der Sonderweg-These sprechen richtig von einer »Kapitulation des Liberalismus«, verschweigen aber, daß die Unternehmer, indem sie ihren Liberalismus ad acta legten, an Einfluß gewannen.[47]

Auch der von Elias beschriebene autoritäre Charakter des deutschen Bourgeois war nur an der Oberfläche Imitat adliger Offiziersriten, im wesentlichen entsprang sie einem ökonomischen Imperativ. Bei der nachholenden Industrialisierung wäre Preußen-Deutschland mit den frühbürgerlichen Tugenden des Individualismus, der Toleranz und der Zivilcourage nicht weit gekommen. Partikulare Interessen hätten wichtige Infrastrukturmaßnahmen wie die Schaffung eines modernen Eisenbahnnetzes oder den Abbau der Zollschranken blockiert. Es brauchte den Staat als Zuchtmeister und Antreiber der konkurrierenden Wirtschaftssubjekte – und dem entsprachen die preußischen Sekundärtugenden wie Gehorsam, Disziplin, Fleiß und Pünktlichkeit.

Kommißgeist lernten die Heranwachsenden in der Fabrik, auf dem Kasernenhof wurden die antrainierten Reflexe nur mehr aufgefrischt.

Der Zuspätkommer greift an

Die demokratische und staatsbürgerliche Rückständigkeit des Bismarck-Reiches war begleitet von einer raschen industriellen Vorwärtsentwicklung. »Dieses Preußen-Deutschland, das in der Führung von Staat und Armee so starke feudale Elemente bis in unser Jahrhundert bewahrte, bemächtigte sich in seiner Wirtschaft der modernsten Technik und entwickelte sich gleichzeitig in stürmischem Wachstum zum mächtigsten Industriestaat des Festlandes. Es entstand in Deutschland, aus dem Zusammenwachsen der großen Industriekonzerne und der Großbanken, eine Finanzoligarchie mit den typischen Zügen des modernen Imperialismus; sie drängte nach mehr Rohstoffen, nach der Beherrschung von Ländern zum Absatz der anschwellenden deutschen Warenproduktion und zur Anlage deutscher Kapitalien.«[48]

Wie schnell Deutschland aufholte, verdeutlichen die Kennziffern für den Kapitalexport. Im Jahr 1900 lag Deutschland mit 15 Milliarden Mark noch abgeschlagen hinter England (umgerechnet 40 Milliarden Mark) und auch hinter Frankreich (umgerechnet 25 Milliarden Mark), doch im Jahr 1913 war der Abstand zu Frankreich schon fast eingeholt (35/36 Milliarden Mark), die Relation zu England stark verkleinert (75 Milliarden Mark). [49] Aber die Möglichkeiten zur auswärtigen Kapitalanlage waren für das Reich schlechter als für die Konkurrenten, da es bei der Aufteilung der Welt in Kolonien – schon wieder – zu spät gekommen war. Deutschland versuchte seinen Startnachteil durch besondere Aggressivität wettzumachen. Schon 1887 schrieb Friedrich Engels, es sei »kein anderer Krieg für Preußen-Deutschland mehr möglich als ein Weltkrieg, und zwar ein Weltkrieg von einer bisher nie geahnten Ausdehnung und Heftigkeit. Acht bis zehn Millionen Soldaten werden sich untereinander abwürgen und dabei ganz Europa so kahlfressen wie noch nie ein Heuschreckenschwarm. Die Verwüstungen des Dreißigjährigen Kriegs zusammengedrängt in drei bis vier Jahre und über den ganzen Kontinent verbreitet; Hungersnot, Seuchen, allgemeine, durch Not hervorgerufene Verwilderung der Heere wie der Volksmassen.«[50]

Bei der Vorbereitung der kriegerischen Kolonial- und Eroberungspolitik spielte das moderne Großkapital von Anfang an die treibende Rolle – und keineswegs die rückständige Feudalaristokratie. »Die Kontinuitätslinie des Expansionismus nimmt in der deutschen Geschichte praktisch mit dem Augenblick ihren Anfang, in dem das deutsche Industriekapital überhaupt als ein irgendwie nennenswerter politischer Faktor von einiger Selbstständigkeit in sie eintritt.«[51] Entscheidend war u.a. das von der Großindustrie zu Ende des 19. Jahrhundert vorangetriebene Projekt einer Bagdadbahn, deren Trassenführung das Bündnis mit dem Osmanischen Reich und die Beherrschung des Balkans zwingend erforderlich machte. Damit war der Zusammenstoß mit Serbien und die Konfrontation mit dessen slawischer Schutzmacht Rußland programmiert.

Die Ziele der deutschen Wirtschaft wurden von kaum jemandem unverschlüsselter formuliert als 1913 von Walter Rathenau, dem großen Liberalen: »Die letzten hundert Jahre bedeuteten die Aufteilung der Welt. Wehe uns, daß wir so gut wie nichts genommen und bekommen haben! Nicht politischer Ehrgeiz und nicht theoretischer Imperialismus rufen diese Klage aus, sondern beginnende wirtschaftliche Erkenntnis. Die Zeit naht eilends heran, in der die natürlichen Stoffe nicht mehr wie heute willige Marktprodukte, sondern heiß umstrittene Vorzugsgüter bedeuten; Erzlager werden eines Tages mehr gelten als Panzerkreuzer, die aus ihren Gängen geschmiedet werden ... Wir können nicht in einem Menschenalter hundert Millionen Deutsche mit den Produkten einer halben Million Quadratkilometer einheimischen Bodens und einer afrikanischen Parzelle ernähren und beschäftigen, und wir wollen nicht der Gnade des Weltmarktes anheimfallen. Wir brauchen Land dieser Erde.«[52] Man sollte dieses Zitat wieder und wieder lesen, da es zeigt, wie sich ganz ohne jeden politischen Radikalismus, sondern allein aus den ökonomischen Zwängen der deutschen Wirtschaft heraus das aggressivste Programm der Welteroberung ergab, das dann in den beiden Weltkriegen umgesetzt wurde.

Rathenau gehörte nicht zu den völkischen Nationalisten oder gar den Nazis, sondern wurde von diesen ermordet. Die von ihm formulierte Zielsetzung aber verband sich mit dem völkischen Nationalismus, denn mit seiner Hilfe konnte der Anspruch auf Annexionen in eine menschenrechtliche Argumentation gehüllt werden: Es gelte, die in Frankreich, Belgien, Polen, den Balkanstaaten, Rußland usw. lebenden Volksdeutschen vor Verfolgung und Unterdrückung durch den Zentralstaat zu bewahren und, falls das mittels Diplomatie nicht möglich sei, sie »heim ins Reich zu holen«. Der völkische Nationenbegriff, der Bürger eines anderen Staates über Hunderte und Tausende Kilometer hinweg ohne jede kulturelle oder sprachliche Verbindung allein über die Imagination gemeinsamer Abstammung, also gemeinsamen Blutes, zu Deutschen machen konnte, war die Geheimwaffe der deutschen Annexionspolitik, über die keine der Westmächte verfügte.

Hitler und das Kapital

Mit dem November 1918 wurden zwar die feudalen Privilegien abgeschafft und die parlamentarische Republik etabliert, aber »die Führungsschichten aus Großwirtschaft, Militär und staatlicher Bürokratie, die Deutschland in den Ersten Weltkrieg geführt hatten, [konnten] ihre Machtposition im wesentlichen behalten«.[53] Die Überlegungen, wie die Schlappe wettzumachen wäre, begannen umgehend. Major von Schleicher (1932 Reichskanzler) legte schon kurz nach der Kapitulation im Dezember 1918 Generalstäblern einen Dreistufenplan zur Wiedergewinnung der einstigen Machtstellung vor.[54] Bereits 1926 ließ die Reichswehrführung eine präzise Studie zum Kampf um die Weltherrschaft ausarbeiten – übrigens mit Billigung des Auswärtigen Amtes unter dem vorgeblichen Versöhnungspolitiker Gustav Stresemann.[55]

Auch die Machtergreifung Hitlers war eine bewußte Entscheidung des Großkapitals – um dem Vorgang gerecht zu werden, sollte man eher von Machtübertragung sprechen. Mit dem Wählerwillen hatte das Ganze jedenfalls nichts zu tun: »Wie der Bankier von Schröder, in dessen Haus am 4. Januar 1933 die Koalitionsverhandlungen stattgefunden hatten, in seiner Zeugenaussage 1945 bestätigte, war es im Gegenteil der bei der Novemberwahl [1932] sich abzeichnende beginnende Niedergang der NSDAP, der die ›Männer der Wirtschaft‹ bewog, nunmehr beschleunigt auf die Übertragung der politischen Macht an die Partei zu dringen.«[56] Es waren Millionen kleiner Leute, die Hitler gewählt hatten – doch nur durch die Unterstützung der Millionäre konnte er Reichskanzler werden.

Bei der Analyse des Nationalsozialismus stoßen wir wieder, wie beim Imperialismus der Jahrhundertwende, auf vormoderne Elemente aus der deutschen Geschichte, die durch die Moderne dynamisiert werden. Herbert Marcuse arbeitet das Mischungsverhältnis in seiner Studie »Die neue deutsche Mentalität« heraus. Einerseits habe Hitler an Kräfte appelliert, »die zu den tiefsten und stärksten Eigenschaften des ›deutschen Charakters‹ gehören ... Es ist schon immer bemerkt worden, daß die prototypischen Ausdrucksformen der deutschen Kultur denen der westlichen Zivilisation antagonistisch gegenüberstehen.«[57] Andererseits wäre es »ganz falsch, in dieser Politisierung [der Bevölkerung, Anm. JE] den Höhepunkt deutscher Staatsvergötzung, Autoritätsgläubigkeit oder antiindividualistischer Tendenz zu sehen. Vielmehr stellt die nationalsozialistische Politisierung aller Lebensbereiche eine Wiederholung bestimmter Formen jener terroristischen Politisierung dar, die für die Revolution der Mittelschichten in den westeuropäischen Ländern typisch war.«[58] »Zynische Sachlichkeit« präge den nationalsozialistischen Menschen. Diese typisch westliche Einstellung des »Citoyen, dessen Leben darin besteht, Geschäfte zu machen«[59] habe die traditionelle Bindung der Deutschen an die christliche Moral zerstört, vor allem den Gedanken der Nächstenliebe.[60] Marcuses Kurzdefinition des entstandenen Zwitterwesens: »Der Nationalsozialismus kann als typisch deutsche Form der ›Technokratie‹, d.h. als die nationalspezifische Anpassung der Gesellschaft an die Erfordernisse der Großindustrie begriffen werden.«[61]

Auch bei der Judenvernichtung spielten Wirtschaftsinteressen eine Rolle. Die Konzerne gaben die Mordaktionen zwar nicht in Auftrag, aber sie verwendeten die KZ-Häftlinge als Arbeitssklaven, bevor sie ins Gas geschickt wurden. Der Chemieriese IG-Farben errichtete nicht nur ein eigenes KZ neben seiner Baustelle in Auschwitz, er hätte gerne noch ein zweites gehabt. Am 27. Juli 1943 schreibt IG-Farben Direktor Krauch an Heinrich Himmler, den Reichsführer SS: »Sehr geehrter Herr Reichsführer ... ich habe es besonders begrüßt, daß Sie gelegentlich dieser Besprechung angedeutet haben, eventuell den Ausbau eines weiteren Synthesewerkes, ... ähnlich wie Auschwitz, durch die Zurverfügungstellung von Insassen aus Ihren Lagern gegebenenfalls zu unterstützen. Ich ... wäre Ihnen dankbar, wenn Sie dieser Frage weiter Ihre Förderung und volle Unterstützung angedeihen ließen.«[62] Der Historiker Conrad Schuhler hat errechnet, daß die deutsche Industrie mindestens elf Millionen Sklaven- und Zwangsarbeiter für sich schuften ließ.[63]

Die Funktionalität des Mordprogramms für eine profitable Wirtschaftsentwicklung haben Götz Aly und Susanne Heim in ihrem Buch *Vordenker der Vernichtung* untersucht.[64] Demnach waren Experten an reichsdeutschen Universitäten und Forschungsuniversitäten bereits vor dem Zweiten Weltkrieg zum Schluß gekommen, daß die Entwicklungs- und Modernisierungsdefizite in Mittel- und Osteuropa auf die zu hohe Bevölkerungsdichte dieser Regionen zurückzuführen seien. Effektives Wirtschaften sei nur möglich, wenn die Bevölkerung deutlich reduziert werde. Diese Ziele, so Aly und Heim weiter, verfolgten die Nazis später mit großflächigen Umsiedlungsaktionen, schließlich durch die fabrikmäßige Auslöschung der »überzähligen Bevölkerung«.

Der Ansatz von Aly und Heim kann jedoch nicht erklären, warum der Massenmord auf die jüdische Bevölkerung konzentriert war – wäre es wirklich nur um effizienteres Wirtschaften durch Bevölkerungsreduktion gegangen, so hätte die negative Selektion die christlichen Slawen gleichermaßen getroffen. Doch eine Synthese der Modernisierungstheorie von Aly/Heim und der Fokussierung auf den Antisemitismus durch Goldhagen und andere ist möglich: Die destruktive Energie zur Vernichtung großer Menschenmassen entstand aus dem Profitinteresse der modernen Industrie – die Richtung, in der sie sich entlud, ergab sich aus dem tradierten Antisemitismus mit seinen starken vormodernen Elementen.

Vernichtungskrieg im Osten

Die Historiker, die den deutschen Sonderweg allein in der Abkehr vom Westen sehen, können nicht erklären, warum der Zweite Weltkrieg im Osten mit viel größerer Grausamkeit geführt wurde. Soll die Nazi-Aggression eine Anomalie außerhalb des Sonderwegs gewesen sein?

Einige Zahlen aus einem Standardwerk: Die Westmächte hatten weniger als eine Million gefallener Soldaten zu beklagen, die Sowjetunion 6,5 Millionen. Noch krasser ist das Verhältnis bei den Opfern unter der Zivilbevölkerung: In den USA gab es keine, in Großbritannien 62000, in Frankreich 350000 und in der Sowjetunion – nach den zurückhaltendsten Schätzungen – zehn Millionen.[65]

Es ist das Verdienst von Goldhagen, die grausamen Mordaktionen durch die Einsatzgruppen an und hinter der Ostfront in den Mittelpunkt seiner Untersuchung gestellt zu haben. Den von ihnen in Handarbeit durchgeführten Exekutionen fielen vermutlich mehr Juden zum Opfer als der industriellen Vernichtung in den Todeslagern. Mit der Ausnahme von Babi Jar sind die Orte dieser Massenschlächtereien in Deutschland und anderen NATO-Staaten völlig unbekannt. Wer hat zum Beispiel etwas von den »killing fields« im weißrussischen Chatyn gehört? Dort wurden zwei Millionen Menschen hingerichtet. Noch zu Sowjetzeiten wurde eine große Gedenkstätte errichtet, die bis heute jährlich von über einer Million Trauernden besucht wird.

Das völlig Unbegreifliche bei Goldhagen ist jedoch, daß er die Ausrottungsaktionen gegen die Juden aus dem Zusammenhang mit dem Vernichtungskrieg gegen Sowjetrußland löst, obwohl im Feindbild von der »jüdisch-bolschewistischen Weltverschwörung« zwei Wahnbilder untrennbar verschmolzen sind: Sowohl Juden als auch Kommunisten waren in den Augen der Nazis Volksschädlinge, Zerstörer der Völker. Daß in der sowjetischen Bürokratie an prominenter Stelle bekannte Juden zu finden waren, schien das Feindbild zu bestätigen und verdoppelte den Haß der Nazis. Dies wird etwa deutlich in den Direktiven, die Hitler am 30. März 1941, also ein Vierteljahr vor dem Überfall auf die Sowjetunion, seinen Generälen gab. Dort sprach er *expressis verbis* von der Notwendigkeit eines »Vernichtungskriegs« gegen die Sowjetunion ganz allgemein, in dem es nicht darum gehe, »den Feind zu konservieren«, sondern in dem es auf die »Vernichtung der bolschewistischen Kommissare und der kommunistischen Intelligenz« ankomme. Vom sonst üblichen »Standpunkt des soldatischen Kameradentums« müsse die Wehrmacht in diesem Kampf abrücken.[66] Ergebnis dieser und ähnlicher Direktiven war die Auslöschung ganzer Dörfer, wie es in Frankreich mit Oradour geschah. Doch in der Sowjetunion gab es Hunderte, Tausende dieser Oradours. Allein Belorußland hatte 2,2 Millionen Tote zu beklagen, ein Viertel der Bevölkerung.

209 Städte und 9200 Dörfer wurden niedergebrannt, davon 628 Dörfer mitsamt ihren Bewohnern.[67] Der Rußlandfeldzug war der »ungeheuerlichste Eroberungs-, Versklavungs- und Vernichtungskrieg, den die moderne Geschichte kennt«, stellte Ernst Nolte fest, als er noch ein ernstzunehmender Historiker war.[68] Der Haß der Nazis auf den Osten war stärker als ihr Haß auf den Westen.

Die kritische Beschäftigung mit den Verbrechen des Nationalsozialismus hat in den neunziger Jahren erfreulich zugenommen – Goldhagens Buch ist dafür nur ein Beispiel. Doch die Reduktion dieser Verbrechen auf den Holocaust, die Abtrennung des Holocaust vom Vernichtungskrieg im Osten, schließlich die Abtrennung der Kriegführung von den Kriegszielen der Konzerne – all dies hat zu Mystifikationen über den deutschen Sonderweg geführt und nicht zu Erkenntnis.

Hitler und die Westmächte

Die aktuelle Konfrontation Schröders mit Bush und Blair wird von seinen Kritikern gern als Reprise des deutschen Sonderwegs dargestellt (vgl. S. 11 ff.). Mit den historischen Fakten hat das wenig zu tun. Während die Feindschaft mit Frankreich nach 1789 eine deutsche Konstante war, folgte das Verhältnis zu den angelsächsischen Mächten in den letzten 200 Jahren unterschiedlichen Konjunkturen. Das gilt sogar für den Nationalsozialismus.

Nazi-Deutschland hat zwar Großbritannien angegriffen und den Vereinigten Staaten den Krieg erklärt, aber beides entsprach nicht den ursprünglichen Intentionen Hitlers. Gegenüber London beabsichtigte er eine Aufteilung der Machtsphären. Churchill berichtet über die Vorschläge, die Hitlers damaliger Botschafter Joachim Ribbentrop 1937 überbrachte: »Der Kern seiner Ausführungen war, daß Deutschland die Freundschaft Englands erstrebe ... Deutschland würde gleichsam die Wache für die Sicherheit des britischen Weltreiches übernehmen, in all seiner Größe und Ausdehnung. Es würde vielleicht die Rückgabe der deutschen Kolonien fordern, aber das sei offensichtlich nicht der entscheidende Punkt.«[69]

Diese Strategie wäre aufgegangen, hätte die Appeasement-Fraktion um Premier Chamberlain auf der Insel weiter die Oberhand behalten. Mit dem Machtantritt durch den unbeugsamen Churchill war sie hingegen gescheitert. Ihm und den »jüdischen Dreckschweinen« in Großbritannien galt Hitlers fanatischer Haß – und trotzdem hegte er bis zum Kriegsende, wie Ralph Giordano nachgezeichnet hat, immer wieder »die große Illusion« über einen Ausgleich mit dem Empire.[70]

Hitlers Freundlichkeiten gegenüber den Engländern stehen in scharfem Kontrast zu den Haßtiraden, die sich in der wilhelminischen Presse vor dem Ersten Weltkrieg finden, auch bei Heinrich von Treitschke und Oswald Spengler. Doch wenn man die Geschichte des völkischen Denkens im Deutschland des 19. Jahrhunderts verfolgt, hat sich der deutsche Sonderweg immer wieder anglophil artikuliert. Hans-Christof Kraus hat jedenfalls die These von Wolfgang J. Mommsen, »die deutschen Konservativen hätten eine ausschließlich negative Sicht Englands und seiner politischen Institutionen gehabt«, gründlich widerlegt.[71] So bemerkte der spätere preußische König Friedrich Wilhelm IV., zu »Alt-England« treibe ihn »der ächte und rechte Zug seines evangelischen und altpreußischen Herzens«.[72] In protestantischen Blättern las man, in England habe sich »die altgermanische Staatsform mit am reinsten in Europa erhalten«.[73] Die Feindschaft zum Katholizismus und zur Arbeiterbewegung ließen Teile der völkischen Rechten in England ein Vorbild sehen.

Ähnlich gespalten war die Haltung der Völkischen zu Amerika. Selbst bei Hitler findet sich im Zweiten Buch aus dem Jahr 1928 *Mein Kampf* viel Lob und Bewunderung für die USA, eine »Volksgemeinschaft von rassisch höchstem Wert«. Während Europa von Juden bastardisiert sei, wirke die strenge Einwanderungskontrolle in den Vereinigten Staaten wie eine positive Selektion und werde dazu führen, daß sich dort ein nordisch-germanischer Staat herausbilde und keineswegs ein »internationaler Völkerbrei«.[74] Später ändert Hitler seine Position und äußert wütenden Haß auf das angeblich von Juden beherrschte Amerika. Albert Speer berichtet in seinen Memoiren, wie sich sein Führer zu Kriegsende in Vernichtungsphantasien über explodierende Wolkenkratzer in New York hineinsteigerte – Hitler wäre vom 11. September sicherlich begeistert gewesen.[75] Andererseits hätte er von Schröders Entente mit Chirac und Putin nicht viel gehalten. »Es sei eine gefährliche Utopie, ihm [Amerika, Anm. JE] ein aus Mongolen, Slawen, Romanen und Deutschen bestehendes Europa entgegenzusetzen«, faßt Giordano nach der Lektüre des Zweiten Buches *Mein Kampf* Hitlers Vorstellung zusammen.[76]

Fazit

Der Kern der Theorie vom deutschen Sonderweg ist unbestreitbar: Deutschland hat eine historische Entwicklung vollzogen, die ohne Beispiel ist. Von Luther zu Bismarck, von Kaiser Wilhelm zu Hitler gibt es eine direkte, wenn auch keine zwangsläufige Verbindung. Auschwitz war singulär. Die Vernichtung der europäischen Juden konzentrierte alle Verbrechen eines halben Jahrtausends Kolonialgeschichte in kürzester Frist, angetrieben von Wahn und höchster technischer Effizienz.

Doch in der liberalen Interpretation der Theorie gibt es gravierende Schwachpunkte: Obwohl sich in Deutschland die Herausbildung von Nation und Nationalstaat bis ins 19. Jahrhundert »verspätet« vollzogen hat, muß für die Zeit nach 1848 von einer sprunghaften Entwicklung in die Moderne gesprochen werden. Das Bürgertum verhielt sich dabei nicht ängstlich und zurückhaltend, sondern vertrat seine Interessen zweckrational und selbstbewußt. Seine wirtschaftliche Machtbasis, die Großindustrie und die Großbanken, wuchs in diesem Zeitraum sprunghaft. Diese Ökonomie erforderte die militärisch gestützte Expansion, den Ersten und Zweiten Weltkrieg. Der Liberalismus unterwarf sich dem Nationalsozialismus willig, die Wirtschaft war dessen Finanzier und Profiteur. In der Verfolgung ihrer Ziele nutzten die Konzerne Elemente barbarischer Vergesellschaftung, die im Zivilisationsprozeß der westlichen Nationen zurückgedrängt worden waren: völkischer Nationalismus, Untertanengeist, Antisemitismus. Der singuläre Tiefpunkt des Sonderwegs, untrennbar mit dem Holocaust verbunden, war der Vernichtungskrieg im Osten. Das widerspricht der These, das deutsche Spezifikum sei die Fronstellung gegen den Westen.

Indem die bürgerliche Geschichtswissenschaft den Sonderweg als Resultat mittelalterlicher und feudaler Rückständigkeit des Deutschen Reiches darstellt, negiert sie die moderne ökonomische und soziale Basis, aufgrund derer diese Rückstände im Übergang zum 20. Jahrhundert von neuem virulent und aggressiv wurden. Dagegen steht immer noch Max Horkheimers Satz: »Wer vom Kapitalismus nicht reden will, soll auch vom Faschismus schweigen.«[77] Von 1525 über 1848 bis 1918 gilt: Deutschland ist nicht auf Abwege geraten, weil es zu wenig Kaufleute, Unternehmer und Bankiers gab, sondern zu wenig Revolutionäre; nicht durch zu lange versäumten Kapitalismus, sondern durch dessen gescheiterte Überwindung.

Durch die Trennung der Sonderweg-These von der Ökonomiekritik wurde nach 1945 dreierlei erreicht: Erstens konnte das Besitzbürgertum von seiner Verantwortung für die Hitler-Barbarei ablenken. Zweitens wurde die Gründung der Bundesrepublik als Ende des Sonderwegs dargestellt, obwohl die großen Konzerne und Banken, die diesen Sonderweg zwischen 1871 und 1945 vorangetrieben hatten, entgegen ersten Empfehlungen der Alliierten nicht aufgelöst wurden. Drittens erschien die liberale Marktwirtschaft angelsächsischer Provenienz als strahlende Alternative zum »preußischen« Imperialismus – und damit das atlantische Bündnis als Garantie gegen dessen Wiederholung.

In dieser Optik war gar nicht vorstellbar, was dann tatsächlich geschah: Daß Deutschland seinen Sonderweg von neuem beginnen könnte – ganz ohne Preußens Glanz und Gloria, ganz ohne feudalen Mummenschanz und Germanenkult, wohl aber mit Unterstützung der USA.

Aufstieg und Niedergang der Bonner Republik

Der 8. Mai 1945 war das Ende des Großdeutschen Reiches, aber nicht der Nazis. Nach dem Tod von Präsident Roosevelt und der Ausschaltung der antifaschistischen Fraktion in seiner Regierung um Henry Morgenthau betrieben die USA eine rasche Rehabilitierung derer, die dem Nazi-Terror gedient hatten. Wissenschaftler, die wie Wernher von Braun an den Vernichtungswaffen gearbeitet hatten, wurden für das US-Raketen- und Atomprogramm übernommen, SS-Spezialisten mit Hilfe des Vatikan neuen Aufgaben in Südamerika zugeführt.

Ralph Giordano, der den »großen Frieden mit den Tätern« nach 1945 genau untersucht hat, stellt der US-Militäradministration zunächst ein gutes Zeugnis aus. Ihre Verfahren gegen die Nazi-Mörder waren, trotz Behinderung durch die westdeutsche Justiz, »in ihrer gründlichen Vorbereitung, straffen Durchführung und juristischen Souveränität ohne Beispiel und sind ein Ruhmesblatt in der Geschichte des internationalen Rechts«. Aber im nächsten Satz konstatiert er: »Wahr ist allerdings, daß zwei Drittel der Urteile dieser NS-Prozesse der ersten Welle nicht vollstreckt wurden ...«[1] Ursache dafür war der Zerfall der Anti-Hitler-Koalition, der beginnende Kalte Krieg. »Die Deutschen, die Feinde von gestern, wurden nun als Bündnispartner gebraucht ... Die Bündnisfähigkeit forderte ihren Preis: Straffreiheit der Kriegsverbrecher.«[2] Die Wirtschaftsführer, fast ausnahmslos Finanziers und Profiteure des Nationalsozialismus, konnten sämtlich wieder ihre alten Posten übernehmen. Die Empfehlung des Nürnberger Tribunals, Großkonzerne und Großbanken zu zerschlagen, wurden geflissentlich ignoriert. Von den NS-Blutrichtern wurde kein einziger verurteilt. Am schnellsten ließ man die Generäle der Wehrmacht laufen – sie wurden für den Aufbau der Bundeswehr gebraucht.

Eine Remilitarisierung der Bundesrepublik hätte es in diesem Tempo und in dieser Form ohne das Drängen der USA nicht gegeben. Die USA griffen schon 1950 erste westdeutsche Planungen auf. Die europäischen Verbündeten blockten. London wollte nur die Aufstellung einer Polizeitruppe von 30 000 Mann zulassen. Paris legte den Pleven-Plan vor, der den Aufbau einer europäischen Streitmacht vorsah, in die deutsche Soldaten ohne jede Eigenständigkeit eingebaut gewesen wären. »Die westdeutschen Truppen sollten in Form von einzelnen Bataillonen den Divisionen eingefügt werden.«[3] Bonn und Washington war das zu wenig, die schließlich beschlossene Konzeption einer Europäischen Verteidigungsgemeinschaft (EVG) gestand der Bundesrepublik größere Heeresverbände und ein eigenes Verteidigungsministerium zu.

Da zog Frankreich die Notbremse: Ende August 1954 lehnte die Nationalversammlung das bereits unterschriebene Abkommen ab. Damit schien Adenauers Remilitarisierung gescheitert – aber schnell sprangen die USA ein und betrieben nun die Aufnahme des Weststaates in die NATO. Auch die entsprechenden Pariser Verträge wären beinahe an Frankreich gescheitert – Premierminister Mendes-France mußte die Abstimmung mit der Vertrauensfrage verbinden, um im Parlament eine Mehrheit zu bekommen. Am 12. November 1955 wurden die ersten Offiziere der Bundeswehr vereidigt. Von Washington erhielt Adenauer, was ihm Paris nie zugestanden hätte: Starfighter, Nike-Herkules und Pershing-1A, also Trägerwaffen für Atombomben und Atomsprengköpfe.

Atomarer Geltungsdrang

Die Kooperationsbereitschaft der USA weckte bei Franz-Josef Strauß (CSU), Verteidigungsminister seit 1956, weitergehende Ambitionen. »You are nuclear obsessed«, warf Henry Kissinger Anfang der sechziger Jahre Strauß vor. Er befürchtete, »daß man im Bonner Verteidigungsministerium keine größere Sorge zu kennen scheine als die, wie man die Amerikaner im Ernstfall in den Krieg hineinzwingen könne«.[4] Hintergrund war die Weigerung der USA, ihr Atompotential auch für spezielle bundesdeutsche Ziele wie die Wiedervereinigung instrumentalisieren zu lassen. Daß Kissinger seine Kritik auf die Hardthöhe konzentrierte, verweist auf Widersprüche zwischen Strauß und Adenauer. Tatsächlich hatten der Kanzler und sein Minister in der Debatte ab 1956 gemeinsam die Ausrüstung der Bundeswehr mit Atomwaffen gefordert und einen entsprechenden Bundestagsbeschluß durchgesetzt. Die Differenzen begannen, als der CSU-Chef einen direkten Atomwaffenzugriff auch in Konfrontation mit den USA durchsetzen wollte. Strauß' Ziel – so der Adenauer-Biograph Hans-Peter Schwarz – sei es gewesen, »im Kriegsfall für die Bundeswehr die Verfügungsgewalt über die in der Bundesrepublik stationierten Atomwaffen zu ergattern, die in Friedenszeiten von den Amerikanern kontrolliert werden«.[5]

Einige Indizien weisen darauf hin, daß Strauß einen solchen Kriegsfall sogar auslösen wollte. Nachdem der Verteidigungsminister im Jahr 1962 von seinen Generälen eine Studie über einen atomaren Erstschlag (»preemptive strike«) gegen die Sowjetunion erarbeiten ließ und sich immer offener für Notstandsplanungen einsetzte, befürchtete selbst Adenauer, Strauß plane »einen Präventivkrieg und einen Staatsstreich« (Schwarz). Adenauer wollte ihn deshalb entlassen, doch Strauß widersetzte sich. Wenige Wochen später sah er seine Stunde gekommen:

Im Oktober 1962 ließ er die Spiegel-Redaktion, die die öffentliche Kritik an seinem Atomwaffenkurs angeführt hatte, durchsuchen und Rudolf Augstein und seine engsten Mitarbeiter verhaften.

Der Coup wäre geglückt, hätte Strauß nicht im Überschwang einen folgenschweren Fehler begangen: Er veranlaßte die Festnahme von Spiegel-Redakteur Conrad Ahlers im Ausland, eine illegale Aktion außerhalb seines Zuständigkeitsbereichs. Daraufhin mußte er zurücktreten. Die Anhaltspunkte, daß Strauß in diese Falle regelrecht hineingelockt wurde, haben sich durch neuere Untersuchungen erhärtet: Während Schwarz nahelegt, es sei Adenauer selbst gewesen, der Strauß zum Zuschlagen außerhalb der deutschen Grenzen veranlaßt habe, wertete der Historiker Karl Brandstetter Indizien aus, die für ein Zusammenwirken von Spiegel, CIA und einer »pro-amerikanischen» Seilschaft im BND sprechen.[6]

Die neue Ostpolitik

Mit der Entmachtung von Strauß hatten sich die Atlantiker in der CDU zunächst durchgesetzt. Die Versuche des Bayern, den Atomwaffensperrvertrag als ein »neues Versailles, und zwar von kosmischen Ausmaßen«[7] zu denunzieren und eine deutsche Unterschrift zu verhindern, scheiterten in der Folge ebenfalls. 1974 ratifizierte der Bundestag das Abkommen.

Die ab 1969 amtierende sozialliberale Koalition entschärfte nicht nur den Atomwaffenstreit mit Washington, sondern betrieb auch gegenüber dem Warschauer Pakt eine Entspannungspolitik. Die Ostverträge garantierten Polen, der Tschechoslowakei und der Sowjetunion einstweilen ihre Westgrenzen und dämpften den Revanchismus der Vertriebenenverbände. Die DDR wurde als Staat anerkannt, wenn auch das Wiedervereinigungsgebot im Grundgesetz nicht aufgehoben wurde. Die Studentenbewegung schwächte die Rechte Ende der sechziger Jahre auch innenpolitisch. Die bis dahin nur schleppende geistige Entnazifizierung der Bevölkerung kam endlich voran: Bei Meinungsumfragen sank der Anteil der Antisemiten unter den Befragten, der bis dahin bei 30 Prozent oder mehr gelegen hatte, auf die Hälfte (um diese Marke pendelt der Wert bis heute).[8] Der »Muff der tausend Jahre« schien sich zu verziehen.

In der Wirtschaftswelt sah man diese Veränderungen ohne größere Besorgnis, solange Produktion, Absatz und Gewinne wuchsen. Der Boom in den sechziger Jahren war so kräftig, daß in Südeuropa sogar über zwei Millionen Arbeitskräfte angeworben werden mußten. Doch 1974/75 geriet die Weltwirtschaft in eine tiefe Krise, teils in Folge der scharfen Erhöhung des Ölpreises durch das OPEC-Kartell, teils aufgrund der Turbulenzen nach Aufhebung der Goldgarantie für den Dollar. Die Wachstumsraten gingen weltweit zurück, in Deutschland zogen die Inflation und die Arbeitslosenzahlen an.

»Jetzt lacht Hitler in der Hölle«

Zu Beginn der achtziger Jahre schrillten in den Chefetagen die Alarmglocken: Die Deutsche Mark kam nach 30 Jahren Stabilität und Aufwertung erstmals unter Abwertungsdruck. Auch die Zahlungs- und Handelsbilanz des Exportweltmeisters drehte ins Minus, 1980 schloß sie mit einem Verlust von fast 30 Milliarden Mark. In dieser Situation erzwang die Wirtschaft den Sturz von SPD-Kanzler Helmut Schmidt, obwohl der vom Wähler 1980 gerade erst gegen seinen Herausforderer Strauß bestätigt worden war. Die einzelnen Stationen des Power Plays: Zuerst verweigerte die Bundesbank, entgegen den Bitten der Regierung, eine Absenkung des Leitzinses, der mit zuletzt astronomischen 7,5 Prozent ein Anspringen der Konjunktur wirkungsvoll blockierte. Als die Wirtschaftsflaute sich daraufhin verstärkte, wurden die industrienahen Kreise im Kabinett aktiv. Bundeswirtschaftsminister Graf Lambsdorff und sein Ministerialdirektor, der spätere Bundesbank-Direktor Hans Tietmeier, forderten eine umfassende Kurskorrektur zur Verbesserung der Gewinnsituation der Privatwirtschaft. Schmidt weigerte sich. Daraufhin ließ die FDP die Koalition platzen. Ihre Abgeordneten verschafften Helmut Kohl im Oktober 1982 im Bundestag eine Mehrheit, das Parlament wählte ihn zum neuen Kanzler. Die Bundesbank gewährte der neuen Regierung, was sie der alten verweigert hatte, und senkte den Zinssatz innerhalb weniger Monate auf fast die Hälfte, auf vier Prozent. Die Konjunktur bekam dadurch wieder Fahrt, und folgerichtig wurde die neue Regierung bei den Wahlen im März 1983 eindrucksvoll bestätigt.[9]

Doch der Kurswechsel galt nicht nur der Ökonomie. Vielmehr sollte ein genereller Klimawandel im Lande durchgesetzt und dadurch das Terrain zurückerobert werden, was die Rechte seit Mitte der sechziger Jahre verloren hatte. Hauptcredo der neuen Regierung war die »geistig-moralische Wende«. Deren Inhalt hatte Alfred Dregger gleich nach dem Amtsantritt des neuen Kanzlers formuliert: »Zwischen 1965 und 1975 ... hat ein Bruch mit der Mehrzahl der Traditionen stattgefunden, die zur Substanz unserer nationalen Identität gehört haben und gehören ... Die deutsche Identität insgesamt wurde ins Zwielicht gerückt. Aber mehr noch: Auch die deutsche Geschichte wurde hauptsächlich unter dem Gesichtspunkt gesehen, inwiefern sie zur nationalsozialistischen Herrschaft führen konnte. Das hatte zur Folge, daß die deutsche Geschichte insgesamt abgewertet wurde. Seitdem gibt es ein Trauma in unserer Selbsteinschätzung ... Die Wende, die wir politisch erreicht haben und durchsetzen wollen, wird ihre Bewährungsprobe nicht zuletzt darin zu bestehen haben, unsere nationale Identität in der Identität unserer Werte wiederherzustellen.« [10] Der Historiker und

Kanzlerberater Michael Stürmer prägte den Imperativ, die Bundesrepublik müsse sich »aus dem Bann der Jahre 1933 bis 1945 lösen«.[11]

Mit der Ehrung von gefallenen SS-Leuten auf dem Friedhof von Bitburg durch Kohl und den US-Präsidenten Ronald Reagan wurde die »Wiedergutmachung der deutschen Vergangenheit« (Eike Geisel) 1985 öffentlichkeitswirksam in Szene gesetzt. »Jetzt lacht Hitler in der Hölle«, kommentierte US-Außenminister George Shultz im nachhinein [12] – aber ohne die Hilfe seiner Regierung wäre das nicht möglich gewesen.

In der Folge trugen konservative Historiker mit Unterstützung der Frankfurter Allgemeinen Zeitung und Springers Welt einen Angriff auf die Sonderweg-Theorie vor, die nach 1968 an den westdeutschen Universitäten Fuß gefaßt hatte. Während die Frankfurter und Bielefelder Schule um Jürgen Habermas und Hans-Ulrich Wehler den Nationalsozialismus politisch-ökonomisch bzw. kulturell-politisch ableiteten, setzten die Konservativen eine geographische Ableitung dagegen. Das hatte bereits die deutschnationale Historiographie der Weimarer Zeit versucht. Das »deutsche Schicksal« sei durch die »unabänderlichen Naturgegebenheiten« der Lage in der Mitte des Kontinents vorbestimmt, so damals Gerhard Ritter.[13] Seinem Kollegen Hermann Oncken hatte die Mittellage als »Problem aller Probleme« gegolten. »Immer«, so hatte Erich Marcks geschlußfolgert, »haben unsere östlichen Feinde den westlichen über uns hinweg die Hand zu reichen getrachtet, Türken, Polen und Russen sind Frankreichs Verbündete gegen die Deutschen gewesen.«[14] 60 Jahre später schrieb jetzt Hagen Schulze, »die große Konstante der deutschen Geschichte« sei »die Mittellage in Europa. Deutschlands Schicksal ist die Geographie.«[15] Auch für Stürmer hatten deutsches Unheil und deutsche Verbrechen bis 1945 »mehr mit der strategischen Lage Preußens und Deutschlands in Europa zu tun als mit anderen Kontinuitäten von Staat und Gesellschaft in Deutschland und Europa».[16]

Verschärft wurde der Ansatz durch einen mehrteiligen Beitrag Andreas Hillgrubers, den Die Welt 1986 veröffentlichte. Demnach hatte das Deutsche Reich seit der Gründung durch Bismarck »als Ordnungsmacht in Mitteleuropa gewirkt« und für das übrige Europa außerdem eine »Vermittlerrolle zwischen Baltikum und Schwarzem Meer« wahrgenommen. Statt dies zu begreifen und anzuerkennen, hätten die Westmächte im Zweiten Weltkrieg die »Legende vom ›aggressiven‹ preußischen ›Militarismus‹« gepflegt und die Zerschlagung Preußens beschlossen – und zwar schon, bevor ihnen die Judenvernichtung bekannt geworden sei. Deswegen sei 1945 »die ordnende Mitte Europas« zusammengebrochen. Hillgrubers Schlußfolgerung setzte die Welt-Redaktion als Überschrift über den gesamten zweiten Teil: »Diesen Krieg hat ganz Europa verloren.«[17]

Höhepunkt des Vorstoßes waren die Thesen von Ernst Nolte. Deren Grundzüge hatte er bereits 1980 entwickelt, paradoxerweise damals ohne größere Resonanz. »Auschwitz resultierte nicht in erster Linie aus dem überlieferten Antisemitismus und war im Kern nicht ein bloßer ›Völkermord‹, sondern es handelte sich vor allem um die aus Angst geborene Reaktion auf die Vernichtungsvorgänge der russischen Revolution.« Also sei »die sogenannte Judenvernichtung des Dritten Reiches eine Reaktion oder verzerrte Kopie und nicht ein erster Akt oder das Original« gewesen.[18] Sechs Jahre später behauptete er, daß »all dasjenige, was die Nationalsozialisten später taten, mit alleiniger Ausnahme des technischen Vorgangs der Vergasung« bereits von anderen verbrochen worden sei. »Vollbrachten die Nationalsozialisten, vollbrachte Hitler eine ›asiatische‹ Tat vielleicht nur deshalb, weil sie sich und ihresgleichen als potentielle oder wirkliche Opfer einer ›asiatischen‹ Tat betrachteten? War nicht der

›Archipel Gulag‹ ursprünglicher als Auschwitz? War nicht der ›Klassenmord‹ der Bolschewiki das logische und faktische Prius des ›Rassenmords‹ der Nationalsozialisten?« Damit war der Holocaust endgültig aus dem Zusammenhang der deutschen Geschichte gelöst und externalisiert. Schuld waren die anderen.

Die Kapitulation der Verfassungspatrioten

Widerspruch gegen Nolte folgte umgehend und nicht nur von den Sonderweg-Theoretikern. So sprach Eberhard Jäckel von einer »abstrusen Assoziationskette«,[19] Jürgen Kocka von »abstrus-spekulativen Deutungen«[20], und Martin Broszat kritisierte die »hochmütige Verachtung empirisch-historischer Vorgehensweise«.[21] Kurt Sontheimer arbeitete heraus, daß die konservativen Historiker der »herrschenden Politik ... die Argumente ... liefern« und dabei »eine Tradition der deutschen Nationalhistographie der vordemokratischen Ära aufnehmen«.[22]

»In Wirklichkeit geht es um jene politische Umsetzung des in der Zeitgeschichtsschreibung aufgekommenen Revisionismus, der von den Politikern der Wenderegierung ungeduldig angemahnt wird«, vertrat Jürgen Habermas.[23] Außerdem formulierte er als Vorkehrung gegen einen neuen Sonderweg: »Der einzige Patriotismus, der uns dem Westen nicht entfremdet, ist ein Verfassungspatriotismus ... Wer die Deutschen zu einer konventionellen Form ihrer nationalen Identität zurückrufen will, zerstört die einzig verläßliche Basis unserer Bindung an den Westen.«[24] Die Mehrzahl der Nolte-Kritiker folgte Habermas an diesem Punkt. Am offensivsten formulierte Immanuel Geiss. »Die politischen Konsequenzen für uns Deutsche heute, geteilt zwischen Ost und West als Ergebnis der gesamten deutschen Geschichte, sollten auf der Hand liegen«, schrieb er, denn durch »ihre vollständige oder annähernde nationalstaatliche Einigung« würden die Deutschen »automatisch zur Hegemonialmacht mit explosiven Folgen für jedes europäische System katapultiert ... Sie müssen die Forderung akzeptieren und sich zu eigen machen: keine Wiedervereinigung Deutschlands als neuer Nationalstaat, der als Viertes Reich nur eine neue Runde im Karussell deutscher Machtpolitik eröffnen würde – automatische Konstituierung Deutschlands als neues Machtzentrum, Expansion (wie noch bisher jedes Machtzentrum expandierte). Krieg.«[25]

Die Schlacht schien gewonnen: Eine »Wiedergeburt der Linken« habe im Historikerstreit stattgefunden, bilanzierte die SPD-nahe Theoriezeitschrift Neue Gesellschaft im April 1989. Wenig später wendete sich das Blatt. Mit dem Fall der Mauer kippte die Stimmung.

Habermas leistete immerhin noch etwas Widerstand. Zwar kritisierte er die Wiedervereinigung nicht grundsätzlich, sondern lediglich den »DM-Nationalismus« in ihrem Gefolge. »Es fällt schwer, auf die ersten Blüten eines pausbäckigen DM-Nationalismus keine Satire zu schreiben«, bemerkte er nach dem Wahlsieg des CDU-Ablegers »Allianz für Deutschland« bei den letzten Volkskammerwahlen im März 1990. »Die Allianz für Deutschland scheint dieses brachliegende Gefühlsgelände, wo aus der Arroganz einer wirtschaftlichen Vormachtstellung nationalistische Blüten sprießen, schon erschlossen zu haben.« Habermas fürchtete die Rückkehr des deutschen Nationalismus alter Provenienz. »Die Bürger der Bundesrepublik hatten ein nichtnationalistisches Selbstverständnis entwickelt ... Was wird aus dieser Disposition unter dem Druck einer Unsicherheit und Arroganz verbergenden Politik, die stracks auf den gesamtdeutschen Nationalstaat zusteuert? ... Wenn wir uns von den diffusen Vorstellungen über den Nationalstaat nicht frei machen, wenn wir uns der vorpolitischen Krücken von Nationalität und Schicksalsgemeinschaft nicht entledigen, werden wir den längst eingeschlagenen Weg in eine multikulturelle Gesellschaft, ... vor allem den Weg zum Nationalitätenstaat eines vereinigten Europa nicht unbelastet fortsetzen können.«[26] Von Habermas' Alliierten im Historikerstreit schloß sich einzig Hans-Ulrich Wehler dieser Skepsis gegenüber der Wiedervereinigung an: »Wer zwei Weltkriege geführt und das Selbstbestimmungsrecht der Völker jahrelang zerstampft hat, sollte den Anspruch auf deutsche Selbstbestimmung behutsam formulieren. Das Gedächtnis unserer Nachbarn funktioniert besser, als wir glauben.«[27] Die meisten anderen schwiegen, affirmativ oder eingeschüchtert. Das hatte seinen Grund: Die Verfassung, die sie gegen den Deutschnationalismus der Geschichtsrevisionisten verteidigt hatten, enthielt selbst den Auftrag zur Wiedervereinigung. Als sich diese dann ankündigte, war das Fundament ihrer Gegenposition eingebrochen.

Einige polemisierten in scharfer Form gegen Habermas. Etwa Christian Meier, vormaliger Präsident des Verbands der Historiker Deutschlands. Er war 1986 noch – wenn auch vermittelnd – auf Seiten Habermas' gewesen. Jetzt hielt er diesem entgegen, mit seinen Einwänden »zur Sache nichts» zu sagen. Er ignoriere, daß »die Voraussetzungen für die in vielem unglückliche, zuweilen schlimme, zuletzt in hohem Maße verbrecherische Politik dieses Reiches in allem Wesentlichen geschwunden« seien. Letztlich zeugten Habermas' Ausführungen »wohl nicht nur vom Mangel an ökonomischen Kenntnissen, sondern auch von einer Verkennung der Bedürfnisse und Wünsche vieler Millionen«.[28] Meiers Schlußfolgerung: »Man mag gegen Worte wie Schicksalsgemeinschaft aus sprachlichen Gründen einiges einwenden, aber unleugbar handelt es sich doch um eine Gemeinsamkeit der Deutschen aus der Geschichte, und zwar nicht nur aufgrund gemeinsamer Erfahrungen, gemeinsamer Lebensformen, einer im wesentlichen gemeinsamen Sprache, sondern auch aufgrund der Gemeinsamkeit des Namens, der historischen

Verantwortung, der Herkunft.« Folglich bedeute der Nationalstaat für die Deutschen Befreiung. »Wie befreiend und erschließend ein deutscher Nationalstaat heute sein kann», das gelte es jetzt auf »eine erste Probe« zu stellen.[29]

Heinrich August Winkler hatte 1986 sehr klar die realpolitischen Ziele von Noltes Vorstoß herausgearbeitet. »Um heute die Wiederherstellung des Deutschen Reiches fordern zu können, muß die Geschichte ... umgeschrieben werden ... Angesichts der Rolle, die Deutschland bei der Entstehung der beiden Weltkriege gespielt hat, kann Europa und sollten die Deutschen ein neues Deutsches Reich, einen souveränen Nationalstaat nicht mehr wollen.«[30] Als dann der souveräne Nationalstaat 1990 Wirklichkeit wurde, revidierte sich Heinrich August Winkler (vgl. S. 65).

Am spektakulärsten war der Positionswechsel von Rudolf Augstein. Er hatte die Nolte-Thesen 1986 als »die neue Auschwitz-Lüge bezeichnet«.[31] Nun schrieb er: »Ob die Deutschen die Vergangenheit vergessen dürfen oder sollen oder müssen, kann nicht verordnet werden. Der Ansatz Noltes, um den sich der sogenannte Historikerstreit rankt, war ja philosophisch richtig, so überflüssig man dies Gerangel auch finden mag.«[32]

So blieb es dem Schriftsteller Günter Grass vorbehalten, als einsamer Rufer wider die Wiedervereinigung an die Imponderabilien zu erinnern, die die deutsche Nation und der deutsche Nationalismus in der Vergangenheit zu verantworten hatten. »Den deutschen Einheitsstaat hat es in wechselnder Größe nur knapp fünfundsiebzig Jahre lang gegeben; als Deutsches Reich unter preußischer Vorherrschaft; als von Anbeginn vom Scheitern bedrohte Weimarer Republik; schließlich, bis zur bedingungslosen Kapitulation, als Großdeutsches Reich ... Das unter dem Begriff Auschwitz summierte und durch nichts zu relativierende Verbrechen Völkermord lastet auf diesem Einheitsstaat ... Der Ort des Schreckens, als Beispiel genannt für das bleibende Trauma, schließt einen zukünftigen deutschen Einheitsstaat aus.«[33]

In der Formel von Grass »Deutschland denken heißt Auschwitz denken« läßt sich die Lehre zusammenfassen, die die europäischen Völker 1945 gezogen und die sich nach 1968 auch viele Linksoppositionelle in der Bundesrepublik zu eigen gemacht hatten. Nun stand der Schriftsteller fast allein mit dieser Erkenntnis. Die Historiker, die sie vorher mit guten Argumenten gestützt hatten, kapitulierten genau in dem Augenblick, als ihre Wissenschaft der Realpolitik hätte widersprechen müssen. Damit hatte die intellektuelle Avantgarde des späteren rot-grünen Projekts demonstriert, daß sie in einer zugespitzten Situation dem Druck von rechts nicht standhält.

Die Wiedervereinigung als Kraftakt gegen die Nachbarn

Ende gut – alles gut? »Der lange Weg nach Westen« habe die wiedervereinigten Deutschen 1989/1990 endlich in den Schoß der demokratischen Staatengemeinschaft geführt – das meint jedenfalls Heinrich August Winkler in seiner zweibändigen Nationalgeschichte. »Im Jahre 1945 endete der antiwestliche Sonderweg des Deutschen Reiches. 1990 endete der postnationale Sonderweg der alten Bundesrepublik und der internationalistische Sonderweg der DDR«, freut sich der sozialdemokratische Doyen der deutschen Historiker.[1] Für ihn ist die Berliner Republik »ein Nationalstaat, aber keiner von der alten Art, wie das Deutsche Reich einer gewesen war«, vielmehr »ein postklassischer demokratischer Nationalstaat unter anderen, fest in die atlantische Allianz und die Europäische Gemeinschaft, die werdende Europäische Union, eingebunden ...«[2]

Fest eingebunden? Schon die Geburt des neuen Deutschland war ein Kraftakt der Kohl-Regierung gegen die Nachbarstaaten, auch gegen die eigenen Verbündeten. »Das Bemerkenswerte an der deutschen Wiedervereinigung vom 3. Oktober 1990 bleibt, daß sie überhaupt, und dann so rasch nach der Wende in der DDR im Herbst 1989 zustande kam. Eine Mehrheit der politischen Akteure war nämlich dagegen ... Gemeint sind vor allem die vier Hauptsiegermächte, die die Verantwortung für ›Deutschland als Ganzes‹ trugen. Drei der vier Hauptsiegermächte gingen, wie heute nachgewiesen werden kann, in das Jahr 1990 mit dem festen Willen, die deutsche Wiedervereinigung zu verhindern oder sie zumindest erheblich zu verzögern«, bilanziert Ulrich Albrecht in der Beilage der Bundestagszeitung Das Parlament.[3]

Krisengipfel in Strasbourg

Der französische Staatspräsident Mitterrand bekräftigte am 20. Mai 1989 gegenüber seinem US-amerikanischen Amtskollegen George Bush sen., daß die Wiedervereinigung frühestens in zehn Jahren kommen dürfe, denn es gebe nach wie vor zwei mögliche Kriegsgründe in Europa: zum einen ein atomar bewaffnetes Deutschland, zum anderen eine Volksbewegung (mouvement populaire), die »die Wiedervereinigung der deutschen Staaten vorantreibe«.[4] Entsprechend entsetzt war er, als sich diese Volksbewegung nach der Öffnung der ungarischen Grenze auf den Straßen von Leipzig und anderswo immer stärker artikulierte. Präsidentenberater Jacques Attali berichtete, daß die Wellen insbesondere bei der Kabinettssitzung in Paris kurz nach dem Sturz von Honecker hochschlugen. Mitterrand versuchte zu beschwichtigen, indem er Öl ins Feuer goß: »Wir können Deutschland schließlich nicht den Krieg erklären, um seine Wiedervereinigung zu verhindern.«[5] Am 10. November, einen Tag nach dem Fall der Mauer, kritisierte er, die Deutschen spielten mit dem Weltkrieg, ohne sich dessen bewußt zu sein. Die Veröffentlichung von Kanzler Kohls Zehn-Punkte-Plan zur Wiedervereinigung am 28. November machte ihn wütend: »Aber er hat mir nichts gesagt! Nichts gesagt! Das werde ich nie vergessen! Gorbatschow wird wütend sein, er wird das nicht zulassen, das ist unmöglich!«[6]

Auch in London war die Stimmung nicht besser. »In keinem europäischen Land war die Angst vor einem ›Vierten Reich‹ so groß wie in Großbritannien.«[7] Am 31. Oktober, also noch vor dem Fall der Mauer, hatte der Historiker Conor Cruise O' Brien in der Londoner Times vor dem »Wiederaufstieg des Reiches« gewarnt. »Das Vierte Reich, wenn es kommt, wird eine natürliche Tendenz haben, seinem Vorgänger ähnlich zu sehen.« Auch die britische Regierungschefin Margaret Thatcher teilte diese Sicht. »Ein wiedervereinigtes Deutschland ist schlichtweg viel zu groß und zu mächtig, als daß es nur einer von vielen Mitspielern auf dem europäischen Spielfeld wäre ... Daher ist Deutschland vom Wesen her eher eine destabilisierende als eine stabilisierende Kraft im europäischen Gefüge.«[8]

Am Rande der Europaratssitzung am 8. und 9. Dezember 1989 in Strasbourg trafen sich Thatcher und Mitterrand separat. Die eiserne Lady hatte einen dramatischen Auftritt. »Die britische Premierministerin öffnet sodann ihre Handtasche und zieht daraus zwei ein wenig verknitterte Europakarten, sie sind aus einer britischen Zeitschrift ausgeschnitten. Die erste Karte stellt die Grenzen in Europa am Vorabend des Zweiten Weltkriegs dar, die zweite die Grenzen Europas, so wie sie 1945 gezogen und festgelegt wurden, am Vorabend des Falls von Berlin. Sie zeigen Schlesien, Pommern, Ostpreußen. Sie sagt: ›Die werden sich das alles greifen, die Tschechoslowakei inklusive...‹«[9] Und weiter: »Kohl hat keine Vorstellung davon, welche Empfindlichkeiten in Europa gegenüber der Wiedervereinigung bestehen. Deutschland ist geteilt, und zwar ist es deswegen geteilt, weil die Deutschen uns in den schrecklichsten aller Kriege hineingezerrt haben. Wir müssen uns ab jetzt regelmäßig treffen und ein Gegengewicht gegen Deutschland bilden.« Mitterrand antwortete erregt und erinnerte an die Lage 1938/39 nach der Münchner Konferenz: »Wir befinden uns in der Situation der Führer Frankreichs und Englands vor dem Krieg, die letztlich keinen Finger gerührt haben. Wir dürfen uns nicht in der Situation von München wiederfinden ... Wir müssen besondere Beziehungen zwischen Frankreich und

Großbritannien herstellen, so wie wir sie 1913 und 1938 besaßen.«[10]

Beim gemeinsamen Abendessen aller Regierungschefs kam es zu einem bemerkenswerten Wortgefecht. Die britische Premierministerin schlug vor, man solle im Schlußdokument der Konferenz einen Satz über die Respektierung der gegenwärtigen Grenzen hineinschreiben. Kohl antwortete: »Nein, Nein!« Darauf wieder Margaret Thatcher – »mit einem wütenden Lächeln«, wie Attali beobachtete: »Das war ein Test. Und der ist überzeugend ausgefallen.«[11]

Das war auch die Meinung von Mitterrand. Nach dem Diner äußert er sich höchst besorgt gegenüber Attali: »Kohl redet nie von der Wiedervereinigung der BRD mit der DDR, das wäre ja noch klar und deutlich. Er benutzt statt dessen systematisch die Formel: ›Einheit des deutschen Volkes‹. Was soll das heißen – die Einheit des deutschen Volkes? Schließt Kohl darin die Deutschen ein, die im polnischen Schlesien oder im tschechischen Sudetenland leben? Jedesmal wenn man ihn bittet, das zu präzisieren, verbleibt er im Nebulösen. Er muß offensichtlich Zugeständnisse an die Wahlerfolge der deutschen Rechten machen, die das Gebiet Großdeutschlands fordern. Aber indem Kohl hier Zweifel bestehen läßt, spielt er ein gefährliches Spiel. Diese Formulierung ist eine zentrale Frage für die Zukunft Europas. Wir dürfen nicht vergessen, wie Europa 1937 explodierte.«[12]

Die europäischen Verbündeten wurden nach dem Strasbourger Gipfel in der deutschen Presse scharf attackiert. Die Bild-Zeitung, schon seit Wochen nur noch im schwarzrot-goldenen Rahmen erscheinend, schrieb auf der Titelseite: »Wiedervereinigung! Jetzt wissen wir, wer unsere Freunde sind.« Besonders schlechte Noten bekam Frau Thatcher. »Hat sie etwa Angst vor der deutschen Wirtschaftsmacht?« Dann geht es unter die Gürtellinie: »Daß Maggie zickt, könnte uns wurscht sein. Nur leider hat sie im europäischen Finanzzentrum London die längere Peitsche! Sie ist die Domina!« Der dänische Premier Paul Schlüter wird mit dem Satz zitiert, die Vereinigung sei »nicht, was ich mir persönlich wünsche«. Das Springer-Blatt fassungslos: »Warum denkt Schlüter so?« Am schärfsten wurde Italien angegangen: »Eine Frechheit (wenn nicht mehr!) ist, was aus Italien zu Deutschland zu hören ist. Der christlich-demokratische Ministerpräsident Guilio Andreotti, ein Advokat, der die deutschen EG-Subventionen für sein Land gern annahm, macht aus der deutschen Frage Kabarett.«[13] Wolfgang Herles, ZDF, ist aufgefallen: »Bezeichnend ist, daß die liberale deutsche Presse, die Bild früher nie geschont hat, jetzt deren Nationalismus erträgt, ihn weitgehend unkommentiert läßt.«[14]

Das war eher noch untertrieben. Selbst seriöse Blätter stellten nach dem Strasbourger Gipfel ihr Ressentiment gegen die Westmächte heraus. »Auch die Behandlung der deutschen Frage im Strasßbourger Konferenzdokument kann nicht befriedigen. Zwar erkennen die Partner das Verlangen der Deutschen nach staatlicher Einheit an, sie binden es aber an die Wahrung der Schlußakte von Helsinki. Im Klartext heißt das: Die Grenzen dürfen nicht verändert werden; die Wiedervereinigung hat sich dem Fortgang der Ost-West-Zusammenarbeit unterzuordnen,« kritisierte die FAZ.[15] Später, als es dann flotter ging mit den deutschen Plänen, wurde triumphiert. »Die Siegermächte aus dem Jahre 1945 können heute nicht viel mehr tun, als einander Trost zu spenden. Die Zeit, in der sie über die Deutschen nach Gutdünken befinden konnten ... ist vorbei«, kommentierte Herbert Kremp in der Welt.[16] Und die Wirtschaftszeitung Forbes schrieb: »Die Wirtschaft hat geschafft, was Waffen nicht vermochten ... Zu schön, um wahr zu sein. Nach zwei verlorenen Weltkriegen stehen die Verlierer von Stalingrad und Iwo Jima als Sieger des Jahrhunderts fest ... Der dritte Anlauf der Deutschen zur Weltmacht – geglückt.« [17]

Als besonders empörend wurde im Ausland empfunden, daß Kohl sich lange Zeit weigerte, die polnische Westgrenze zu garantieren. Selbst der zunächst durchaus deutschfreundlich eingestellte polnische Premier Lech Walesa geriet darob in Rage: »Wenn Deutschland noch einmal Europa destabilisiert, dann wird Deutschland nicht mehr geteilt, sondern von der Landkarte gefegt werden. Ost und West haben die notwendige Technik, um dieses Verdikt auch vollstrecken zu können. Wenn Deutschland wieder anfängt, bleibt keine andere Lösung.« [18]

Auch Israel meldete Bedenken an. Im Dezember 1989 erklärte Ministerpräsident Ytzak Schamir, daß »Israel sehr ernste Zweifel gegenüber einer solchen Veränderung im Status Deutschlands« habe. Und anläßlich des Vollzugs der Vereinigung am 3. Oktober 1990 schrieb er: »Für das deutsche Volk und für Kanzler Kohl ist dieser Tag von großer Bedeutung. Für uns ist er natürlich ein Tag der Nachdenklichkeit ... Wir müssen an die beispiellose Tragödie erinnern, die Nazi-Deutschland unserem Volk angetan hat ... Deswegen waren wir enttäuscht, daß in den Dokumenten zur Vereinigung die Lehren des Holocaust keine eigene Erwähnung fanden.«[19]

Kohl antwortete Schamir engagiert und freundlich. Aber das neue deutsche Nationalgefühl hatte sich schon vom Kanzler emanzipiert und richtete sich, wie seine historischen Vorläufer, gegen die Juden. Elie Wiesel wurde im Januar 1990 von Rudolf Augstein im Spiegel in ein zermürbendes Kreuzverhör genommen. »Mit welchem Recht«, fragte Augstein den Auschwitz-Überlebenden, halte er denn die Wiedervereinigung für »verfrüht«? Wiesel solle lieber erklären, warum in Jerusalem geschossen werde, in Berlin aber nicht. Aus »Wiesel der Erinnerer«, so das Fazit des Spiegel-Herausgebers, sei »Wiesel der Verdränger« geworden.[20] Eine Woche nach Wiesel wurde der SED/PDS-Vorsitzende Gregor Gysi im Spiegel-Aufmacher

»Der Drahtzieher« mit allen antisemitischen Klischees überzogen. »Der forensisch begabte Anwalt Gysi«, erfährt der Leser, »ist der Vollstrecker. Er hat mehr Macht, als er sich selbst bei seiner Wahl hat träumen lassen, und er ist inzwischen gewillt, sie zu nutzen.« Gysi »zieht die Drähte«, er »knüpft die Fäden«, er »gilt beim Ost-Volk als Trickser, dem die biedere Schiebermütze als Tarnkappe dient«.[21] Der Karikaturist Haitzinger zeigte zur selben Zeit Gysi in der Hamburger Morgenpost, als ob er für den Völkischen Beobachter gezeichnet hätte: mit verschlagenem Blick, großer krummer Nase, gebeugt und in finstere Machenschaften verstrickt.[22]

Vier Wochen später baute der Fernsehsender RTL in einer Nachrichtensendung die Verschwörungstheorie auf, Gysi habe an das internationale Judentum appelliert, in der DDR zu investieren, um die Eigenstaatlichkeit zu retten.[23] Kohl selbst verbreitete im Frühjahr 1992, daß der Jewish World Congress im November 1989 »hohe Emissäre« zur SED entsandt habe, um dort »in unerhörter Weise gegen die deutsche Einheit zu polemisieren«.[24] Waren die Juden wieder Deutschlands Unglück?

Freunde in der Not

Zwei Faktoren ließen die europäischen Gegner der Wiedervereinigung schließlich doch zurückstecken. Zum einen wollte Mitterrand die Achse Bonn-Paris nicht aufs Spiel setzen und agierte nur im Verborgenen gegen Kohls Politik. Selbst sein Staatsbesuch in der DDR kurz vor Weihnachten war nicht mehr als eine Geste – konkrete Hilfszusagen für den geschwächten Honecker-Staat hatte er nicht im Gepäck. Mitterrands Kalkül war, daß Moskau die Kastanien aus dem Feuer holen und sein Vorbehaltsrecht als Siegermacht für ein »Njet« nutzen würde. Als Gorbatschow im Februar 1990 sein Einverständnis mit Kohl signalisierte, war Mitterrand entsetzt. »Was fällt Gorbatschow eigentlich ein? Er versichert mir, er werde festbleiben, und er gibt alles her! Was hat ihm Kohl dafür gegeben? Wie viele Milliarden Mark?«[25] Auch Thatcher sah bei Gorbatschows Umfallen einen pekuniären Hintergrund. »Die Sowjets waren bereit, die Wiedervereinigung für eine bescheidene finanzielle Unterstützung ihrer zusammenbrechenden Wirtschaft zu verkaufen.«[26]

Vor allem aber stützte die amerikanische Regierung nicht die britisch-französische Position, sondern den deutschen Alleingang. »Allein die amerikanische Regierung entschloß sich früh, der Kohlschen Politik einer raschen Wiedervereinigung zu folgen«, bilanziert Albrecht.[27] Auch der US-Diplomat Richard Holbrooke bestätigt: »In Anbetracht der ablehnenden Haltung Frankreichs und Großbritanniens wäre die deutsche Einheit ohne die nachdrückliche Unterstützung Washingtons wohl kaum zustande gekommen.«[28]

Bush deckte auch die einstweilige Weigerung Kohls, die polnische Westgrenze anzuerkennen. »Die Haltung des Bundeskanzlers stieß im Ausland auf anhaltendes Unverständnis. Allenfalls der amerikanische Präsident war bereit, dem deutschen Kanzler zu folgen.«[29]

Sonderweg auf dem Balkan

Das neue europäische Kräfteverhältnis zeigte sich ein Jahr später in der Jugoslawien-Krise. USA und Westeuropa (damals noch Europäische Gemeinschaft – EG) waren für den Erhalt Jugoslawiens, die Bonner Außenpolitik aber hatte andere Pläne.

In der Bundeswehr war man bereits »Mitte der 70er Jahre« zu der Einschätzung gekommen, daß »das mit brutaler Repression zusammengehaltene Kunstgebilde Jugoslawien ... nicht zu erhalten« war, wie der spätere Generalinspekteur Klaus Naumann im Rückblick mitteilte. »Alle wußten, daß Jugoslawien nach Titos Tod zerbrechen würde.«[30] Bei den Vorbereitungen auf diese Entwicklung spielte der Bundesnachrichtendienst (BND) eine besondere Rolle. Die Pullacher Behörde hatte in Kroatien zahlreiche Agenten übernommen, die schon im Zweiten Weltkrieg unter dem klerikal-faschistischen Ustascha-Regime für die Nazis gearbeitet hatten. Erich Schmidt-Eenboom behauptet in seinem Buch *Der Schattenkrieger*, daß schon »unmittelbar vor dem Tode Titos« in Zagreb »alle Entscheidungen in strategischen Fragen nur noch in Absprache ... mit BND-Instanzen und Ustascha-Repräsentanten getroffen werden«.[31] Das war zu Beginn der achtziger Jahre unter dem damaligen BND-Präsidenten Klaus Kinkel.

Ende der achtziger Jahre wurde aus der sezessionistischen Fraktion des gesamtjugoslawischen Geheimdienstes UDBA der autonome Geheimdienst des entstehenden kroatischen Staates. Titos Geheimdienstchef Antun Duhacek, selbst gebürtiger Kroate, hat den Fortgang der deutsch-kroatischen Kooperation genauestens verfolgt. »Bei einem persönlichen Treffen zwischen Bundesaußenminister Hans-Dietrich Genscher und dem kroatischen Geheimdienstchef Josip Manolic im Februar 1990, im Vorfeld der Wahlen im – damals noch zu Jugoslawien gehörenden – Kroatien, hat Genscher 800 Millionen Mark versprochen ... Schließlich floß das Geld erst kurz nach den Wahlen im März 1990. Leute des BND übergaben die 800 Millionen Mark in Zagreb, cash ... Manolic hatte im Februar 1990 mit dem BND ein sehr weitreichendes Geheimabkommen geschlossen. Es umfaßte im wesentlichen drei Punkte: 1. Zusammenarbeit des von ihm kontrollierten kroatischen Dienstes mit dem BND im Vorgehen gegen Jugoslawien und Serbien. 2. Der BND stellt seinen kroatischen Partnern alle Aufklärungsergebnisse zur Verfügung, die er und befreundete NATO-Dienste in und über Jugoslawien sammeln, zum Beispiel über die

Situation in der Jugoslawischen Armee, ihre Truppenbewegungen und so weiter. Das sollte bei den bald beginnenden militärischen Auseinandersetzungen ein großer Vorteil für Zagreb werden. 3. Manolic unterstellt einen Teil seiner Informanten und informellen Mitarbeiter, zum Beispiel in Belgrad, direkt dem BND ... Ab ungefähr Mai 1990 funktioniert dieser Geheimdienst wie ein Anhängsel des BND. Die deutsche Seite verlangte für ihre Leistungen eine totale Unterordnung des kroatischen Dienstes, und das hat sie bekommen.«[32]

FAZ-Korrespondent Viktor Meier wirft der EG vor, daß sie sich im Jahr 1991 »in ihrer auf die Einheit Jugoslawiens eingeschworenen Haltung geradezu übersteigerte«.[33] Die Chronik der Ereignisse gibt ihm contre coeur Recht: Die EG sprach sich am 18. März für den Erhalt des Bundesstaates Jugoslawiens aus. Zur Verhandlung mit der Belgrader Zentralregierung und den abspaltungswilligen Republikregierungen Kroatiens und Sloweniens bildete sie eine Verhandlungsdelegation, bestehend aus dem Italiener Gianni de Michelis, dem Luxemburger Jacques Poos und dem Holländer Hans van den Brook. Bei ihrem ersten Besuch in Belgrad am 4. April 1991 drohte die Troika den Sezessionisten, daß »die ›desintegrierten‹ Teile Jugoslawiens nie Aussicht hätten, in die EG aufgenommen zu werden«.[34] Im selben Monat erklärte auch US-Präsident Bush sen. dem jugoslawischen Premier Ante Markovic per Brief seine Unterstützung. Zur Begründung sagte US-Botschafter Warren Zimmermann, die Wirtschaftsreformen des Zentralstaates seien »das Wichtigste, und er glaube nicht, daß Kroatien und Slowenien dem genug Rechnung trügen«.[35] Die baden-württembergische Landesregierung sah das anders und machte im selben Monat Slowenien erste Finanzzusagen. Das Echo kam wieder aus Brüssel: EG-Kommissionspräsident Jacques Delors stellte Belgrad Ende Mai einen neuen Kredit – man sprach über eine Milliarde US-Dollar – und

Streichung eines Teils der Auslandsschulden in Aussicht.[36]

Am 23. Juni beschlossen die EG-Außenminister erneut, »die einseitigen Unabhängigkeitserklärungen nicht anzuerkennen«.[37] Der britische Premier John Major bekräftigte: »Das erste Ziel ist, die Föderation in Jugoslawien zusammenzuhalten.«[38] Laut Meier muß »uneingeschränkt festgehalten werden, daß sowohl die Vereinigten Staaten wie die EG-Länder den Unabhängigkeitsbestrebungen Sloweniens und Kroatiens noch im Juni 1991 grundsätzlich negativ, ja teilweise feindlich gegenüberstanden«.[39]

Trotzdem erklärten Zagreb und Ljubljana am 25. Juni ihre Unabhängigkeit. Zurückzuführen war dies auf Ankündigungen, daß Deutschland aus der ablehnenden Haltung der EG ausscheren werde. Genscher: »Deutschland wird sich nicht darin übertreffen lassen, wenn es darum geht, das Selbstbestimmungsrecht der Völker und die Minderheitenrechte zu wahren.« Kohl verdeutlichte am 1. Juli: »Wer, wie die Deutschen, auf der Basis der Selbstbestimmung seine nationale Einheit erreicht hat, kann Slowenien und Kroatien das Selbstbestimmungsrecht nicht verweigern. Deutschland soll die EG zur Anerkennung der beiden Republiken veranlassen.«[40] Zur selben Zeit erklärte die Deutsche Bank: »Durch die Unabhängigkeit verlieren Slowenien und Kroatien ihren Absatzmarkt und ihre Rohstoffbasis. Unser Haus ist bereit, helfend einzugreifen.«[41]

Am 27. Juni versuchte Belgrad, die Sezession Sloweniens durch den Einsatz der Jugoslawischen Volksarmee (JVA) zu stoppen. Die Aktion endete nach zehn Tagen mit dem Rückzug und hatte nur einen geringen Blutzoll gefordert. »44 JVA-Soldaten, in der Mehrzahl wehrdienstpflichtige Jugendliche, wurden getötet ... Auf slowenischer Seite gab es weniger als zehn Todesopfer.«[42] Das war nicht gerade der »Terror der Serben«, von dem die Titelseite des

Spiegel am 8. Juli kündete, im Artikel selbst war gar von einem »Amoklauf Belgrader Panzerkommunisten« die Rede.

Vor diesem Hintergrund sahen die EG-Außenminister bei ihrer Beratung am 5. Juli keinen Grund, ihre Haltung zu revidieren. »Die Haager Sondersitzung war auf Wunsch der Franzosen einberufen worden, um ›die Deutschen an die Gemeinschaftsdisziplin zu erinnern‹ ... Daß die großen Bundestagsfraktionen bereits offen die Anerkennung der Unabhängigkeit der beiden nördlichen Teilrepubliken des Vielvölkerstaates fordern, wird als Zeichen deutschen Großmachtsstrebens ausgelegt.«[43] »Genscher ... fand sich ziemlich allein und sogar noch beargwöhnt«, klagte die FAZ.[44] Auch auf dem Krisengipfel in Brioni am 7. und 8. Juli trat die EG-Verhandlungstroika »immer noch gegen die Unabhängigkeitsbestrebungen Sloweniens und Kroatiens« auf.[45]

Dennoch forcierte die Bundesregierung ihre Gangart. Im August sperrte sie alle Kredite für den jugoslawischen Gesamtstaat, Hermes-Bürgschaften wurden nur noch für Slowenien und Kroatien bereitgestellt.[46] Im selben Monat drohten sowohl Kohl als auch Genscher Belgrad erstmals mit Sanktionen.[47] Am 28. Oktober aber lehnte der EG-Ministerrat »auf Drängen der Briten, Holländer und wohl auch Franzosen« solche Sanktionen ab.[48]

In der Zwischenzeit war es in Kroatien zu schweren Kämpfen gekommen. Kroatische Milizen und Freischärler hatten Städte wie Zadar von Serben gesäubert,[49] serbische Freischärler und jugoslawische Bundessoldaten hatten Vukovar erobert und Dubrovnik beschossen. Dann hatten sich die Kontrahenten erschöpft. »Im November 1991 trat ein weitgehender militärischer Stillstand ein.«[50] Diese Situation hätte verantwortungsvolle Diplomatie nutzen können.

«Im Dezember startete die kroatische Armee in Westslawonien eine erfolgreiche Gegenoffensive.«[51] Die deutsche Außenpolitik griff flankierend ein und drängte die EG-Partner immer stärker zur Anerkennung. Genscher stand »in täglicher Verbindung mit dem kroatischen Außenminister ... Er ermutigte die Kroaten, die Föderation zu verlassen und ihre Unabhängigkeit zu erklären.«[52] »Am 3. und 5. Dezember 1991 erhielten (der slowenische Präsident) Kucan und (der kroatische Präsident) Tudjman in Bonn eindeutige Zusicherungen in der Anerkennungsfrage.«[53]

Mittlerweile war ein neues Verhandlungsduo auf dem diplomatischen Parkett erschienen: Der US-Amerikaner Cyrus Vance und der Brite Lord Carrington sollten sich vor allem um die politisch instabile, aber noch nicht militärisch bedrohliche Lage in Bosnien-Herzegowina kümmern. »Vance und Carrington lehnten die deutsche Forderung entschieden ab. Beide berichteten mir später, daß sie ihren alten Freund und Kollegen Hans-Dietrich Genscher unmißverständlich davor gewarnt hatten, mit der Anerkennung Kroatiens eine Kettenreaktion auszulösen, an deren Ende ein Krieg in Bosnien stünde. Eine Anerkennung Kroatiens würde Bosnien dazu zwingen, dem Beispiel zu folgen und sich ebenfalls für unabhängig zu erklären ...«[54] Auch UN-Generalsekretär Perez de Cuellar schaltete sich ein und schrieb am 14. Dezember einen Brief an Genscher: »Ich nehme auch an, daß Sie von der großen Sorge gehört haben, die die Präsidenten von Bosnien-Herzegowina und Mazedonien und viele andere geäußert haben, nämlich daß verfrühte Anerkennungen eine Erweiterung des gegenwärtigen Konfliktes in jenen empfindlichen Regionen nach sich ziehen würden. Solch eine Entwicklung könnte schwerwiegende Folgen für die ganze Balkanregion haben und würde meine eigenen Bemühungen und diejenigen meines persönlichen Gesandten, die notwendigen Bedingungen für die Anwendung von friedenserhaltenden Maßnahmen in Jugoslawien zu sichern, ernstlich gefährden.«

Die Sitzung der EG-Außenminister am 15. und 16. Dezember verlief hochdramatisch. »Genscher machte klar, daß Deutschland vorpreschen und einseitig anerkennen würde, wenn die restlichen EG-Länder nicht mitziehen.«[55] Vor allem Großbritannien, die Niederlande und Lord Carrington als Bosnien-Vermittler sprachen dagegen. »Die Sitzung, auf der Deutschland die anderen elf mehr oder weniger willigen EG-Mitglieder zur Anerkennung drängte, dauerte fast die ganze Nacht ... In den frühen Morgenstunden des 17. Dezember beugten sich die elf dem deutschen Quasi-Ultimatum ...«[56] Alle jugoslawischen Republiken, die eine Anerkennung wünschten, sollten ihre Anträge bis zum 24. Dezember einbringen. Diese sollten dann von einer fünfköpfigen Schiedskommission, deren Vorsitzender der französische Richter Robert Badinter war, beurteilt werden. »Selbst dieser Kompromiß war Genscher nicht ausreichend. Es war keineswegs sicher, daß Kroatien die Kriterien der Badinter-Kommission, zu denen adäquater Schutz der Minderheiten und Kontrolle über die eigenen Grenzen zählten, würde erfüllen können. Genscher machte klar, daß sich Deutschland durch die Ergebnisse der Badinter-Kommission nicht als gebunden betrachtete und ungeachtet des Resultats einseitig anerkennen würde. Er wollte die Unabhängigkeit Kroatiens bis Weihnachten zum *fait accompli* machen.«[57] So kam es dann auch: Deutschland proklamierte die Anerkennung am 23. Dezember 1991.

Die EG zog im Januar nach, obwohl die Badinter-Kommission die Anerkennung Kroatiens nicht empfohlen hatte. Die Vereinigten Staaten ließen sich mit der Anerkennung der EG noch einige Monate Zeit. »Die beiden wichtigsten außenpolitischen Strategen von Präsident Bush, Brent Scowcroft und Lawrence Eagleburger, bedauerten später, Deutschland nicht gebremst zu haben.«[58] Allerdings standen sie damit in Washington auf verlorenem Posten – die Mehrheit war zwar nicht für die deutsche

Linie, aber schlichtweg desinteressiert. Scowcroft im Rückblick: »Innerhalb der Regierung waren Eagleburger und ich am meisten über die Entwicklung in Jugoslawien besorgt. Der Präsident und (Außenminister) Baker neigten dem anderen Extrem zu. Baker sagte mir immer wieder: ›Wir haben kein Pferd in diesem Rennen.‹ Und Präsident Bush bat mich jede Woche einmal, ihm zu erklären, um was es da eigentlich überhaupt gehe.«[59]

In Kroatien eroberte zu Anfang des Jahres 1992 ein Schlager mit dem Titel »Danke, Deutschland!« die Hitparade. Meier bilanziert, »daß die Anerkennungsfrage die erste politische Frage von Bedeutung in Europa seit dem Ende des Zweiten Weltkrieges war, bei der England und Frankreich nach deutschen Vorstellungen handeln mußten«.[60]

Vergangenheit, die nicht vergehen will

Ein unabhängiges Kroatien hatte es bis dahin nur einmal gegeben, und zwar zwischen 1941 und 1945 unter Protektion Hitlers. Als 1991 der neue Staat proklamiert wurde, wurde das Schachbrett-Wappen zu seinen Insignien – wie zu den Zeiten des Faschismus. Das mußte bei den Serben traumatische Erinnerungen wecken.

Nazi-Deutschland hatte Jugoslawien am 6. April 1941 ohne Kriegserklärung überfallen. Bereits am 10. April wurde mit Zustimmung Hitlers und Mussolinis der Unabhängige Staat Kroatien gegründet, der von der kroatisch-katholischen Ustascha-Bewegung und deren Poglavnik (Führer) Ante Pavelic beherrscht wurde. Am 29. April wurde das erste KZ errichtet.[61] Zur Bilanz des Terrors im Ustascha-Staat gibt es verschiedene Angaben. 1943 schrieb Hermann Neubacher, Hitlers Südosteuropa-Beauftragter: »Wenn die Führer der Ustascha damit prahlen, eine Million orthodoxe Serben abgeschlachtet zu haben, ist das meiner Meinung nach selbstbeweihräuchernde Übertreibung. Nach den Berichten, die ich erhalten habe, schätze ich die Zahl der wehrlos abgeschlachteten Serben auf eine dreiviertel Million.«[62] Das Simon-Wiesenthal-Zentrum in Wien geht davon aus, daß ein Viertel der zwei Millionen Serben, 77 Prozent der über 30000 Juden und 20000 Zigeuner ermordet wurden.[63] Der Internationale Gerichtshof in Nürnberg gab 1947 1706000 Kriegsopfer auf dem Gebiet des alten Jugoslawiens an. »Demzufolge gehörte Jugoslawien zu den Ländern mit den meisten Kriegsopfern ... Diese Zahl umfaßte 73 Prozent (1251000) Opfer des faschistischen Terrors, 18 Prozent gefallene Soldaten des Widerstandes (305000) und neun Prozent (150000) Angehörige der Verbündeten der Besatzer.«[64] Die meisten Morde fanden im berüchtigten Ustascha-KZ Jasenovac statt, für Vladimir Dedijer »das jugoslawische Auschwitz«.[65]

Simon Wiesenthal fand die Parallelen zwischen 1941 und 1991 beängstigend. »Kein Zufall, daß es Deutschland, Österreich und der Vatikan sind, die als erste die Unabhängigkeit Kroatiens anerkannt haben, dessen historische Alliierte sie sind ... (D)ie ersten Flüchtlinge dieses Krieges waren gerade Serben, die Kroatien verlassen mußten ..., als dieses Land beschloß, die serbische Bevölkerung als ›ethnische Minderheit‹ zu qualifizieren ... Von diesem Augenblick an wurden in Kroatien die orthodoxen Kirchen und Synagogen angezündet, während sich die Schändung jüdischer Friedhöfe vervielfachte. Zur gleichen Zeit wurden die Namen mehrerer Plätze und Straßen in Zagreb geändert, Namen ... wurden ersetzt durch die ehemaligen Ustascha-Chefs, die Komplizen Hitlers waren.«[66]

Die Parallelen waren nicht zufällig, sondern Reminiszenzen des historischen Sonderwegs in der Außenpolitik. Wenn Jugoslawien als »Völkergefängnis« (FAZ), als »Kunstgebilde« (General Nauman) oder »künstliches Produkt« (der damalige Verteidigungsminister Rupert Scholz) bezeichnet wurde (Scholz weiter: »Originäre Völker« dürften nicht länger in »ungewollten, widernatürlichen oder aufgezwungenen staatlichen Organisationen« festgehalten werden[67]), dann wurde damit die spezifisch deutsche Denktradition wiederaufgenommen, die – im Gegensatz zur französisch-westlichen – ein Volk als natürliche Blutsgemeinschaft definiert, in die man ausschließlich hineingeboren werden kann. Eben dieses Prinzip ist in Deutschland, modifiziert bis heute, als *ius sanguinis* Verfassungsgrundsatz zur Regelung des Staatsbürgerrechts. In der völkischen Weltsicht können nur »originäre Völker« die Grundlage »gesunder« Staatenbildung sein, alles andere sind »Völkergefängnisse«. Das heißt: Die zu respektierenden Subjekte des Völkerrechts sind nicht etwa die Staaten in ihrer territorialen Integrität und der Unantastbarkeit ihrer Grenzen, sondern es sind die »Völker«, die als biologische, übergeschichtliche Einheiten gesetzt werden.

Mit der Ausdehnung dieses Prinzips auf die Außenpolitik wird das herrschende Völkerrecht auf den Kopf gestellt. Der Philosoph Franz Neumann sah darin ein Kernelement der Nazi-Ideologie: »Wenn der Staat keine abstrakte rechtliche Einheit mehr ist, sondern lediglich das Gebäude von Volkstum und Rasse, und wenn die Souveränität nicht mehr beim Staat, sondern in Rasse oder Volkstum liegt, wie das in der nationalsozialistischen Theorie der Fall ist, ergeben sich daraus zwei offenkundige Konsequenzen ... Die souveräne Rasse kennt keine territoriale Grenzen, und dann gibt es keine Schranken für die höchste Gewalt ... Das juristische Faktum der Staatsangehörigkeit kann das biologische Faktum der Rassenzugehörigkeit nicht beseitigen.«[68]

Die Rückkehr der Geschichte war so offensichtlich, daß auch Joschka Fischer im Rückblick konstatieren mußte: »Das besonders Gefährliche an der deutschen Jugoslawienpolitik war, daß damit die Außenpolitik der

›Berliner Republik‹ ein Jahr nach ihrer Gründung in die alten, fünfundvierzig Jahre lang verlassenen Bahnen der Mitteleuropa-Politik des Deutschen Reiches zurückzukehren drohte …«[69]

Die Sozialdemokratie in der Berliner Republik

Der wichtigste bundesdeutsche Politiker, der einen erneuten Sonderweg verhindern wollte, war Oskar Lafontaine. Der Saarländer war im Entscheidungsjahr 1989 in einer starken Position: Er hatte zu Beginn der achtziger Jahre das traditionell konservative Saarland für die SPD erobert und seither die absolute Mehrheit verteidigt, auch gegenüber den in anderen Bundesländern aufstrebenden Grünen. Schon im Herbst 1989 wurde er als Kanzlerkandidat der SPD bei den nächsten Wahlen gehandelt, da der Parteivorsitzende Jochen Vogel beim letzten Urnengang 1987 ein schlechtes Ergebnis eingefahren hatte.

1988 hatte er in seinem Buch *Die Gesellschaft der Zukunft* die Nazi-Kriegsverbrechen als Argument gegen Nationalismus und einen einheitlichen deutschen Nationalstaat ins Feld geführt: »Gerade weil uns Deutschen die Vollendung der nationalstaatlichen Einheit versagt blieb und auf absehbare Zeit versagt bleiben wird, gerade weil wir Deutsche mit einem pervertierten Nationalismus schrecklichste Erfahrungen gemacht haben, gerade deshalb sollte uns schlechthin der Verzicht auf Nationalstaatlichkeit leichter fallen als anderen Nationen ...«[1]

In die Debatte nach dem Fall der Mauer griff er mit einem Paukenschlag ein: Am 25. November forderte er in einem Interview mit der SZ eine Änderung des deutschen Staatsbürgerrechts mit dem Zweck, Übersiedlern und Aussiedlern den »Zugriff auf die sozialen Sicherungssysteme der Bundesrepublik« unmöglich zu machen. In einer Situation, in der seit August Hunderttausende DDR-Bürger in den Westen gekommen waren und von eben diesem Staatsbürgerrecht unmittelbar profitierten, war dies eine provokative Kampfansage. »Es ist klar, daß der konservative rechte Flügel der Union das alte Leitbild des Nationalstaates als Orientierung vor Augen hat und das Deutschnationale überbetont. Das ist heute nicht mehr zeitgemäß, und es hat auch nichts zu tun mit den aktuellen Wünschen und Gefühlen der Menschen.«

Zwar könne die Sozialdemokratie »einer staatlichen Einheit der DDR und der Bundesrepublik nicht widersprechen«, sagte er zurückhaltend. Aber das eigentliche Ziel sei die »europäische Einigung«, denn: »Der Nationalstaat alter Prägung verliert mehr und mehr an Bedeutung – was auch nachvollziehbar ist daran, daß wir und die anderen Staaten der EG ständig Befugnisse an die Europäische Gemeinschaft abgeben.«[2] CDU-Generalsekretär Volker Rühe reagierte scharf und bezeichnete Lafontaine als »Architekten der dauerhaften Spaltung Deutschlands«.[3]

Lafontaine lehnte den Zehn-Punkte-Plan des Kanzlers vom 28. November als Ausdruck eines »Ko(h)lonialismus« gegenüber der DDR ab.[4] Den Parteitag der SPD am 18. und 19. Dezember nutzte er, um seine Vorstellungen ausführlich zu erläutern – er war schließlich Vorsitzender der Kommission, die ein neues Grundsatzprogramm erarbeiten sollte. »Wir haben den Internationalismus betont. Wir haben ihn bewußt in Kontrast gesetzt zu dem, was als Renaissance der Nationalstaaten und nationalstaatlicher Ideen überall festzustellen ist.« Er vertrat die Ansicht, »daß der Bezug auf die gleiche Sprache, auf die gleiche Geschichte, auf die gleichen Ideen nicht notwendigerweise zu dem Schluß führen kann, daß alle, die sich dazu bekennen, in einem Nationalstaat vereinigt werden müssen.« In einem Vergleich zur französischen Entwicklung schlug Lafontaine explizit den Bogen zur Sonderweg-Theorie. In Frankreich sei die Nation von den revolutionären Ideen von Freiheit, Gleichheit, Brüderlichkeit bestimmt. Die Deutschen aber hätten eine andere Ideengeschichte, die mit dem Begriff der Kulturnation zu tun habe; sie seien, was viele Historiker als »die zu spät gekommene Nation« bezeichnet hätten. Da die Deutschen zur Zeit der Französischen Revolution es nicht geschafft hätten, einen Nationalstaat zu definieren, war es nach Lafontaines Meinung geradezu widersinnig, jetzt einen deutschen Nationalstaat anzustreben. Vielmehr müsse die »Politik zwischen der Bundesrepublik und der DDR« eingebettet sein in die langfristigen Entwicklungstrends auf der Welt. Daraus ergebe sich, »daß wir festhalten müssen an der Idee der europäischen Einigung und daß die europäische Einigung ja bereits dabei ist, den Nationalstaat mehr und mehr zu transformieren«.[5]

Winkler resümiert: »Klarer, als es Lafontaine in seiner Rede vom 19. Dezember 1989 auf dem Berliner Parteitag der SPD tat, konnte ein westdeutscher Politiker den Deutschen in der DDR nicht sagen, daß er mit ihnen nicht unter einem gemeinsamen staatlichen Dach zusammenleben wollte.«[6]

Mit dieser Orientierung ging Lafontaine in die saarländischen Landtagswahlen am 28. Januar 1990 – und errang mit plus 5,2 Prozent einen triumphalen Sieg. Aus dieser Position der Stärke heraus erklärte er am 20. Februar gegenüber dem Parteivorsitzenden Vogel, er sei zur Kanzlerkandidatur nur dann bereit, »wenn die SPD seine Bedingungen akzeptiere: den Verzicht auf eine schnelle Wiedervereinigung, den Stopp des Übersiedlerstroms bis an die Grenze des administrativ Vertretbaren, die Ein- und Unterordnung der deutschen Einheit unter die europäische Einheit«.[7] Die Ost-SPD verabschiedete am 25. Februar nach einer Rede von Lafontaine einen entsprechenden Fahrplan. Er sah eine stufenweise Vereinigung nach einem komplizierten Modus vor: Wahlen in

Ost und dann noch einmal in West und dann in allen Bundesländern einzeln, schließlich Wahlen zu einer Verfassunggebenden Versammlung, Ausarbeitung eines neuen Grundgesetzes, Volksabstimmung darüber und dann erst Wahlen zu einem einheitlichen Parlament. In der Wirtschaftspolitik befürwortete der Parteitag eine Umkehrung der Prioritäten: zuerst Sozialunion, dann erst Währungsunion und Wirtschaftsunion. All das hätte ziemlich lange gedauert.

Die deutliche Niederlage der Sozialdemokraten bei den Volkskammerwahlen am 18. März schwächte die Position Lafontaines. Die DDR-Bürger hofften auf Kohls »blühende Landschaften« und auf eine schnelle Einführung der westdeutschen Mark – dagegen erschienen Lafontaines ökonomische Einwände als kleinliche Nörgeleien. Das Einschwenken der Alliierten auf das Wiedervereinigungs-Tempo der Kohl-Regierung machte außerdem deutlich, daß der Saarländer keine internationalen Bündnispartner für eine Verzögerung des Einigungsprozesses hatte. Hinzu kam das schwere Attentat im April 1990, das ihn möglicherweise moralisch noch mehr traf als gesundheitlich.

Lafontaines Kurs wäre ihm Westen mehrheitsfähig gewesen – das beweist nicht nur der SPD-Wahlerfolg im Januar 1990 im Saarland, sondern auch vier Monate später in der traditionellen CDU-Bastion Niedersachsen. Dort siegte Gerhard Schröder ebenfalls mit einer einheitsskeptischen Linie. Besonders auffallend war, daß er gute Ergebnisse in den Zonenrandlagen erzielte, wo die Menschen den Stacheldraht der innerdeutschen Grenze jahrzehntelang vor Augen gehabt hatten und deshalb als konservative Stammklientel galten. Die Wahlforscher fanden den Grund heraus: »Die Deutschlandpolitik ist von einem positiv besetzten, eher symbolischen Thema zu einer ›normalen‹, aber auch mit fiskalischen und steuerlichen Überlegungen verbundenen Kraft geworden.«[8] Die Wiedervereinigung à la Kohl versprach teuer zu werden – damit konnten Lafontaine und Schröder im Westen punkten.

Lafontaine scheiterte nicht am Wahlvolk, sondern an seiner Partei. Der innerparteiliche Widerstand war zu groß. »Die Sozialdemokratie präsentierte sich ... als janusköpfige Partei: Ihr eines Gesicht war das patriotische von Brandt, das andere das postnationale von Lafontaine.«[9] Gewicht hatte der Altbundeskanzler aber nicht nur aufgrund seiner persönlichen Verdienste für die Partei, sondern weil er eine starke nationalistische Strömung in der deutschen Sozialdemokratie bediente, die die Nachkriegs-SPD von Anfang an geprägt hatte.

Schumacher gegen den »Alliierten-Kanzler«

Besonders wichtig war in diesem Zusammenhang der erste Vorsitzende der SPD nach 1945, Kurt Schumacher, der als Gegenspieler von Bundeskanzler Adenauer wesentlich das Profil der Partei prägte. »Diese Partei, die er wieder aufgebaut hat, ist seine, Kurt Schumachers Partei, sie bleibt es bis an sein Lebensende, so wie die SPD vor dem Ersten Weltkrieg die Partei August Bebels gewesen ist«, urteilte Helmut Schmidt im Rückblick.[10] Ganz offen griff Schumacher schon im Sommer 1945 die Potsdamer Beschlüsse an: »Die deutsche Ostgrenze ist zum Zwecke der Bildung eines neuen Polen viel zu weit westlich gelegen.« In seiner Begründung ventilierte er das unselige Lebensraum-Theorem: »Rumpfdeutschland, und damit praktisch vor allem das Deutschland westlich der großen Demarkationslinie, wird in einer Weise übervölkert, daß Ernährung, Unterbringung und Arbeitsgelegenheit unmöglich werden.«[11]

Auf dem ersten Nachkriegsparteiag vom 9. bis 11. Mai 1946 in Hannover wurde Schumacher mit 244 von 245 Stimmen zum Vorsitzenden gewählt. Sein Biograph Peter

Merseburger gab die Stimmung des Parteitages wieder: »Gegenüber den Westalliierten werden Töne angeschlagen, wie man sie in solcher Offenheit, Bitterkeit und Schärfe ... sonst nicht hört.« Schumacher warf den Alliierten vor, die Verantwortung für »Zustände, die der Ausrottung und Versklavung ... so ähnlich sind wie ein Ei dem anderen«, zu tragen.[12]

Im weiteren protestierte das französische Außenministerium gegen Schumacher, die sowjetische Iswestija schrieb von »reaktionären Pfeifentänzen« eines »neuen deutschen nationalistischen Demagogen«, die Prawda gar von einem neuen »Führer«. Schumacher sei ein »deutschnationaler Pangermanist«, kommentierte das Magazin Ordre, und der Journalist Henri Jeanson sprach von einem »neuen Hitler, in dessen Adern das Blut von Bismarck rollt«.[13]

Im Juni 1947 beantragte die SPD ihre Aufnahme in die sozialdemokratische Internationale COMISCO. Schon bei Schumachers Begrüßung im Kreis der Deligierten kam es zum Eklat: Die Vertreterin der sozialistischen Mapai-Partei Israels Golda Meyerson – sie sollte später unter dem Namen Golda Meir Premierministerin ihres Landes werden – weigerte sich demonstrativ, dem deutschen Gast die Hand zu geben. Der polnische Delegierte Hochfeld bezeichnete Schumacher als »gefährlich für den Frieden, gefährlich für den Sozialismus, gefährlich für die Demokratie in Deutschland«. Hochfeld weiter: »Die SPD setzt auf die Karte des Nationalismus und Revisionismus ...Wir werfen der Partei Schumachers ihre rasende und zügellose Agitation für die Resivision der Westgrenze Polens vor.«[14] Der Aufnahmeantrag der SPD scheiterte an den Stimmen der osteuropäischen Parteien und der Mapai-Partei.

Zur Ehrenrettung Schumachers könnte man einwenden, daß er sich immerhin energisch gegen den Antisemitismus und für Entschädigungszahlungen an Holocaust-

Überlebende eingesetzt hat. »Das Dritte Reich hat den Versuch gemacht, die Judenheit in Europa auszurotten. Das deutsche Volk ist zur Wiedergutmachung und Entschädigung verpflichtet«, sagte er auf dem Nürnberger Parteitag im Juni 1947.[15] »Zu matt und zu schwach« kritisierte er zwei Jahre später Adenauers Schuldbekenntnis gegenüber dem jüdischen Volk. Doch schon in der Begründung erweckte Schumacher den Eindruck, als ob die Deutschen genauso gelitten hätten und folglich genauso entschädigt werden müßten wie die Juden. »Mit demselben Ernst, mit dem wir wollen, daß die Deutschen nicht ein Volk zweiter Klasse und geringeren Rechts werden sollen, treten wir auch für die Gleichheit der Juden mit allen Völkern der Erde ein. In diesem Sinne ist die jüdische Sache in einem neuen Deutschland auch die deutsche Sache, die Sache der Gleichberechtigung aller.« In der jüdisch-amerikanischen Exil-Zeitschrift Aufbau kam es daraufhin zu einer heftigen Debatte in den Leserbriefspalten. »Gleichberechtigung für die Juden als Gesprächsthema und Gleichberechtigung für Deutschland – als ob dieser Zweite Weltkrieg gar nicht verloren worden wäre – eine schauerliche Wirklichkeit. Nee!« schrieb Carl Meth. Und Jacob Pat, der Sekretär des Jewish Labour Committee der USA, unterstützte zwar Schumachers Überlegung, man könne doch die Deutschen nicht verhungern lassen, aber störte sich nicht minder an dessen Gefühllosigkeit: »Unser Verstand sagt uns: Ihr müßt in dieser Welt weiterleben. Ihr könnt nicht auf einen anderen Planeten ziehen. Doch das Herz ruft: Nein! Wir sehen noch die Gaskammern vor uns, spüren den Rauch der Krematorien, sehen die Berge von Asche. Unsere sechs Millionen Märyrer rufen uns zu: Vergesset nicht!«[16]

Die ersten Bundestagswahlen im August 1949 wurden vom »Streit, wer der Nationalste sei im Land, entschieden« (Merseburger). Kurt Schumacher zog alle Register: »Nur die SPD bewahrte Deutschland vor dem Terror aus dem Osten. Nur sie verteidigte unbeirrt in Bonn das Lebensrecht des deutschen Volkes ... Unser Vorsitzender Dr. Kurt Schumacher ist für Millionen längst zum Inbegriff des Kampfes um die nationale Geltung geworden«, hieß es in einem SPD-Flugblatt.[17] In puncto Antikommunismus versuchte man die CDU rechts zu überholen: »Die CDU stand beim Kampf in der Ostzone Schmiere. Der Hehler ist so schlecht wie der Stehler.«[18]

Das schwache Wahlergebnis der SPD – sie erhielt nur 29,2 Prozent – ließ die Partei in ihrer nationalistischen Rhetorik noch aggressiver werden. Als Adenauer dem neuen Ruhrstatut seine Zustimmung gab, das eine gewisse Kontrolle der Siegermächte über das als kriegswichtig eingeschätzte Kohle- und Stahlzentrum fortschrieb, verloren führende Sozialdemokraten die Contenance. »Sind Sie noch ein deutscher Kanzler?« rief Herbert Wehner am Morgen des 15. November 1949 erregt im Bundestag. Und Schumacher gab das rhetorische Echo: »Der Bundeskanzler der Alliierten.« Da er eine Entschuldigung verweigerte, wurde Schumacher für 20 Tage von den Plenarsitzungen ausgeschlossen.[19]

Im Unterschied zu anderen Sozialdemokraten lehnte Schumacher auch die Remilitarisierung nicht grundsätzlich ab. Wogegen er opponierte, war nicht die deutsche Wiederbewaffnung, sondern immer nur die militärische Einbindung der deutschen Soldaten in internationale (»ausländische«) Kommandostrukturen. Er fürchtete, daß die »Reste nationaler Substanz verbuttert werden«, wenn in der Bundesrepublik nur schwache Verbände aufgestellt würden, die im Fall eines sowjetischen Angriffs als »Stolperdraht« zur Auslösung eines massiven Atomschlags der USA dienen sollten. Eine »deutsche militärische Leistung hat dann einen Sinn«, setzte Schumacher dagegen, »wenn die Weltdemokratie Deutschland vor schweren Zerstörungen bewahren und als Antwort auf einen russischen Angriff östlich von Deutschland die Kriegsentscheidung suchen will. Das ist die erste und einzige Voraussetzung für das Ja (oder) Nein zur deutschen Aufrüstung.« Auf Nachfragen von Journalisten präzisierte er: »Der militärische Gegenstoß der Demokratien muß die Kriegsentscheidung an Njemen oder Weichsel suchen und leisten können.«[20]

1956 bilanzierte der Schweizer Publizist René Allemann in seinem Buch *Bonn ist nicht Weimar* den augenfälligsten Unterschied zwischen der ersten und zweiten deutschen Demokratie: In der Weimarer Republik war die Linke internationalistisch und die Rechte nationalistisch gewesen. In der Bonner Republik betrieben dagegen die von Adenauer repräsentierten Mitte-Rechts-Kräfte des Bürgertums eine Politik der supranationalen Integration, während die Sozialdemokratie unter Schumacher und dessen Nachfolger Ollenhauer die nationale Karte spielten.[21]

»Verzicht ist Verrat«

Willy Brandt steht im kollektiven Gedächtnis der Gesellschaft für den Triumph, der Schumacher versagt geblieben war: den CDU-Staat aufzubrechen und der erste sozialdemokratische Kanzler der Bundesrepublik zu werden. Auch was den Nationalismus angeht, werden ihn viele geradezu als Gegenbild zu Schumacher begreifen. Wegen seiner Entspannungspolitik und der Aussöhnung mit dem Osten erhielt er 1971 den Friedensnobelpreis, sein Kniefall in Warschau ist in die Ikonographie des 20. Jahrhunderts eingegangen. Daß Konservative und Neofaschisten ihn gleichzeitig als »Erfüllungsgehilfen Moskaus« verhöhnten und des »Ausverkaufs deutscher Interessen« bezichtigten, dürfte sein Image eher verbessert haben. Und es blieb ja nicht bei solchen politischen Anwürfen: Mit den Kampagnen gegen Brandts uneheliche Abstammung, gegen seine Flucht ins Exil und sein antifaschistisches Engagement mobilisierte die Rechte die niedrigsten Instinkte der Volksgemeinschaft gegen den »ersten deutschen Kanzler, der aus der Herrenvolktradition herausführt« (Heinrich Böll).

Vor diesem Hintergrund waren viele verwirrt, als Brandt im Wendeherbst betont patriotisch argumentierte und dabei vor offenem Nationalismus nicht zurückschreckte. »Jetzt wächst wieder zusammen, was zusammengehört«, sagte er am 10. November, einen Tag nach dem Fall der Mauer. Auf dem SPD-Programmparteitag kurz vor Weihnachten 1989 trat er mit seiner Rede in einen unausgesprochenen, aber unüberhörbaren Gegensatz zu Lafontaine und griff die Alliierten wegen ihrer Einwände gegen die Wiedervereinigung an: »Vorbehaltsrechte der Vier Mächte sollten nur mit großer Vorsicht aus der Vitrine geholt werden. Ich kann nicht dazu raten, den Deutschen ... den Eindruck zu vermitteln, es werde über ihre Köpfe hinweg über Dinge verfügt, die sie selbst angehen .... 45 Jahre nach dem Ende des Krieges taugt die Kategorie Sieger/Besiegte nichts mehr. ... Noch so große Schuld einer Nation kann nicht durch eine zeitlos verordnete Spaltung getilgt werden.«

Die Presse, die sich gerade auf Lafontaine einzuschießen begann, war begeistert. Daß er »wieder die mitreißendste Gestalt in der westdeutschen Politik geworden« sei, schrieb die FAZ, die Bild titelte »SPD für Deutschland« und gratulierte »Willy Brandt, dem junggebliebenen Ehrenvorsitzenden, der mit schlichten Worten den Kurs gewiesen hat ..., ohne Wenn und Aber«. Sogar die Deutsche National-Zeitung, die jahrelang vollauf damit beschäftigt gewesen war, die Machenschaften des »Landesverräters Herbert Frahm« aufzudecken, freute sich: »An der Spitze der SPD mehren sich die Stimmen, die wie Willy Brandt ein zielbewußtes Vorangehen auf dem Weg zur deutschen Einheit fordern.«[22]

In der Debatte um die Verlegung des Regierungssitzes im Juni 1991 argumentierte Brandt geradezu geschichtsrevisionistisch. Wie die französische Regierung nach dem Ende der Nazi-Okkupation von Vichy nach Paris umgezogen sei, so müsse jetzt die deutsche Regierung Berlin statt Bonn zur Hauptstadt machen, begründete er sein Votum. Damit wurden die Deutschen, gleich den Franzosen, in Opfer ausländischer Aggressoren umdefiniert und gleichzeitig die Alliierten, wie die Nazis, zu Besatzern fremder Länder.

Hatte Brandt auf seine alten Tage den Verstand verloren und sein deutsches Herz entdeckt? Hatte ihm seine dritte Frau, Brigitte Seebacher, eine leidenschaftliche Kritikerin des »Antinationalismus« bei Lafontaine und anderen, den Kopf verdreht? Konkret-Redakteur Wolfgang Schneider hat den Nachweis erbracht, daß Brandt nicht erst an seinem Lebensende, sondern schon immer am nationalen Interesse Deutschlands orientiert war und dabei auch das antiwestliche Ressentiment pflegte.[23]

Nach der Rückkehr aus dem schwedischen Exil wurde Brandt 1949 als Berlin-Abgeordneter Mitglied des Bundestages. In den fünfziger Jahren führte er einen Machtkampf um die Westberliner SPD. Annemarie Renger erinnerte sich später an diese Vorgänge: »Da blieb kein Auge trocken. Alles, was damals als ›links‹ galt, das mußte weg.«[24] Die Auseinandersetzung endete Anfang 1958 mit der Durchsetzung Brandts zum neuen Landesvorsitzenden. Drei Monate davor war Brandt bereits zum Regierenden Bürgermeister gewählt worden – mit publizistischer Unterstützung der Springer-Presse: »Er hütet das kämpferische Feuer, das in der Reichshauptstadt immer wieder entfacht werden muß.«[25]

Solche Erwartungen erfüllte er zumindest im Juni 1963 beim traditionellen Schlesiertreffen. Den Vertriebenen versicherte Brandt, »daß wahre Koexistenz nicht einfach gleichbedeutend sein kann mit der Erhaltung des Status quo«. »Breslau, Oppeln, Gleiwitz, Hirschberg, Glogau, Grünberg: das sind nicht nur Namen, das sind lebendige

Erinnerungen, die in den Seelen von Generationen verwurzelt sind und unaufhörlich an unser Gewissen klopfen. Verzicht ist Verrat, wer wollte das bestreiten. Hundert Jahre SPD heißt vor allem hundert Jahre Kampf für das Selbstbestimmungsrecht der Völker. Das Recht auf Heimat kann man nicht für ein Linsengericht verhökern ... Der Wiedervereinigung gilt unsere ganze Leidenschaft.«[26]

Brandts Aufstieg zum Parteivorsitzenden verhinderten diese Worte nicht. Im Gegenteil: Der Parteitag in Karlsruhe im Jahr 1964, auf dem Brandt in diese Funktion gewählt und auch als Kanzlerkandidat bestätigt wurde, stand ganz im Zeichen des Revanchismus. Der Saal war mit einer riesigen Landkarte dekoriert, die – beschriftet mit den Worten »Erbe und Auftrag« – Deutschland in den Grenzen von 1937 zeigte. Herbert Wehner warf Adenauer eine »Preisgabe deutscher Rechtspositionen« vor, weil der Kanzler erklärt hatte, er habe »nie die Wiederherstellung der Grenzen von 1937« gefordert. Der ehemalige Kommunist verkündete: »Volk will zu Volk und kommt zu Volk.« 1965 hielt Brandt eine Rede »Über das nationale Selbstverständnis der Deutschen«: »20 Jahre sind seit dem Ende des Zweiten Weltkriegs vergangen. Die Deutschen haben hart gearbeitet ... Aber als Volk sind sie noch nicht zur Ruhe gekommen. Ihre nationale Frage ist nicht gelöst ... Es ist so unausweichlich, wie die Sonne morgen wieder aufgehen wird, daß das deutsche Volk nach seiner nationalen Identität fragt ... Der Ruf nach Selbstbestimmung ertönt lauter. Wir sagen, 20 Jahre sind genug.«

Brandt scheiterte 1965 als Kanzlerkandidat, wurde aber nach dem Bruch der CDU/CSU-FDP-Regierung 1966 Außenminister der Großen Koalition. In diesem Amt war er zu einer Modifikation seiner Position gezwungen – die offene Infragestellung der Nachkriegsordnung hätte die Bundesrepublik international isoliert. 1969 gewann die SPD die Bundestagswahl, und Brandt erklärte: »Jetzt hat Hitler endgültig den Krieg verloren.« Er sei »Kanzler nicht eines besiegten, sondern eines befreiten Deutschland«. In seiner Regierungserklärung akzeptiert er jetzt zwar, daß »zwei Staaten in Deutschland existieren«, betont jedoch, daß sie »füreinander nicht Ausland« seien, sondern »Beziehungen besonderer Art« unterhielten. »Eine völkerrechtliche Anerkennung der DDR durch die Bundesregierung kann nicht in Betracht kommen ... Niemand kann uns ... ausreden, daß die Deutschen ein Recht auf Selbstbestimmung haben, wie alle anderen Völker auch.«[27]

1970 schloß die Bundesrepublik zunächst mit der Sowjetunion, dann auch mit Polen Verträge, in denen sie sich zu einem »Gewaltverzicht« bekannte und die Unverletzlichkeit aller Grenzen in Europa (einschließlich der Oder-Neiße-Grenze) garantierte. Vor dem Bundestag beruhigte Brandt die Vertriebenenpolitiker: »Ein formalisierter Gewaltverzicht ... wird das Buch der deutschen Geschichte ganz gewiß nicht zuschlagen, oder es wird ihn nicht geben ... Glaubt denn hier jemand, daß sich etwas an meiner Gesinnung und meinen Grundsätzen geändert hat?«

Kennzeichnend für Brandt war, daß er den Bundestagswahlkampf 1972 unter der Parole »Deutsche, wir können stolz sein auf unser Land« führte (und gewann). Mit anderen Worten: Seinen – bedingten! – Verzicht auf nationale Ambitionen in der Realpolitik hüllte er im politischen Diskurs in nationalistische Rhetorik. So bewahrte er, über die praktischen Zugeständnisse an die östlichen Nachbarn hinaus, den Gedanken an die »Einheit der Nation« – und als die politische Großwetterlage 1989 umschlug, konnte dieser Gedanke wieder in Realpolitik umgesetzt werden.

In der Konfrontation zwischen Brandt und Lafontaine im Wendeherbst stand Gerhard Schröder hinter dem Saarländer – die vereinten »Enkel« gegen ihren politischen Ziehvater.

Als Lafontaine wegen seiner Forderung nach einer Änderung des Staatsbürgerrechts im November 1989 im Parteipräsidium vorgeworfen wurde, er wolle »eine zweite, innere Mauer gegen Übersiedler aus der DDR« aufbauen, war der Niedersachse der einzige von elf Anwesenden, der ihm beisprang. Beide verteidigten auch den Entwurf Egon Bahrs zur deutschlandpolitischen Erklärung für den Dezemberparteitag, der ganz im Tenor der europäischen Einigung stand. Doch sie scheiterten. »Am Ende steht die Einheit Deutschlands ganz oben. Es kommt etwas heraus, was den zehn Punkten Helmut Kohls fast zum Verwechseln ähnlich sieht.«[28]

Auch im Bundestagswahlkampf des Jahres 1990 zogen beide am selben Strang. Schröder lehnte, wie Lafontaine, einen Anschluß der DDR an die Bundesrepublik nach Artikel 23 des Grundgesetzes ab. Mit dieser Orientierung gewann er im Mai die Landtagswahlen in Hannover und bildete eine rot-grüne Regierung. Als im Juni 1990 im Bundesrat über die Wirtschafts- und Währungsunion abgestimmt wurde, kamen die beiden Nein-Stimmen vom Saarland und von Niedersachsen. Die SPD insgesamt unterstützte das Vertragswerk – was fast Lafontaines Rücktritt als Kanzlerkandidat zur Folge gehabt hätte.

Beim Scherbengericht nach der Wahlschlappe im Dezember 1990 – Lafontaine fuhr gerade 33,5 Prozent für seine Partei ein – stellte sich Schröder vor den Verlierer. »Er glaube nicht, daß die nationale Frage, wie Willy Brandt es sehe, Ursache für den Wahlausgang gewesen sei. Er könne das nicht nachvollziehen. Auch sei das nicht Teil seines Lebens gewesen.«[29]

Doch Schröders Sensibilität gegenüber dem deutschen Nationalismus war nicht so ausgeprägt wie die Lafontaines. Das sollte sich bei der Diskussion um die Einschränkung des verfassungsrechtlich garantierten Asylrechts weisen, die in den Jahren 1992/1993 die Innenpolitik dominierte. Schröder war Mitglied der 14köpfigen Kommissionen von CDU/CSU, FDP und SPD, die um einen Kompromiß für eine Neuformulierung des Asyl-Artikels im Grundgesetz rang. »Mehrmals droht er, die Gespräche platzen zu lassen, so daß SPD-Fraktionschef Klose in Vier-Augen-Gesprächen mit Schäuble die Situation entschärfen muß«, berichten seine Biographen Bela Anda und Rolf Kleine.[30] Schröders Argument: »Innenpolitische Erwägungen dürfen bei der Asylgesetzgebung keine Rolle spielen – das einzige Kriterium hat die Sicherheit politisch verfolgter Menschen zu sein. So will es die Verfassung. Sie hat sich dann zu bewähren, wenn es schwierig wird. Und die, die sie verteidigen, auch. Sonst wird die Verfassung zur Betriebsanleitung für die Durchsetzung des gesunden Volksempfindens, und die Politiker werden zu dessen Vollstreckern.«[31]

Trotz dieser klaren Worte trug Schröder den Parteienkonsens zur rigiden Einschränkung des Asylrechts schließlich mit (bei Niedersachsens Gegenstimme im Bundesrat war »die Rücksicht auf den Grünen Koalitionspartner ausschlaggebend«[32]). Zwei Motive waren dafür maßgeblich.

Zum einen war er gegenüber dem »gesunden Volksempfinden« doch nicht so resistent, wie das obige Zitat glauben machen könnte. »Schröder selbst rechtfertigt sein Umschwenken mit der Tatsache, daß er erst spät erfahren habe, was die wahren Nöte der Bevölkerung bei der Asylrechtsfrage gewesen seien.«[33] Zum anderen war ihm die Macht wichtiger als die Überzeugung. »Dies hätte einen hohen Preis bedeutet«, begründete er seinen Entschluß, seinen Posten in der Asyl-Kungelrunde der

Parteien nicht niederzulegen. »Ausscheiden aus dem SPD-Präsidium, aber auch Rücktritt vom Amt des niedersächsischen Ministerpräsidenten. Dieser Preis erschien mir zu hoch. Man mag das für feige halten, ich habe es jedenfalls vorgezogen, um die Substanz zu kämpfen, die noch geblieben war.«[34]

In den folgenden Jahren provozierte Schröder den linken Flügel seiner Partei immer aufs neue:

- In seiner Industriepolitik etwa setzte er gerne nationalistisch Akzente. Als der US-Konzern General Motors (GM) 1993 den neuen VW-Einkaufschef und früheren GM-Topmann José Ignacio Lopez anzeigte – der Spanier soll GM-Betriebsgeheimnisse mit nach Wolfsburg gebracht haben –, war Schröders Reaktion heftig. »Volkswagen ist Zielscheibe einer Kampagne ausländischer Konkurrenten. General Motors und dessen Töchter wollen Europas größten Automobilhersteller treffen. Gelingt dies, wird die gesamte deutsche Industrie geschwächt. Deutschland wäre der Verlierer, Amerika, Frankreich und vor allem Japan die Gewinner.«[35]
- Diese Linie behielt Schröder bei. Als er im August 1996 zu einem »Auto-Gipfel« einlud, waren die Chefs von VW, Daimler-Benz und BMW dabei – aber kein Vertreter von Opel. »Opel ... sei eben nur ein Teil des Konzerns General Motors. Und der sei nun einmal kein deutsches Unternehmen«, rechtfertigte er sich.[36]
- Als die SPD unter dem Parteivorsitzenden Rudolf Scharping nach der verlorenen Bundestagswahl 1994 immer weiter absackte, versuchte Schröder einen Ausbruch nach rechts. »Endlich hat die SPD wieder ein nationales Thema», jubelte er in einer Rede vor dem noblen Hamburger Übersee-Club. Die SPD, so Schröder weiter, müsse 1998 einen Wahlkampf gegen Euro-Geld und Währungsunion machen, »um ein deutlicheres Profil zu erlangen«.[37]

- »Schröder: Kriminelle Ausländer raus!« setzte die Bild am Sonntag im Juli 1997 als Schlagzeile über ein Interview mit dem niedersächsischen Ministerpräsidenten. Damit wurde die Intention des Befragten nur wenig überspitzt. Schröder hatte gesagt: »Man muß das mal sagen, selbst wenn es manche nicht gern hören: Beim organisierten Autodiebstahl sind Polen nun mal besonders aktiv, das Geschäft mit der Prostitution wird dominiert von der Russen-Mafia, Drogenkriminelle kommen besonders häufig aus Südosteuropa und Schwarzafrika ... Wir dürfen nicht mehr so zaghaft sein bei ertappten ausländischen Straftätern. Wer unser Gastrecht mißbraucht, für den gibt es nur eins: Raus, und zwar schnell.«[38]
- Sieben Wochen vor den Bundestagswahlen 1998 erklärte Schröder der Zeit zur geplanten Holocaust-Gedenkstätte, er hätte »auch ohne ein Mahnmal in Berlin leben können«. Er wolle allenfalls einen Erinnerungsort, wo die Leute »gern hingehen«. [39]

Der »deutsche Weg« als Wahlkampftrick

»Rechtswähler brachten Schröder Sieg«, lautete die Top-Schlagzeile auf der Titelseite des DVU-Blattes Deutsche Wochen-Zeitung nach dem Wahlsonntag. Der SPD-Kandidat sei »hunderttausendfach« von Leuten gewählt worden, die »Kohls Weg der Demütigung und der Schuld- und Sühnepolitik nicht länger mittragen wollten«. Ihr Grund: »Menschen haben Gerhard Schröder das Vertrauen geschenkt in der Hoffnung, mit ihm werde der eingeschlagene Kurs hin zur Chaos-Währung Euro vielleicht doch noch gestoppt. Andere haben mit der Schröder-Stimme das Holocaust-Mahnmal, das Kohl so sehr am Herzen lag, verhindern wollen. Ungezählte erinnerten sich am Wahltag an seine Versprechungen, kriminelle Ausländer sofort abzuschieben.« [40] Die Wochenzeitung Junge

Freiheit, im »Bermudadreieck« zwischen Rechtsradikalen, Nationalliberalen und CSU angesiedelt, kommentierte Schröders Wahlsieg ähnlich: »Jetzt haben wir einen Bundeskanzler der SPD, der das Hohenzollernschloß aufbauen will, sich für nationales Selbstbewußtsein ausspricht, der sich eine glanzvolle Hauptstadt wünscht ... (Das) hat durchaus etwas mit einer atmosphärischen Veränderung in Deutschland zu tun. Wir sind in der surrealen Situation, daß die politische Landschaft links gefärbt ist, daß die mentale Landkarte aber eher rechts gefärbt ist.«[41]

Die Rechtswähler dürften auch zufrieden gewesen sein, daß der Kanzler sich, beinahe als eine seiner ersten Amtshandlungen, im Oktober 1998 auf die Seite des Schriftstellers Martin Walser schlug. Der hatte im Oktober 1998 in der Frankfurter Paulskirche die ständige Erinnerung an den Holocaust als »Moralkeule« abgewertet, die von »Meinungssoldaten« geschwungen werde, das geplante Mahnmal sei eine »Monumentalisierung unserer Schande« – als ob nicht die Verbrechen monumental waren, sondern lediglich ihre künstlerische Darstellung es sein könnte. Ignatz Bubis, der Vorsitzende des Zentralrates der Juden, war schockiert, in den Medien gab es eine heftige Debatte. Schröder nahm in einer Talkshow Anfang November Stellung: »Ein Dichter muß das sagen dürfen. Ein Bundeskanzler darf das nicht.«[42] War das ein Plädoyer für Meinungsfreiheit – oder mehr? Unsere Nachbarn müßten sich daran gewöhnen, so zitierte der Spiegel gleich darauf Regierungssprecher Uwe-Karsten Heye, »daß Deutschland sich nicht mehr mit dem schlechten Gewissen traktieren läßt«.[43] Der Kanzler nahm kurz darauf Walser explizit gegen den Vorwurf von Bubis in Schutz, er habe einer Verdrängung das Wort geredet. »Es ist nicht so. So jedenfalls habe ich ihn nicht kennengelernt. Man darf ihn nicht als Ideologen der Verdränger vereinnahmen.« Mindestens an einem Punkt unterstützte er den Schriftsteller auch in der Sache: »Leute, die keine eigene

Erinnerung haben – das betrifft meine Generation und die Generationen, die danach kommen –, sollten ohne Schuldkomplexe herumlaufen können.«[44]

Aber es gibt auch Beispiele, in denen Schröder rechte Positionen revidiert oder bekämpft hat. So ließ er seinen Widerstand gegen den Euro schnell fallen, nachdem er Bundeskanzler geworden war. Und seine Sympathien für Walser haben ihn nicht davon abgehalten, antifaschistische Bildungs- und Aufklärungsarbeit in einem Ausmaß wie nie zuvor in der Geschichte der Bundesrepublik zu fördern. Nach einer rechtsradikalen Gewaltserie im Sommer 2000 rief der Kanzler höchstpersönlich einen »Aufstand der Anständigen« aus, die Regierung stellte in der Folge millionenschwere Fördertöpfe für Jugendprojekte bereit. Im selben Zusammenhang steht der Vorstoß, die rechtsradikale NPD als verfassungsfeindliche Partei zu verbieten. Zwar kann man den politischen Nutzen dieser Initiativen bezweifeln, aber sie beweisen doch, daß Schröder sich nicht von der Klientel abhängig machte, die ihn 1998 – auch – gewählt hatte.

Schröder ist so wenig Nationalist wie Sozialdemokrat. Als *political animal* bediente er jede Stimmung, die die Massen erfaßte: gegen Ausländer, als das Volk sich vor den Asylanten fürchtete – gegen Nazis, als spektakuläre Mordfälle für Empörung sorgten. Typisch für Schröders instrumentelles Verhältnis zum Ideologischen war sein Auftreten in der Irak-Krise ab August 2002. Nicht die Ablehnung des Krieges an sich, wohl aber ihre nationalistische Umschreibung in der Formel vom »deutschen Weg« war ein Wahlkampftrick. Denn das Nein zur Politik von US-Präsident Bush war ja gerade keine deutsche Spezialität, sondern ein weltweites Phänomen. Indem Schröder aber den offensichtlichen Internationalismus der Friedensbewegung ignorierte und statt dessen das »Ohne mich« nationalistisch lackierte, konnte er im konservativen Segment der Wählerschaft wildern – und die schon verloren geglaubte Bundestagswahl doch noch gewinnen. Damit hatte der »deutsche Weg« seine Schuldigkeit getan und verschwand umgehend wieder in der Trickkiste.

Wie auf der ganzen Welt sind auch die Sozialdemokraten in Deutschland ganz pragmatisch und technokratisch geworden. Im Mutationsprozeß zur Neuen Mitte wurde der Anti-Deutschnationalismus eines Oskar Lafontaine ebenso ausgeschieden wie der Nationalismus eines Willy Brandt. Dennoch ist es nicht richtig, wenn Jürgen Trittin über Schröder sagt: »Der Mann hat einfach kein Programm.«[45] Es gibt nämlich eine Konstante bei ihm: Er ist der »Genosse der Bosse« – in der Sozialpolitik wurden in seiner Amtszeit Einschnitte durchgesetzt, an denen Helmut Kohl gescheitert ist.

Schröders Außenpolitik wird also im großen und ganzen dem entsprechen, was die außenwirtschaftlichen Interessen der deutschen Wirtschaft erforderlich machen. Welche Auswirkungen das auf die Frage von Krieg und Frieden und das Verhältnis zu den USA hat, werden wir im letzten Drittel des Buches sehen.

Golfkrieg 1991 und das Ende der »Machtvergessenheit«

Als die Bundesrepublik im Frühsommer 1989, noch unbelastet von den kommenden Entwicklungen, ihr 40jähriges Jubiläum feierte, blickte man mit Zufriedenheit zurück: »Die Bundesrepublik kann sich feiern«, hieß es im Kölner Stadt-Anzeiger, »Die erste Republik von Dauer« stellte Die Zeit fest, »Katastrophe mit Happy end«, bilanzierte die SZ, und auch Bundesinnenminister Friedrich Zimmermann von der CSU meinte: »Wir können stolz auf unsere Leistungen sein.«[1]

Als dann die Mauer fiel und in Rekordzeit die deutsche Einheit durchgesetzt wurde, hätte man das dem Geburtstagskind ebenfalls zugute halten können. Aber viele Kommentatoren wollten in der Wiedervereinigung nicht den Erfolg des Modells Bundesrepublik sehen – sondern sein Ende. Plötzlich wurde des Weststaates mit Häme und Geringschätzung gedacht: Die alte Bundesrepublik galt als »entnationalisiertes Gebilde«, als »Puppenheim« im »Machtvakuum«, bevölkert von »Krämerseeelen« (Arnulf Baring), als »Kasper der Weltpolitik« (FAZ), als»impotenter Zwerg« (Rheinischer Merkur) im »Provinzstatus« (Karl Schlögel) beziehungsweise »politischen Ausnahmezustand« (Welt).[2]

Es war allerdings keiner der Konservativen, sondern ein Liberaler, der für die abwertenden Analysen eine bezeichnende Synthese fand. Die vergangenen 40 Jahre seien eine »bundesrepublikanische Sonderwegsexistenz« gewesen, befand Hermann Rudolph in der Süddeutschen

Zeitung.[3] Andere griffen das Stichwort gerne auf. FAZ-Redakteur Karl Feldmayer sprach von der »Sonderrolle«, und Tilman Mayer entdeckte das »Sonderbewußtsein«, das »alles Hoffen auf die Vollendung der neualten Bundesrepublik« setze.[4] Damit war ein entscheidender Begriff im »Neudeutsch« der Berliner Republik geprägt worden. »Unter der Hand wurde der Weg *aus der* anstelle des Weges *in die* Katastrophe des NS-Regimes zum ›Sonderweg‹ erklärt ... In der Formulierung, die ›alte‹ Bundesrepublik habe eine ›Sonder(wegs)existenz‹ besessen und stelle mithin eine abzutragende Erblast dar, verdichtet sich die politische Symptomatik«, faßte der Publizist Klaus Naumann zusammen.[5]

Vor den Folgen einer solchen Entwicklung im politischen Diskurs hatte Kurt Sontheimer schon 1981 gewarnt: »Gibt man die These vom deutschen Sonderweg als notwendigen Bestandteil des politischen Bewußtseins dieser Bundesrepublik Deutschland auf ..., dann bricht man dem deutschen Bewußtsein der Epoche nach dem Zweiten Weltkrieg gewissermaßen das Rückgrat.«[6]

Schluß mit der Zurückhaltung

Das »Bewußtsein der Epoche nach dem Zweiten Weltkrieg«, dem das Rückgrat gebrochen wurde, hatte der Adenauer-Biograph Hans-Peter Schwarz als die »Machtvergessenheit« der »gezähmten Deutschen« definiert. Die Außenpolitik des Deutschen Reiches, schrieb er, war nach 1945 »verständlicherweise stark diskreditiert – also die deutsche Großmachtpolitik, die Absolutsetzung der Nation, das Vertrauen auf autonome Sicherheit durch militärische Macht oder die Hinnahme des Krieges als *ultima ratio* der Außenpolitik«. An ihre Stelle seien »liberale, föderalistische, sozialdemokratische und pazifistische Denkschulen« getreten, die einen eigenen politischen Stil prägten: »unbedingte Friedlichkeit, makellose Vertragstreue, vorbildliche Kooperations- und Kompromißbereitschaft, behutsamer Respekt vor den Interessen und Empfindlichkeiten anderer Staaten, Internationalismus statt Nationalismus, Friedenspolitik statt Machtpolitik«. Der hochgerüstete NATO-Frontstaat als Ausdruck unbedingter Friedlichkeit? Diese Wertung sagte weniger über die alte Bundesrepublik als über Schwarz aus. Und trotz dieser Überzeichnung hatte das Bild einen wahren Kern: Der Weststaat war immer »wirtschaftlich ein Riese, politisch ein Zwerg« (Franz-Josef Strauß) gewesen, jedenfalls global betrachtet. Genau das sollte sich nach der Wiedervereinigung ändern.

Die Neujustierung des Bewußtseins der Bevölkerung erfolgte im Golfkrieg 1991. Der Irak war am 2. August 1990 im benachbarten Kuweit einmarschiert und hatte das Emirat am 8. August annektiert. Am 29. November drohte der UN-Sicherheitsrat Saddam Hussein mit der Anwendung von Gewalt, falls er das besetzte Nachbarland nicht bis zum 15. Januar 1991 räumen sollte. Die Bundesregierung unterstützte den Krieg nicht aktiv. Die Zurückhaltung war aber nur äußeren Zwängen geschuldet – die Wiedervereinigung war völkerrechtlich noch nicht unter Dach und Fach. »Auch bei Beginn des Golfkrieges im Januar 1991 hatte der Oberste Sowjet den Zwei-plus-Vier-Vertrag noch nicht ratifiziert, was Außenminister Genscher veranlaßte, auf äußerste Zurückhaltung Bonns zu drängen.«[7]

Die Friedensbewegung, seit Mitte der achtziger Jahre im Zerfallsprozeß, meldete sich zum Jahresbeginn 1991 mit Großdemonstrationen zurück. Die Kritiker waren schnell zur Stelle. Cora Stephan schrieb in der SZ: »Es ist die alte Angstlust der apokalyptischen Vision, die in den ersten Tagen des Golfkriegs zu massiven Wahrnehmungsstörungen führte ... Deutsche Innerlichkeit war schon immer eine zutiefst unpolitische Angelegenheit ... Wer Freiheit und Menschenrechte nicht verteidigen will, mag in den friedlichen Dornröschenschlaf der von anderen gesicherten und garantierten Nicht-Souveränität zurückfallen.«[8] Mit Verweis auf die Unterstützung des Krieges durch die Nachbarländer schrieb Hans-Ulrich Klose, damals Schatzmeister der SPD: »Wollen wir uns von diesen Regierungen absondern? Gibt es wieder so etwas wie eine deutsche Sonderrolle?«[9] Da waren die Stichworte wieder: Die selbstverständliche Zurückhaltung der Bundesrepublik beim Kriegführen – beim US-amerikanischen Krieg in Vietnam wie zuvor beim UN-legitimierten Eingreifen in Korea – galt plötzlich nicht mehr als Lehre aus der reichsdeutschen Machtpolitik, sondern ihrerseits als »Sonderrolle«, als »Dornröschenschlaf«. »Deutsche Innerlichkeit«, in der Geschichte meist in symbiotischer Beziehung mit deutschem Blutdurst auftretend, wurde nun denen vorgehalten, die Blut für Öl verweigern wollten.

Volle Durchschlagskraft erhielten die verqueren Geschichtsanalogien aber erst mit der Nazifizierung des Kriegsgegners. Saddam Hussein sei »Hitlers Wiedergänger«, schrieb Hans Magnus Enzensberger im Spiegel und wirkte mit diesem Essay stilbildend. »Man wird dem Führer des Irak nicht gerecht, man unterschätzt seine Gefährlichkeit, wenn man in ihm nur einen traditionellen Despoten oder einen modernen Diktator sieht. Im Unterschied zu Figuren wie Franco, Batista, Marcos, Pinochet ... hat es Saddam Hussein nicht nur darauf abgesehen, ein Volk zu unterdrücken ... Alleinherrscher dieser Sorte gehören zum Repertoire der Geschichte, ja man ist versucht zu sagen, zur Normalität der Staatenwelt, so wie wir sie kennen. Diese Monster geben keine Rätsel auf. Sie lassen sich von ihrem Selbsterhaltungstrieb leiten ... Hitler wußte sich von solchen Überlegungen frei. Eben hierin ist Saddam Hussein sein genuiner Nachfolger. Er kämpft nicht gegen den einen oder anderen innen- oder außenpolitischen Gegner; sein Feind ist die Welt.«[10]

Die Wiederaufnahme der militär- und machtpolitischen Tradition des Deutschen Reiches und damit die Rückkehr zur Vergangenheit wurde rhetorisch bemäntelt als Abkehr von der Vergangenheit. Ein Bundeswehreinsatz gegen den Irak sei »praktische Trauerarbeit» zur Vergangenheitsbewältigung, sagte etwa Bundeswehrgeneral Gerd Schmückle.[11] Und Karl Heinz Bohrer, rechtskonservativer Herausgeber des Merkur, entdeckte urplötzlich die Vorzüge des Westens oder wenigstens der »politischen Motivik des kriegführenden Westens«: »Nur noch bei den Angelsachsen findet sich ein selbstverständlicher Umgang mit den Horrorszenarien (der ihnen schon erlaubte, Dresden und Hiroshima fast ohne moralische Skrupel auszulöschen). Als Herren der Geschichte des zwanzigsten Jahrhunderts haben sie kein Schmerz- und Schuldbewußtsein entwickelt, sowenig wie der subjektiv gesund sich Fühlende zum Psychiater geht.«[12] Bohrer bezog sich also gerade da auf den Westen, wo dieser sich am weitesten von seinen eigenen Traditionen entfernt hatte und den deutschen am nächsten gekommen war: beim Massenmord an Zivilisten.

Daß die Renaissance des Militarismus nicht preußisch-deutsch daherkam, sondern sich als Schulterschluß mit den USA verkleidete, überforderte die Linke im neuvereinigten Deutschland. Weil die Friedensbewegung sich vor allem auf die USA konzentrierte (und die Polemik oft geschichtsvergessen auf das nicht am Krieg beteiligte Israel ausdehnte), sahen die linken Kritiker der Friedensbewegung in der traditionsreichen Zeitschrift Konkret die Pazifisten schon als Nazi-Verbündete. Die »Übereinstimmung zwischen den Parolen rechtsradikaler und linker Gruppen ist in Deutschland nicht zufällig ... Und wenn ihre Feindschaften auch gegensätzlich motiviert zu sein scheinen, so liegt ihnen doch gleichermaßen das Bedürfnis zugrunde, den Amerikanern den 8. Mai 1945 und den Juden Auschwitz heimzuzahlen«, schrieb Wolfgang Schneider.[13] Wolfgang Pohrt hoffte, daß »der Staat die vielen weißen Friedenstücher als Kapitulationserklärung anderer Art begreifen und darin eine Einladung sehen werde, das ganze Pack hinter Gitter zu verfrachten«.[14]

Auch Günter Grass bezog sich in seinen Stellungnahmen auf die besondere deutsche Geschichte, aber differenziert. »Und bevor wir anfangen, Urteile abzugeben über das Verhalten anderer Länder, z. B. der USA oder Israels oder der Türkei, muß für mich das gravierende Verbrechen Gewicht haben, das wieder einmal von Deutschland ausging. Es sind von hier Waffen geliefert worden, weit über die ›üblichen‹ konventionellen Systeme hinaus, die auch aus anderen Ländern geliefert worden sind. Die Möglichkeit des Irak, unter anderem Israel mit Giftwaffen und bakteriologischen Waffen zu bedrohen, ist ohne deutsche Zulieferung nicht denkbar.« Aus dieser Position heraus forderte er einerseits den Rücktritt der Bundesregierung, die die deutschen Rüstungsexporte genehmigt hatte, trat aber nichtsdestotrotz für die Friedensbewegung ein: »Die als unzulässige Vereinfachung kritisierte Parole ›Kein Blut für Öl‹ ist berechtigt. Es stinkt ungeheuerlich nach bloßer Wahrnehmung von Interessen ... Ich stehe auf Seiten dieser Kinder, die auf die Straße gegangen sind, die vielleicht nicht in der Lage sind, genau zu artikulieren, warum sie gegen den Krieg sind. Wie sollten sie auch. Ich bin gegen diese Veteranen der 68er Zeit, die nun meinen, sie hätten damals die richtigen Argumente gehabt, und die jetzt das Argumentieren vermissen und über die protestierenden Kinder herziehen.«[15]

Peter Glotz war im Golfkrieg einer der wenigen, die das Westlertum der Bellizisten als bloße Verkleidung des neuen deutschen Nationalismus erkannten. »Die Deutschen, so zeigt sich im milden Frühling 1991, sind wieder einmal dabei, ein gefährliches Volk zu werden – gefährlich, da ohne inneres Gleichgewicht. Man muß sie ernst nehmen, denn sie verfügen über eines der stärksten Wirtschaftspotentiale der Welt ... Das erneute Aufleben des deutschen Nervenfiebers hat sich am deutlichsten beim Golfkrieg bemerkbar gemacht; der Grund liegt aber eher in der beängstigenden Rollenzumutung durch die Vereinigung ... Am schlimmsten ist die neue nationalistische Intelligenzija mit ihren bellizistischen Kampfbegriffen: Wirtschaftsgesinnung wird zum ›Krämergeist‹, Pragmatismus zur ›Schicksalslosigkeit‹ oder zu mangelndem Sinn für ›Tragik‹, Vorsicht zum ›Provinzialismus‹ ... Gegenüber der ›Gesinnungsliteratur‹ entsteht eine ähnliche Ungeduld wie gegenüber der ›Friedensbewegung‹.« Die bellizistischen Feuilletonisten setzte Glotz nicht mit der politischen Klasse gleich, verglich sie vielmehr mit den völkischen Schwärmern der deutschen Romantik. Man müsse wissen, »was für Funken die Kleinmeister des Ressentiments, die Arndts, Jahns, Langbehns, Treitschkes *e tutti quanti* aus bemoosten Steinen geschlagen haben. Wir praktizieren derzeit nicht die erste Vereinigung. Wie wäre es, wenn wir aus unserer eigenen Geschichte zu lernen versuchten – wenn das denn überhaupt gehen sollte?«[16]

Nazis, Iraker und ein großer Bluff

Die Gleichsetzung von Hussein und Hitler zeigte einen weiteren Zersetzungsprozeß des verfassungspatriotischen Lagers an: Im Historikerstreit hatten dessen (damalige) publizistische Flaggschiffe Zeit, Spiegel, Süddeutsche und TAZ noch ganze Breitseiten gegen die Konservativen abgefeuert, die die schreckliche Einzigartigkeit (»Singularität«) des Holocaust bestritten und den Nationalsozialismus als »asiatische Tat« aus dem Zusammenhang der deutschen Geschichte lösen wollten. Schon fünf Jahre später waren es (auch) diese Blätter, die den Holocaust inflationierten und Auschwitz als »arabische Tat« halluzinierten. Noch einmal Enzensberger: »Jeder Vergleich zwischen Hitler und Saddam zieht somit notwendigerweise einen zweiten nach sich zwischen den Massen, die sich dem einen und dem andern als Schlächter und Schlachtopfer zur Verfügung stellen. ›Die Deutschen waren die Irakis von 1938 bis 1945.‹ ... Was die Deutschen begeisterte, war nicht allein die Lizenz zum Töten, sondern mehr noch die Aussicht darauf, selbst getötet zu werden. Ebenso inbrünstig äußern heute Millionen von Arabern den Wunsch, für Saddam zu sterben ... Die Beseitigung Hitlers hat ungezählte Menschen das Leben gekostet. Der Preis für die Entfernung Saddam Husseins von der Erdoberfläche wird astronomisch sein ... «[17] Enzensberger wurde durch die Geschichte schnell blamiert: Die irakischen Soldaten waren längst nicht so todessehnsüchtig wie die nazi-deutschen, sie flüchteten, sobald sie die Übermacht des Feindes erkannten. Auch Saddam war nicht so wagnerianisch gestimmt wie Hitler und zog die Kapitulation dem ewigen Leben als Märtyrer vor. Der Sieg hat auf der Seite der Alliierten schließlich exakt 129 Tote gefordert – im Zweiten Weltkrieg waren es 20 Millionen gewesen.

Doch die intellektuelle Blamage für Enzensberger und andere fiel gar nicht weiter auf. Der Krieg war schließlich gewonnen worden, und so fühlten sich noch seine krudesten Fürsprecher durch die Macht des Faktischen bestätigt. Folglich konnte nach diesem Erfolgsrezept weitergearbeitet werden.

Das nächste Auschwitz wurde schon im folgenden Jahr im ehemaligen Jugoslawien entdeckt. Das Vorgehen der Meinungsmacher war noch dreister als zuvor im Fall des Irak. Immerhin hatte Saddam Hussein tatsächlich Vernichtungsphantasien gegenüber Israel und den Juden ausgestoßen, immerhin hatten Vorläufer seiner Baath-Partei sich im Zweiten Weltkrieg tatsächlich an die Seite Hitlers putschen wollen. Bei allem, was man über Slobodan Milosevic und seine Sozialistische Partei sagen konnte – etwas Vergleichbares war ihnen nicht anzulasten. Wie ihre Nazifizierung doch gelingen konnte, erzählte ein Direktor der PR-Agentur Ruder & Finn, die für die kroatischen und bosnischen Sezessionisten Öffentlichkeitsarbeit im Westen machte. James Harff sagte auf die Frage, auf welche seiner Kampagnen er besonders stolz sei: »Darauf, daß es uns gelungen ist, die jüdischen Kreise für uns zu gewinnen. Das war eine wirklich schwere Partie, und von daher war die Aufgabe auch besonders gefährlich. [Der kroatische] Präsident Tudjman hatte sich in seinem Buch *Irrwege der Geschichte* als unvorsichtig gezeigt, denn man konnte ihn aufgrund dessen, was er geschrieben hatte, des Antisemitismus bezichtigen. Auch auf der bosnischen Seite waren die Dinge nicht einfacher, denn [der muslimische] Präsident Izetbegovic hatte sich in seiner 1970 veröffentlichten Islamischen Deklaration zu offen für einen fundamentalistischen islamischen Staat ausgesprochen.

Außerdem war die Vergangenheit Kroatiens und Bosniens von einem realen und grausamen Antisemitismus gekennzeichnet. Mehrere zehntausend Juden sind in kroatischen Lagern liquidiert worden. Es bestanden also alle Voraussetzungen dafür, daß die jüdischen Intellektuellen und Organisationen gegenüber den Kroaten und Bosniern feindlich gesinnt sein würden. Wir standen vor der Herausforderung, diese Situation umzukehren. Das ist uns auch gelungen, und zwar meisterhaft. Zwischen dem 2. und 5. August 1992, als New York Newsday die Sache mit den [serbischen] Lagern veröffentlichte. Da haben wir im Flug zugegriffen und drei jüdische Organisationen überlistet – die Bnai B'rith Anti-Defamation-League, das American Jewish Committee und den American Jewish Congress und so weiter. Wir haben ihnen vorgeschlagen, einen Beitrag in der New York Times zu veröffentlichen und eine Protestkundgebung vor dem Sitz der Vereinten

Nationen zu organisieren. Das hat hervorragend funktioniert; die jüdischen Organisationen auf Seiten der Bosnier ins Spiel zu bringen war ein großartiger Bluff. In der öffentlichen Meinung konnten wir auf einen Schlag die Serben mit den Nazis gleichsetzen.«[18]

Mit dieser Gleichsetzung wurden in den USA die meisten jüdischen Organisationen manipuliert – und in Deutschland die lange Zeit kriegsresistente Mehrheit von SPD und Grünen. Generalinspekteur Klaus Naumann hatte die Notwendigkeit des Eingreifens der Bundeswehr auf dem Balkan frühzeitig damit begründet, daß »uns unsere deutsche Geschichte (verpflichtet), dafür einzutreten, daß nirgends auf der Welt Völkermord geschehen kann«.[19] Joschka Fischer hielt 1994 noch dagegen: »Ich bin der festen Überzeugung, daß deutsche Soldaten dort, wo im Zweiten Weltkrieg die Hitler-Soldateska gewütet hat, den Konflikt anheizen und nicht deeskalieren würden. Wenn sich die Deutschen erst einmal militärisch einmischen, wird es völlig andere Reaktionen geben. All diese Einsätze und die Debatten darum werden von der Bundesregierung als Türöffner benutzt. Das vereinigte Deutschland soll in seinen außenpolitischen Optionen voll handlungsfähig gemacht werden. Ich wäre froh, wenn die, die das wollen, sich wenigstens nicht andauernd hinter der Humanität verstecken würden, um eben diese Position durchzusetzen.«[20]

Doch im Sommer 1995 schwenkte Fischer um, nachdem die bosnischen Serben mehrere UN-Schutzzonen überrannt hatten. »Seit Srebrenica habe ich meine Position verändert«, sagte er im Rückblick.[21] Und nicht nur er. Auch sein damaliger Widersacher (und späterer Staatssekretär) Ludger Volmer stellte nach Srebrenica fest: »Die serbische Kriegführung hatte den Charakter des Völkermordes angenommen.«[22] Auf dem Grünen-Parteitag im Dezember 1995 erhielten Anträge, die sich in unterschiedlicher Radikalität für deutsche Interventionen gegen die

»marodierende Soldateska« (Volmer) der Serben aussprachen, erstmals mehr Stimmen als die der Interventionsgegner und Pazifisten.[23]

Nun ist unbestritten, daß in Srebrenica schreckliche Kriegsverbrechen begangen wurden, wenn auch nicht nur von einer Seite.[24] Aber die Gleichsetzung mit Auschwitz war pure Demagogie: An der Rampe von Auschwitz wurden die Kräftigen von den Schwachen getrennt – letztere gingen sofort ins Gas, erstere durften sich noch ein paar Wochen lang zu Tode schuften. An der »Rampe von Srebrenica«, die Freimut Duve (SPD) in der Zeit entdeckt hatte,[25] herrschte – selbst wenn man alle Greuelberichte für wahr nimmt – das umgekehrte Prinzip: Alle Schwachen – Alte, Frauen, Kinder, Verletzte – wurden verschont, alle Kräftigen, das heißt die Männer im wehrfähigen Alter, sollen exekutiert worden sein.[26] Dies wäre ein kühl kalkuliertes Kriegsverbrechen – man liquidiert diejenigen, die wieder die Waffe erheben können. Jenes war wahnsinniger Völkermord: Man liquidiert alle, und zwar die Frauen und Kinder, die Garanten der Zukunft des verhaßten Volkes, zuerst.

Insgesamt drängt sich der Eindruck auf, daß die im weiteren geradezu exzessive Bezugnahme auf Auschwitz bei Fischer und anderen grünen Politikern einem rein taktischen Kalkül folgte. Dies wird besonders gut am Vorgehen der Realos beim Parteitag im Dezember 1995 deutlich, als sie Srebrenica nutzten, um einen Linienschwenk der Grünen hin zum militärischen Interventionismus durchzusetzen. Im Antragstext der Realos wurde folgendermaßen argumentiert: »Die deutsche Geschichte, deren Teil wir sind, belädt uns selbst mit einer besonderen Last, aber auch mit einer besonderen Verantwortung. Die Last sind die Gaskammern von Auschwitz, der Holocaust und der industrialisierte Völker- und Massenmord der Nazis an Juden, an vielen Völkern Osteuropas und an religiös und politisch Andersdenkenden ... Dieser

Vergangenheit haben wir uns ebenso zu stellen wie der Verantwortung, die gerade für uns Deutsche daraus erwächst ... So richtig es ist, wenn gerade die Deutschen vor dem Hintergrund ihrer Geschichte mit der Frage eines eigenen Beitrages bei solchen Missionen besonders sensibel und zurückhaltend umgehen, ... so wenig können wir auf die Dauer eine Sonderrolle bei Missionen der Staatengemeinschaft beanspruchen.«[27]

Im vertraulichen Anschreiben an seine Realo-Mitstreiter distanziert sich Antragsmitverfasser (und Fischer-Intimus) Hubert Kleinert, damals Referent in der hessischen Landesvertretung in Bonn, von dieser politisch korrekten Herleitung: »Zur Lektüre des Textes abschließend noch eine Vorbemerkung: Die ausgreifenden, eher lyrischen Teile des Textes, der entsprechende Stil, das Hantieren mit dem Generationenargument, das Herausstellen der besonderen deutschen Verantwortung etc. sind nicht besondere Vorlieben des Autors, sondern beruhen auf politischer Überlegung ... Aber der ausgreifende Charakter des Textes mit seinen historisierenden Teilen erhöht gegenüber einem nüchternen, nur auf Instrumente, Institutionen, Forderungen und Spiegelstriche bezogenen ›typischen‹ Parteitagsantrag die Akzeptanzchancen und unterstreicht die Ernsthaftigkeit, mit der wir an diese Fragen herangehen. Telefonisch bin ich ab 23.10. 12 Uhr wieder zu erreichen ...«[28]

Auch beim Krieg gegen Jugoslawien spielte der Auschwitz-Bezug in Deutschland eine besonders starke Rolle: So war es Verteidigungsminister Rudolf Scharping, der drei Tage nach Kriegsbeginn als erster westlicher Politiker einen Genozid im Kosovo festgestellt haben wollte. »Im Kosovo wird Völkermord nicht nur vorbereitet, sondern ist eigentlich schon im Gange«, notierte er am 27. März 1999 in sein »Kriegstagebuch«.[29]

Internationaler Stichwortgeber war Scharping auch in Sachen Konzentrationslager. Am 28. März berichtete er in der ARD-Talkshow von Sabine Christiansen von einem Konzentrationslager »im Norden von Pristina«. Die deutsche Presse war begeistert und schrieb gleich im Plural. »Scharping enthüllt: ER (Milosevic) baut KZs im Kosovo ... Wo sind ihre Männer, Väter, Brüder? In den KZs von Milosevic, enthüllt Scharping«, titelte das Berliner Boulevardblatt B.Z. am 1. April. Bild erschien am selben Tag mit der Riesenschlagzeile »... sie treiben sie ins KZ« (und zeigte darunter ein Foto mit Flüchtlingen auf dem Weg zur mazedonischen Grenze). Weiter hieß es in dem Springer-Blatt: »Nun wird der Alltag im Kosovo zur KZ-Wirklichkeit. Hitler und Stalin sind in Milosevic wieder auferstanden. Menschenfeinde, Menschenjäger, Menschenvernichter.«

In diesem Stil ging es weiter. Scharping sah Ende März Anzeichen »für eine systematische Ausrottung, die an das erinnert, was zu Beginn des Zweiten Weltkrieges im deutschen Namen angerichtet worden ist, zum Beispiel in Polen«.[30] Fischer sekundierte eine Woche später: »Der Nationalismus wird auf brutalste Art und Weise von Herrn Milosevic betrieben. Man kann fast schon sagen, in einer Art und Weise, wie sie seit den vierziger Jahren, seit den Nazis und seit der Hochzeit des Faschismus in Europa nicht mehr für möglich gehalten wurde.«[31] Auf die Nachfrage des US-Magazins Newsweek, ob er eine direkte Parallele zwischen den Ereignissen im Kosovo und der Nazi-Zeit sehe, antwortete er: »Ich sehe eine Parallele zu diesem primitiven Faschismus. Es ist offensichtlich: Die 30er Jahre sind wieder da, und das können wir nicht akzeptieren.«[32]

Beispiele für die Instrumentalisierung von Auschwitz für die Kriegführung gab es auch in anderen NATO-Staaten. Eines der schlimmsten war sicherlich ein Aufsatz von Daniel J. Goldhagen am 29. April 1999 im britischen Guardian. Goldhagen postulierte in diesem Essay: »Im Grunde unterscheiden sich die serbischen Untaten nur in ihrer Größenordnung von denen der Deutschen ... Milosevic ist kein Hitler ... Doch haben die Serben alles in ihren Kräften getan, um die Welt an den Holocaust zu erinnern.« Schlußfolgerung: Die Alliierten müßten Serbien – wie damals Nazi-Deutschland – »besiegen, besetzen und umerziehen«.[33]

So unwissenschaftlich Goldhagens Analogiebildung war, so hatte er sich doch immerhin in Nebensätzen bemüht, einige Unterschiede zwischen dem Nazismus und dem serbischen Nationalismus deutlich zu machen. Es kennzeichnet den Geschichtsdiskurs in Deutschland, daß diese Nebensätze in der Übersetzung des Artikels für die Süddeutsche Zeitung wegfielen oder verfälscht wurden. Im Original hieß es beispielsweise: »Die Serben haben zwar ihren völkermörderischen Krieg *nicht wie die Deutschen* begonnen, ohne selbst verfolgt oder bedroht worden zu sein. Sondern er wurde entfesselt in einer Atmosphäre ethnischer Konflikte, *nachdem sie selbst von den Kroaten und sogar von Bosniaken und ethnischen Albanern verfolgt worden waren.*« In der Süddeutschen wurden die kursiven Passagen weggelassen und der Sinn damit ins Gegenteil verkehrt. Im folgenden Absatz hieß es ursprünglich: »Die Mehrheit der Serben dürfte nicht, wie viele Deutsche es waren, im Griff einer apokalyptischen Weltanschauung sein, die im Grunde ... auf das Ende der westlichen Zivilisation zielt.« Dieser Satz entfiel in der SZ. Der nächste Satz – »Die große Mehrheit der Serben wird von einer besonders gemeinen Variante des Nationalismus animiert« – war bis dahin richtig übertragen; doch die Weglassung des Attributs von Nationalismus – »charakteristisch für die westliche Zivilisation« – rückte die Serben ein weiteres Mal weg vom Westen und unterstrich damit die unterstellte Geistesverwandtschaft mit den Nazis.

Ein Beispiel für den instrumentellen Umgang mit Juden nannte auch der Autor Rafael Seligmann. »Damals rief eine große Fernsehgesellschaft bei mir an und wollte mich für eine Talkshow gewinnen. Sinngemäß sagte man mir: Sie sind doch bestimmt, wie Michel Friedman auch, für den Krieg ... Ich antwortete, daß ich ... die Bombardierung für das falsche Mittel hielte ... Da wurde ich wieder ausgeladen.«[34] Die Juden wurden nach vorne geschoben, wenn sie die Kriegspolitik befürworteten – andernfalls wurden sie zensiert.

Die »Fratze der eigenen Geschichte« (Scharping) wurde dem schaudernden Publikum so oft auf dem Balkan vorgeführt, daß selbst FAZ-Redakteur Frank Schirrmacher »moralischen overkill« diagnostizierte. »Es wäre einem sehr viel wohler zumute, wenn Deutschland aus moralischen Gründen an einem Einsatz teilnähme, ohne mit ihm auch sogleich wieder Hitler besiegen zu wollen.«[35] Auch Schröder lehnte die Argumentation mit dem Holocaust ab: »Man kann das, was im Kosovo war, nicht mit Auschwitz vergleichen. Ich halte diesen Vergleich schon deshalb nicht für zulässig, weil der Holocaust eine solche Singularität in der Geschichte überhaupt hat. Diese Singularität aufzuweichen, indem man Vergleiche mit anderen Ereignissen anstellt, so schrecklich sie sind, ist ein gefährliches Spiel, das man nicht machen darf.«[36]

Der völlig richtige Hinweis war aber für Schröder kein Anlaß, zur Kohl-Doktrin zurückzukehren, also zur Ablehnung eines Einsatzes deutscher Soldaten in Gebieten, wo auch die Wehrmacht gewütet hatte. Ganz im Gegenteil: Auch er sah in den Beschränkungen der alten Bundesrepublik eine »Sonderrolle«, die überwunden werden mußte. »Wir hatten früher immer den Hinweis parat, wir können an bewaffneten Konflikten nicht direkt teilnehmen. Wir sind schließlich ein geteiltes Land, und einem geteilten Land muß man in dieser Hinsicht eine Sonderrolle zugestehen. Das ist ja nun vorbei.«[37] Im Unterschied zu Fischer und Scharping plädierte er aber dafür, in der Begründung auf moralischen Schwulst zu verzichten und Klartext zu reden: »Dieser Bundesregierung ist gelegentlich vorgeworfen worden, sie würde zuviel Wert auf ›deutsche Interessen‹ legen. Ich kann das nicht als Vorwurf verstehen. Außenpolitik ist auch Interessenpolitik.«[38]

Im Krieg gegen Afghanistan spielte die Solidarität mit den USA infolge des 11. September eine wichtigere Rolle als die vermeintliche Vergangenheitsbewältigung. Im Krieg gegen den Irak 2003 flackerte die Diskussion der neunziger Jahre dann wieder auf. So schrieb der Publizist Hannes Stein: »Der Krieg gegen das Saddam-Regime ist ein antifaschistischer Krieg, wie es seinerzeit der Kampf gegen Franco war, nur verfügen die Antifaschisten dieses Mal gottlob über Fernlenkraketen und Kampfhubschrauber.«[39] Michael Glos erinnerte im Bundestag an die Worte des US-Historikers Jeffrey Herf : »Als erster Diktator seit Hitler vereint Saddam Hussein in seiner Politik Elemente des europäischen Faschismus und Stalinismus, blutigen Terror gegen die eigene Bevölkerung, Aggressivität gegenüber anderen Staaten, Antizionismus und Antisemitismus ...«[40] Ohne Rückendeckung durch das rot-grüne Lager entwickelte der Diskurs aber nicht dieselbe Wucht wie 1991 oder 1999. Einem CSU-Mann wie Glos wird der Antifaschismus eben nicht so recht geglaubt.

Fazit: Zur Durchsetzung des neuen Militarismus war der demagogische Bezug auf Auschwitz notwendig. Als die außenpolitische Normalisierung mit der Beteiligung am Krieg gegen Jugoslawien 1999 erreicht war, konnte man die Instrumentalisierung der Vergangenheit reduzieren. Zu Schröders populistischem Regierungsstil mit gelegentlichen Avancen an die Stammtische paßt das moralische »Nie wieder« ohnehin nicht.

Außenpolitische Muskelspiele des neuen Deutschland

Die Erfolge in der Balkanpolitik und die Selbstauflösung des Warschauer Pakts am 1. Juli 1991 boten Nahrung für weitreichende Phantasien. Horst Teltschik, damals Regierungssprecher, skizzierte vor dem außenpolitischen Club der CSU eine verlockende Situation: In der Sowjetunion müsse »mit ›permanenten Krisen‹ gerechnet werden, was nicht einmal so schlecht wäre, wenn es nur mit deutscher Hilfe gelänge, sie unter Kontrolle zu halten«.[1] Kanzlerberater Michael Stürmer erwartete, Deutschland werde »Anwalt des Ostens im Westen« sein.[2] Der FAZ-Haushistoriker Arnulf Baring freute sich: »Das ist es, was am Horizont heraufzieht: ein osteuropäischer Wirtschaftsblock, der nach München, Stuttgart, Frankfurt und Hannover orientiert ist.«[3]

Über die neuen Staaten aus der Konkursmasse Jugoslawiens und der Sowjetunion meinte Baring: »Der Versuch völliger Unabhängigkeit kann doch eigentlich gar nicht gut gehen, kann leicht scheitern. Irgendwo müssen all diese Kleinstaaten doch unterschlüpfen.« Polen sei brüderliche Hilfe anzubieten: »Wir müssen uns wegen der gemeinsamen Oder-Neiße-Grenze dringend Gedanken darüber machen, wie wir uns verhalten, falls sich Polen als ein dauerhaft nicht stabilisierbares Land erweist.« Baring fragte sich, »was denn ... passieren solle, wenn uns die polnische Regierung eines Tages bäte, deutsche Truppen nach Polen zu entsenden, dort zu stationieren ... Wenn man die Polen ließe, würden sie sich vermutlich mit großer Mehrheit der Bundesrepublik anschließen.«[4]

Im Februar 1992 stand in der deutschen Ausgabe der Wirtschaftszeitung Forbes: »Nach dem Vollzug der Wiedervereinigung soll nun ein zweites deutsches Staatsgebilde entstehen – mitten in Rußland, 3000 km östlich von Berlin: die ›Autonome Deutsche Wolgarepublik‹, Amtssprache deutsch. Zwei Millionen Rußlanddeutsche, die bisher auf dem Gebiet der ehemaligen UdSSR leben, sollen sich hier ansiedeln. Als aufstrebende deutschstämmige Wirtschaftselite mit preußischen Tugenden könnten die Wolgadeutschen als Vorposten des Kohl-Reiches in Rußland Pionierarbeit leisten.« Im folgenden titulierte der Artikel das geplante Staatsgebilde auch als »Wolga-Germania«, und das war nicht kritisch gemeint. Die CDU-Vertriebenenfunktionäre Hartmut Koschyk und Wilfried Böhm warben zur selben Zeit für den Plan, das Gebiet als Freihafen und Freihandelszone an die EG zu assoziieren, die Rede war von einem Hongkong an der Ostsee. Formal, so gestand man in Bonn zu, solle das Gebiet durchaus russisch bleiben. Doch die CSU wußte es besser. »Um ein wirkliches ›Hongkong‹ zu werden, müßte Königsberg der russischen Souveränität entzogen werden«, schrieb Welt-Redakteur Carl Gustav Ströhm nach einer Tagung der christsozialen Hanns-Seidel-Stiftung im Winter 1993.[5]

In Polen und Rußland weckten solche Visionen Besorgnis. Zwar hatte die Bundesregierung nach starkem internationalen Druck die Westgrenze Polens in den Zwei-plus-Vier-Verhandlungen anerkannt. Doch im Gegenzug mußte Warschau die Existenz einer deutschen Minderheit in Polen einräumen und ihr politische Artikulationsmöglichkeiten zugestehen. In der Folge organisierten sich mehr als 300000 Erwachsene im Zentralrat der deutschen Gesellschaften in Polen.[6] Der Zustrom zum Deutschtum hatte oft dieselben Gründe, die auch die Übersiedlung von DDR-Bürgern motiviert hatte, wie die

SZ feststellte: »Es kann kein Zweifel daran bestehen, daß bei vielen Autochthonen die wirtschaftliche Attraktivität der Bundesrepublik eine große Rolle spielte, nach dem in Oberschlesien weitverbreiteten Motto: ›Das Vaterland ist dort, wo die Wurst hängt‹.«[7]

Die Mehrheit der Neu-Deutschen lebte in Oberschlesien und bekam dort politischen Einfluß. So zogen bei den Kommunalwahlen im Bezirk Opolskie (dt. Oppeln) am 27. Mai 1990 388 von 500 aufgestellten Kandidaten der Sozial-Kulturellen Gesellschaft der Deutschen in die Parlamente der Woiwodschaft ein – das entsprach einem Stimmenanteil von 26,4 Prozent und dem zweiten Platz hinter der Wahlaktion Solidarnosc. Im Sejmik, dem Landtag von Opolskie, konnten die Vertreter der deutschen Minderheiten 22 von 76 Sitzen erobern.[8] Der Vertreter der deutschen Minderheit im Sejm, Henryk Krol, bezeichnete die Wahl als »Signal zur Rückkehr für Schlesien«. Er sagte weiter: »Wir Schlesier sind hier zu Hause, die Polen sind hier nur zu Gast.«[9]

Russische Politiker beschwerten sich über Versuche der Bundesregierung, im Raum St. Petersburg ein Territorium für Volksdeutsche zu erschließen, die an der Wolga nicht mehr leben wollten, aber in der Bundesrepublik auch nicht erwünscht waren. »Mit brutaler Offenheit wurden ... die Siedlungsbedingungen diktiert. Das Gebiet mußte erstens großflächig und zweitens zusammenhängend sein. Es sollte drittens über hervorragende Böden und viertens über beste Infrastruktur in unmittelbarer Stadtnähe verfügen. Die fünfte Bedingung formulierten die Deutschen am entschiedensten: Der Siedlungsbereich hatte weitgehend frei von nicht-deutschem ›Volkstum‹ zu sein. Russen und andere Nationalitäten galten als unerwünscht ... Diese Konditionen waren wahnsinnig, das Auftreten des deutschen Regierungsvertreters anmaßend und rücksichtslos«, klagten Vertreter der Gebietsverwaltung von St. Petersburg im Juni 1993.[10]

Kräftemessen im Westen

Der französische Präsident Mitterrand hatte auch deswegen von seiner Opposition gegen die Wiedervereinigung abgelassen, weil Kanzler Kohl ihm die Vertiefung des europäischen Einigungsprozesses, besonders die Aufgabe der Deutschen Mark zugunsten einer Einheitswährung zugesichert hatte. Damit schien der neue Koloß in der Mitte Europas eingebunden, glaubte Mitterrand. Zunächst verlief alles nach Plan: Auf dem Gipfel vom 9. bis 11. Dezember 1991 wurde die Weiterentwicklung der EG zur EU, zur Europäischen Union, beschlossen, die unter anderem eine gemeinsame Wirtschafts- und Währungsunion vorsah. Am 7. Februar 1992 wurden die Maastrichter Verträge feierlich unterzeichnet. Das Wall Street Journal zog einen Vergleich mit dem Vertrag von Versailles 1919: »Die Verhandelnden in Versailles versuchten, Deutschland in das europäischeKräftegleichgewicht einzufügen. In Maastricht wird dies wieder das Ziel sein.«[11] In der FAZ stimmte der Staatsrechtler Joseph Kaiser dem zu: Maastricht sei dasselbe »wie der Versailler Friedensvertrag – ohne Krieg«.[12] Aus der französischen Regierung war zu hören: »Das vorrangige Ziel von Maastricht ist es, die Deutsche Mark loszuwerden.«[13]

Doch wenig später rieb man sich nicht nur in Paris die Augen über das Comeback der Mark und die deutsche Destruktionspolitik gegenüber dem geplanten Einheitsgeld. Die Deutsche Bundesbank torpedierte das Europäische Währungssystem (EWS), das mit seinen harmonisierten Wechselkursen die Vorstufe zur Einheitswährung darstellte. Die Frankfurter Zentralbanker hatten den deutschen Zinssatz auf Spitzenhöhe getrieben, um Auslandskapital zur Finanzierung des Defizits beim Aufbau Ost anzulocken. Daraufhin waren Milliardenbeträge vor allem aus Italien und Großbritannien abgeflossen, die Deutschen hatten die festversprochenen Stützungskäufe verweigert, Lira und Pfund mußten im Herbst 1992 stark abwerten und das EWS verlassen. Die Washington Post sprach von »ökonomischer Kriegführung«. »Nicht nur die Sowjetunion löste sich 1991 in Luft auf. Dasselbe geschah auch mit dem Gedanken von ökonomischer Zusammenarbeit zwischen den führenden westlichen Volkswirtschaften. Letzte Woche wurde dies klarer als je zuvor, als die (Bundesbank) den Interessen des Großteils Europas, von den USA ganz zu schweigen, den Rücken zukehrte und die Zinsen in die Höhe trieb.«[14] Le Monde empörte sich, weil die deutschen »Kampfzinsen« den Wirtschaftsaufschwung gefährdeten. »Müssen wir unsere kleinen und mittleren Betriebe bestrafen und voller Verzweiflung unsere Arbeitslosenrate in die Höhe klettern lassen, nur um dem neuen Großdeutschland zu ermöglichen, in drei Jahren noch mächtiger als je zu werden ...?«[15] Josef Joffe kommentierte den »Ersten Europäischen Geldkrieg« in der Süddeutschen Zeitung: »Zwar wird heute nicht Politik mit Panzerschiffen und Kanonen gemacht, aber ... als Pfund, Lira etc. unter der Wucht der deutschen Mark zusammenbrachen, erinnerte es fatal an die Zeit nach 1871. Wieder einmal ist Deutschland ein zu großer Brocken im europäischen Gleichgewicht, wieder einmal mehren sich die Zeichen dessen, was man – übertreibend – ›Neo-Wilhelminismus‹ nennen könnte.«[16]

Flankierend forderte auch CSU-Chef Edmund Stoiber einen Verzicht auf die geplante Einheitswährung, ein Ende der westeuropäischen Integration zugunsten einer Osterweiterung der EU und einen Bruch mit der Politik Adenauers. »Diesen Bruch vollzieht die Union jetzt insgesamt«, führte Stoiber im Interview mit der Süddeutschen aus. Zur Begründung sagte er: »Der junge Helmut Kohl war in einer Zeit aufgewachsen unter dem Eindruck eines verheerenden Weltkrieges, ...in einer Zeit also, wo Deutscher zu sein insgesamt als oft belastend empfunden wurde. Deshalb haben viele Deutsche damals eine neue Identität gesucht und glaubten, sie in Europa zu finden. Das ist nun vorbei.«[17]

Kaum war Stoiber unionsintern zurückgepfiffen, folgte der nächste Vorstoß. Im Herbst 1994 skizzierten Wolfgang Schäuble und Karl Lamers in einem Strategiepapier der CDU/CSU-Bundestagsfraktion ein künftiges »Kerneuropa«, das nur fünf oder sechs Staaten der EU umfassen sollte – Italien und Großbritannien waren ausgenommen. Diese Avantgarde sollte, ohne den erreichten Stand der EU-Integration aufzuheben, einen festeren Zusammenschluß über eine gemeinsame Währung und eine gemeinsame Außen- und Militärpolitik bilden. Damit ein solcher Kern entstehen kann, müsse das »Einstimmigkeitsprinzip des ... Maastrichter Vertrages für Vertragsänderungen durch ein noch näher zu bestimmendes Mehrheitsquorum abgelöst« werden. Dann folgte eine handfeste Drohung mit dem Sonderweg: »Ohne eine solche Weiterentwicklung der Europäischen Union ... könnte Deutschland aufgefordert werden oder versucht sein, die Stabilisierung des östlichen Europa allein oder in der traditionellen Weise zu bewerkstelligen.«[18] Als der Spiegel nachfragte: »Wenn ... die europäische Integration stockt – prescht dann Ihr Fünfer-Club voran?« antwortete Schäuble: »Es mag schon sein, daß in einer solchen Situation dann diejenigen die Schritte gehen, die das schaffen.«[19] Die bloße Ankündigung einer solche Politik hatte Folgen: Die Finanzmärkte straften Italien ab, der Kurs der Lira befand sich nach dem Schäuble/Lamers-Papier im freien Fall.

Im Herbst 1995 wiederholte Finanzminister Theo Waigel das Verdikt, daß Italien bei der gemeinsamen Währung wohl nicht mit von der Partie sein werde. Ein Sprecher der drittgrößten deutschen Privatbank, der Commerzbank, ging noch weiter und befürwortete eine Währungsunion, »selbst wenn Frankreich nicht von Anfang an dabei ist«.[20] Der französische Premier Alain Juppé war besonders schockiert: »Das würde das Aussehen dieses

Kontinents, an dem wir jetzt seit 40 Jahren arbeiten, total denaturieren.«[21]

Als Kohl Anfang Februar 1996 davor warnte, die EU-Entwicklung dürfe nicht »vom langsamsten Schiff im Konvoi bestimmt« werden, und gleichzeitig prognostizierte, die weitere Integration Europas sei »eine Frage von Krieg und Frieden im 21. Jahrhunderts«, wurde dies vor allem in Großbritannien als Drohung verstanden. Außenminister Malcolm Rifkind konterte direkt: »Der Konvoi hört auf zu existieren, wenn nicht alle Schiffe eingebunden werden.«[22] Die Sunday Times widersprach Kohls Versuch, den Nachbarstaaten ein schnelleres Integrationstempo ausgerechnet mit dem Argument schmackhaft zu machen, dies verhindere einen deutschen Sonderweg. »Wenn man sich nicht darauf verlassen kann, daß Deutschland in einem Europa der Nationen verantwortlich handelt, dann kann sein gutes Betragen kaum dadurch garantiert werden, daß man seine Macht in einer in Europäische Währungsunion umgetauften DM-Zone tarnt.«[23] Wenn es Krieg gebe, so Tory-Parlamentarier Richard Body, dann wegen Kohls »Besessenheit von einem europäischen Superstaat mit Deutschland als Meister und dem Rest als seinen Marionetten«. [24]

Die neue Bundeswehrmacht

Das sicherheitspolitische Umfeld hatte sich für die Deutschen mit der Wiedervereinigung umfassend verändert. Mit Gorbatschow wurde der Rückzug der 370000 sowjetischen Soldaten vereinbart. Auch die USA verringerten ihre Truppen: Von den 300000 GIs, die während des Kalten Krieges in der Bundesrepublik stationiert waren, blieben nur ein Viertel. Die Bundeswehr wurde zwar von 500000 auf 370000 Mann verkleinert, gleichzeitig aber durch ein neues Expeditionskorps in ihrer militärischen Schlagkraft effektiviert. Diese 50000 Mann starken Krisenreaktionskräfte (KSK) waren ab 1995 einsatzbereit. Dies wurde beschlossen, obwohl die Hardthöhe nach der Auflösung des Warschauer Pakts feststellte: »Deutschland ist nicht mehr Frontstaat, sondern umgeben von Verbündeten und befreundeten Partnern. Deutschland liegt nicht mehr in der Reichweite eines zu raumgreifenden Operationen befähigten Gegners.«[25]

Die Begründung für diesen Schritt gaben die Verteidigungspolitischen Richtlinien, die am 19. Februar 1992 von der Bundesregierung verabschiedet wurden und ab November 1992 in Kraft traten – übrigens ohne jemals vom Parlament verabschiedet worden zu sein. Es gehe um die »Aufrechterhaltung des freien Welthandels und des ungehinderten Zugangs zu Märkten und Rohstoffen im Rahmen einer gerechten Weltwirtschaftsordnung ... Unter den neuen sicherheitspolitischen Verhältnissen läßt sich Sicherheitspolitik weder inhaltlich noch geographisch eingrenzen.« (Punkt 8.8.)[26] Die Süddeutsche Zeitung kommentierte: »Es wird das Bild einer Armee entworfen, die den Welthandel aufrechterhält, global den Zugang zu Rohstoffen sichert und allenthalben für Stabilität sorgt. Die Bundeswehr wird bei ihren Fähigkeiten also nicht bescheidener, sondern baut sie aus. Ohne politischen Auftrag und parlamentarische Legitimation sucht sie sich selbst neue Aufgaben; die Verfassung soll sich einfach anpassen.«[27]

Zur Notwendigkeit »militärischer Solidarbeiträge« Deutschlands heißt es: »Qualität und Quantität der Beiträge bestimmen den politischen Handlungsspielraum Deutschlands und das Gewicht, mit dem die deutschen Interessen international zur Geltung gebracht werden können.« (Pkt. 27)[28] Im Klartext: Je schlagkräftiger und umfangreicher der deutsche Beitrag bei Interventionen, um so höher ist der deutsche Einfluß in der Weltarena.

Die Notwendigkeit der NATO wurde in den Leitlinien zwar vielfach beteuert. Gleichzeitig aber hieß es: »Trotz prinzipieller Übereinstimmung werden sich die deutschen Interessen nicht in jedem Einzelfall mit den Interessen der Verbündeten und Partner decken. Die nationale Interessenlage ist daher auch Ausgangspunkt der Sicherheitspolitik eines souveränen Staates.« Vizeadmiral Ulrich Weisser, von 1992 bis 1998 Planungschef von Verteidigungsminister Volker Rühe und dessen engster sicherheitspolitischer Berater, drohte: »Unsere Partner in Europa haben keine Alternative: Entweder sie folgen dem Pfad einer europäischen Integration oder sie verlegen diesen Pfad mit Hindernissen und zwingen Deutschland, seinen eigenen Weg zu gehen.«[29] In einem mit »VS – Nur für den Dienstgebrauch« klassifizierten Dokument hieß es präzisierend: »Zur Planung, Führung und Koordination von Einsätzen im Frieden außerhalb der Bündnisstrukturen ist ein zentrales, TSK(Teilstreitkräfte-) -übergreifendes Führungselement unterhalb des Verteidigungsministeriums zu errichten.«[30] Ein »TSK-übergreifendes Führungselement ... außerhalb der Bündnisstrukturen« – das war nichts anderes als ein deutscher Generalstab, wie es ihn seit 1945 nicht mehr gegeben hatte. Bereits im Februar 1993 wurde ein Koordinierungsstab für Einsatzaufgaben (KSEA) eingerichtet, der dann Zug um Zug in das Einsatzführungskommando der Bundeswehr umgewandelt wurde. Von dort werden seit seiner Etablierung im Sommer 2001 alle Auslandseinsätze deutscher Truppen geleitet.[31]

Bundeswehr-Generalinspekteur Klaus Naumann forderte darüber hinaus schon 1994 präventive Operationen: »Streitkräfte einzusetzen bleibt das äußerste Mittel der Politik, nicht aber das letzte. In bestimmten Situationen dürfte es sich als unumgänglich erweisen, auch den vorbeugenden Einsatz von Streitkräften vorzusehen ...«[32]

Während die Spitzen der NATO Anfang der neunziger Jahre um einen Konsens für die neue Strategie und um ihr Verhältnis zu einer möglichen Euro-Armee rangen, erodierte die Allianz von unten her. Hätte vor 1989 ein Schlagabtausch zwischen NATO und Warschauer Pakt aufgrund des multinationalen NATO-Frontaufbaus automatisch den Bündnisfall für sämtliche Mitgliedsstaaten zur Folge gehabt, so konnte mit dem Wegfall der östlichen Frontlinie jedes Bündnismitglied laut NATO-Statut fallweise einen Einsatz mittragen – oder auch nicht. Auf Initiative der Deutschen entstanden viele Zweierbündnisse: eine deutsch-französische Brigade, eine deutsch-amerikanische, eine deutsch-dänische, eine deutsch-niederländische – das war ein Patchwork, aber kaum noch ein Bündnis.

Die NATO hatte zwar schon im Mai 1991 die Bildung einer Schnellen Eingreiftruppe, die als multinationaler Verband ein Integrationsfaktor gewesen wäre, beschlossen, aber die 60000 Mann starke Truppe trat niemals in Aktion – bis heute nicht. Im November 1994 prognostizierte ein spanischer General gegenüber der Neuen Zürcher Zeitung (NZZ): »Es sei derzeit kaum mehr damit zu rechnen, daß die NATO als geschlossener Block militärisch aktiv werde. Viel eher ist demnach zu erwarten, daß sich je nach Art und Ort einer Krise spezifische Zusammenschlüsse ergeben.«[33]

Verschärft wurde diese Entwicklung durch die deutschen Pläne zur Osterweiterung des Bündnisses, die zunächst auf den Widerstand der anderen NATO-Mitglieder trafen. Anfang 1993 hatte der NATO-Rat sich festgelegt, »die Öffnung der NATO für neue Mitglieder stehe nicht auf der Tagesordnung«.[34] Als Verteidigungsminister Volker Rühe nicht locker ließ und auf einer Konferenz des renommierten Instituts für Strategische Studien (ISS) am 26. März 1993 den Vorschlag erneut präsentierte, »sprachen aus den Blicken und Gesten der Vertreter der britischen ›Strategic Comunity‹ und der meisten Botschafter der NATO-Staaten Skepsis oder auch offenkundige Ablehnung.«[35] Der britische Verteidigungsminister Rifkind versprach im Frühsommer 1993 der russischen Regierung, London werde sich »deutschen Vorschlägen zur Öffnung der NATO für neue Mitglieder widersetzen.«[36] Zur selben Zeit entstand eine »spannungsgeladene Situation« wegen eines »aufbrechenden Gegensatzes zwischen amerikanischen und deutschen Vorstellungen«.[37] Das von Washington vorgeschlagene Programm einer losen Assoziierung der Oststaaten (Partnerschaft für den Frieden – PfP) könnte »womöglich als Alternative zur NATO-Erweiterung mißverstanden« werden, fürchtete Rühe.[38] Auf dem informellen NATO-Gipfel von Travemünde (19.–21. Oktober 1993) prallten Deutsche und Amerikaner aufeinander. Die auflagenstärkste polnische Tageszeitung Gazeta Wyborcza titelte daraufhin: »Keiner würde wohl einen Ecu darauf setzen, daß Polen schnell in die NATO kommt.« US-Verteidigungsminister Les Aspin habe sich damit durchgesetzt, auf eine Erweiterung zunächst zu verzichten.[39]

Der Erosionsprozeß des Bündnisses wird bei einem Blick auf die traditionellen NATO-Herbstmanöver deutlich. Als multinationale Übungen gab es sie 1994 fast nirgendwo mehr. Die Deutschen hielten Großmanöver einerseits mit Frankreich ab (in Vorbereitung der in Maastricht beschlossenen EU-Armee) und andererseits mit osteuropäischen Staaten. Die NZZ machte die eklatanten Unterschiede deutlich zwischen den von der ganzen NATO getragenen PfP-Übungen und den vor allem von Deutschland angeführten bi- und trilateralen Manövern. So übte die NATO mit den osteuropäischen Aspiranten Aufgaben für typische Blauhelmmissionen wie Verkehrskontrolle, Konvoischutz, Flüchtlingstransport – also keinerlei Kampfeinsätze. Demgegenüber wurden beim deutsch-polnisch-dänischen Manöver Tatra 94 offensive Operationen trainiert, »bei denen unschwer zu erkennen war, gegen wen Landesverteidigung mit Blickrichtung Osten betrieben wurde« (NZZ).[40] Bisweilen tummelten sich deutsche Soldaten auch ganz ohne Aufsicht östlich der Oder. So meldete die Nachrichtenagentur ppl etwa im November 1995: »Zum ersten Mal seit 1945 werden sich nächsten Monat wieder deutsche Panzer auf polnischem Territorium aufhalten. Wie das Verteidigungsministerium in Bonn auf Anfrage mitteilte, wird ... eine Kompanie der 13. Panzergrenadierdivision in Schlesien eine Schießübung ohne direkte Beteiligung der polnischen Armee durchführen. Ein unmittelbarer Bezug zum NATO-Programm Partnerschaft für den Frieden besteht nicht.«[41] Im August 1994 warnte Henry Kissinger vor einem »Verfall der NATO zu einer leeren Hülle«. »Auch nur anzudeuten, daß ein Land, dessen Katastrophen durch seine Unfähigkeit verursacht worden sind, in der Mitte des Kontinents eine rein nationale [also nicht-expansionistische, Anm. JE] Politik zu treiben, eine einzigartige und hervorragende Rolle spielen sollte, ist ebenso beunruhigend für Deutschlands Nachbarn wie für die Architekten der deutschen Nachkriegspolitik.«[42]

Im Überschwang der frühen neunziger Jahre wurden sogar Wünsche nach einem deutschen Zugriff auf Atomwaffen vorgetragen. Baring hatte 1991 in seinem Buch *Deutschland, was nun?* die Frage aufgeworfen: »Ob wir auf die Dauer, bei der großen Verletzlichkeit unseres Landes, um diese Waffen herumkommen?« Rudolf Augstein mahnte 1992 die Westmächte, Deutschland gleichberechtigt über ihr Nuklearpotential mitentscheiden zu lassen, ansonsten sei es gezwungen, sich »unter Bruch bestehender Verträge in den Besitz von Atomwaffen (zu) bringen«.[43] Kanzler-Berater Stürmer entgegnete zwar: »Nukleare Bewaffnung in nationaler Verfügung könnte die militärische Sicherheit nicht verbessern, würde aber die moralische, politische und wirtschaftliche Stellung Deutschlands vom ersten Moment an im Kern treffen.« Allerdings räumte auch Stürmer ein, daß der Atomwaffenverzicht nur gelte, »solange es das NATO-Bündnis und seine Nukleargarantien« gebe.[44] Die FAZ gab zu bedenken, daß die USA eine weitere Europäisierung der Militärpolitik sowieso nicht mehr protegieren würden – und entwickelte daraus die eigene nukleare Option: »Vielleicht ist Washington damit [Europäisierung der Militärpolitik, Anm. JE] einverstanden. Daß es aber unter diesen Umständen nukleare Schutzzusagen aufrechterhalten könnte, ist unvorstellbar. Es ist Sache der deutschen Politik, sich um Ersatz zu kümmern, wenn sie eine NATO ohne amerikanische Führungsmacht will. Paris und London haben dazu weder die Mittel noch den politischen Willen.«[45] Im Februar 1993 schrieb das Blatt: »Die Abschreckung im nuklearen Zeitalter lag wesentlich in den Händen der Amerikaner. Die Abschreckung neuer Art wird nicht von den Amerikanern administriert werden ... Es wird des Mutes ... in Europa bedürfen, um jene Abschreckungsmacht wiederherzustellen ...«[46] Auf einer Tagung des Verteidigungsausschusses der WEU-Vollversammlung Ende Mai 1994 wurde die Einrichtung eines gemeinsamen Atomwaffenpools aus den französischen und englischen Potentialen empfohlen, über den auch Deutschland mitbestimmen solle. »Deutschland muß eine glaubhafte atomare Abschreckung bekommen, um es einerseits gegen eine mögliche nukleare Erpressung Rußlands zu schützen und andererseits zu vermeiden, daß Deutschland gezwungen ist, eine eigene nukleare Abschreckung zu entwickeln,« argumentierte die WEU-Expertengruppe.[47]

Germans to the front

Die Zurückhaltung gegenüber Einsätzen außerhalb des NATO-Bündnisgebietes, die in der alten Bundesrepublik parteiübergreifender Konsens gewesen war und auch noch die deutsche Position im Golfkrieg 1991 bestimmt hatte, wurde Zug um Zug aufgegeben. Von Mai 1992 bis November 1993 nahmen 150 Sanitäter der Bundeswehr an einem UN-Blauhelmeinsatz in der Hauptstadt von Kambodscha, Pnom Penh, teil. Im Juli 1992 schickte das Verteidigungsministerium Zerstörer und Seeaufklärer in die Adria, die das UN-Waffenembargo gegen die Staaten Ex-Jugoslawiens überwachen sollten. Bereits im Sommer 1993 folgte der erste Einsatz in einem Kampfgebiet: 1790 Soldaten wurden unter UN-Mandat in das vom Bürgerkrieg zerrüttete Somalia entsandt. Die Premiere hatte einige Anomalien: Es waren nämlich zunächst keineswegs die Vereinten Nationen, die deutsche Soldaten anforderten, sondern es waren die Deutschen, die der UN ihre Militärhilfe regelrecht aufnötigten. Im Herbst 1992 bot die Bundesregierung erstmals Truppen an, Rühe hatte sogar schon ein Vorauskommando gegen Tropenkrankheiten impfen lassen – Boutros Ghali jedoch winkte ab.[48] Im Januar 1993 war der UN-Generalsekretär zu Besuch in Bonn. Von der Frankfurter Rundschau (FR) wurde er sehr suggestiv gefragt, was er sich unter einer deutschen Beteiligung an Friedensmissionen vorstelle: »Sie meinen wohl nicht die Entsendung von Feldköchen, sondern von Einheiten, die in der Lage wären, sich selbst zu verteidigen?« Boutros Ghali entgegnete trocken: »Es ist Sache der Regierung zu entscheiden, ob sie Köche oder Soldaten entsenden will. In beiden Fällen wären wir der Bundesregierung und dem deutschen Volk sehr dankbar.«[49] Nach dieser doppelten Abfuhr bemühte sich die Bundesregierung weiter und erreichte schließlich am 12. April doch noch die ersehnte UN-Einladung.

Besonders die Behauptung, es handele sich um einen Blauhelm-Einsatz, entsprach nicht den Tatsachen. Erstens gab es in Somalia aufgrund der inneren Zerrüttung keine staatlichen Institutionen, die die UN um Hilfe hätten ersuchen können, was ansonsten bei *Peace-keeping*-Missionen üblich ist. Die verschiedenen Bürgerkriegsparteien jedenfalls hatten keine UN-Soldaten angefordert. Zweitens war der deutsche Stationierungsort Belet Uen mitnichten »befriedetes Gebiet«, weswegen das Afrikakorps auch mit Schützenpanzern und Spähpanzern und weiterem schweren Gerät ausgerüstet wurde.[50] Drittens wurde von der Hardthöhe ein Hineinschlittern in Kampfhandlungen nicht nur in Kauf genommen, sondern regelrecht vorbereitet. Heeresinspekteur Helge Hansen hatte bereits Anfang 1992 eine vertrauliche Expertise anfertigen lassen, mit welchen Veränderungen ein »deutscher Heeerestruppenteil in Brigadestärke zu rechnen habe, wenn sein Auftrag nach Verschärfung der Lage im Krisengebiet von der reinen Friedenserhaltung auf die Durchsetzung des Friedens mit Waffengewalt ... erweitert werde«.[51] Das Auswärtige Amt hatte am 30. März 1993 in einer Stellungnahme vermerkt, daß es schwierig sei, »geeignete Aufgaben für das angebotene Bataillon zu finden«. Trotzdem wurden deutsche Soldaten ab 12. Mai 1993 in das ostafrikanische Land verlegt. Das Resultat: Von den etwa 310 Millionen Mark, die der deutsche Einsatz bis zum Abzug im März 1994 kostete, wurden lediglich 0,74 Prozent für humanitäre Hilfe ausgegeben. Und: In der Nacht zum 21. Januar 1994 erschoß ein deutscher Wachsoldat einen somalischen Zivilisten, der möglicherweise Treibstoff hatte stehlen wollen – das erste Opfer eines deutschen Militäreinsatzes nach 1945.[52]

Den Weg für die weiteren Vorstöße machte das Bundesverfassungsgericht am 12. Juli 1994 mit dem sogenannten AWACS-Urteil frei. Die Karlsruher Richter verkündeten, daß »die Beteiligung deutscher Soldaten an militärischen Unternehmungen auf der Grundlage des Zusammenwirkens von Sicherheitssystemen in deren jeweiligen Rahmen« mit dem Grundgesetz im Einklang stehe. »Die Bremsen, die uns eingezogen waren, sind weg«, freute sich Außenminister Klaus Kinkel. »Jetzt sind wir frei.«[53] Achim Schmillen (heute Berater im Auswärtigen Amt) kommentierte: »Durch die fatale Gleichsetzung von Systemen kollektiver Sicherheit (wie UN und KSZE) mit

Systemen kollektiver Verteidigung (wie NATO, WEU) ... hat das Bundesverfassungsgericht nun zudem den verfassungsrechtlichen Rahmen für uneingeschränkte weltweite Einsätze der Bundeswehr geschaffen. Jetzt ist alles erlaubt, was politische und militärische Führung der Bundeswehr sich seit Jahren gewünscht haben.«[54]

»Die Serben in die Knie zwingen«

Der praktische Durchbruch für die deutschen Ambitionen gelang erneut auf dem Balkan. Außenminister Kinkel hatte bereits am 24. Mai 1992 die Devise ausgeben: »Wir müssen die Serben in die Knie zwingen.«[55] In Bosnien-Herzegowina war der Bürgerkrieg, den westliche Beobachter aufgrund der deutschen Anerkennungspolitik vorausgesehen hatten, im Frühjahr 1992 ausgebrochen. Der Westen versuchte zu retten, was zu retten war, und schickte das Vermittlerduo Cyrus Vance/David Owen in die Krisenregion. Deren Plan zu einer kantonalen Aufteilung der Republik wurde vom serbischen Präsidenten Slobodan Milosevic unterstützt, aber von den bosnischen Serben und, was weniger bekannt ist, auch von den Muslimen abgelehnt, weil er nach Meinung beider die kroatische Volksgruppe bevorzugte.

Im Mai 1993 kam es zu einer Verhärtung der Fronten. Bonn forderte, im Gegensatz zu den europäischen Verbündeten, einen einseitigen Militärschlag gegen die Serben. Am 4. Mai berichtete der deutsche General Graf von Kielmannsegg im ZDF von detaillierten Planungen für Angriffe auf Belgrad unter Beteiligung der Bundeswehr, die er für die NATO ausgearbeitet habe und die leider bisher abgelehnt worden seien.[56] Am 7. Mai warnte Die Welt die Westmächte: »Halbe Maßnahmen wären in dieser späten Stunde die gefährlichsten ... Eingreifen heißt Durchgreifen.«[57] Am 8. Mai kritisierte die FAZ Szenarien, wonach »NATO-Verbände in Kämpfe verwickelt werden, ohne daß sie den Angreifer vernichten dürfen«.[58] Am 10.5. machte Die Welt klar, was mit »vernichten« gemeint ist: »Strategische Bombardements des Hauptstaates Serbien.« Begründung: »Nachdem im Balkan-Konflikt so gut wie alles versäumt wurde, geht es jetzt weniger um eine Befriedung als um eine Bestrafung des serbischen Aggressors. Es gilt, nur noch ein massives Exempel zu statuieren.«[59]

Das NATO-Hauptquartier folgte diesen Vorschlägen nicht, sondern suchte die Deeskalation durch einen Konsens mit Rußland, was die FAZ als »verheerende Wende« bezeichnete und Die Welt mit dem Stoßseufzer »Moskau führt nun die Bosnien-Diplomatie« quittierte.[60] Als Kohl beim EG-Gipfel Mitte Juni zum wiederholten Male das Waffenembargo für die bosnischen Muslime aufheben lassen wollte, fuhr er mit 1:11 eine herbe Abstimmungsniederlage ein – isolierter war Deutschland in diesem Gremium wohl selten gewesen. Zu der Niederlage kam die Blamage: Kohl hatte für seinen Vorstoß mit einem Brief von Präsident Clinton geworben, anderntags ließ das State Department aber durchblicken, daß das Schreiben – so die FAZ – »nur eingeschränkt ernstgemeint« gewesen sei. FAZ-Kommentator Johann Georg Reißmüller war entrüstet: »Die Sache ist faul, oberfaul«, das US-Außenministerium habe Kohl »wie einen vereinsamten Hochstapler erscheinen lassen.«[61]

Mittlerweile war Kroatien fest in deutsche Abhängigkeit geraten. Die Bundesrepublik und Italien waren 1993 mit jeweils etwa 20 Prozent Anteil am Import und am Export seine mit weitem Abstand wichtigsten Handelspartner. Auch bei den Direktinvestitionen lagen die Deutschen für die Jahre 1992 bis 1994 mit 35 Prozent auf dem ersten Platz – aus den USA war gerade vier Prozent des Auslandskapitals gekommen.[62] »Siemens kauft Kroatien«, titelte die kroatische Zeitung Dana« im Januar 1993.

Vor allem war Deutschland Kroatiens wichtigster Waffenlieferant geworden. Zwischen April 1992 und April 1994 exportierte Deutschland unter Bruch des UN-Embargos Militärgerät im Wert von 320 Millionen US-Dollar nach Kroatien, meldete das Fachblatt Jane's Defence Weekly.[63] Ob es sich um Waffen der Nationalen Volksarmee (NVA) der DDR, von MBB entwickelte Panzerabwehrwaffen des Typs Armbrust aus Singapur, Schnellfeuerwaffen von Heckler & Koch, um die Abrüstungsmasse der christlichen Milizen im Libanon oder um die Einschaltung des internationalen Waffenhändlers Karl-Heinz Schulze aus dem belgischen Boom durch einen deutschen Konsul handelte – der BND war immer helfend zur Stelle.

»Der Bundesnachrichtendienst hat, was Kroatien betrifft, den größten Anteil an der Aushöhlung der Embargobeschlüsse der Vereinten Nationen,« faßt Geheimdienstexperte Erich Schmidt-Eenboom zusammen. »Die meisten Waffen für Kroatien ... stammen aus ostdeutschen Depots,« bilanzierte auch das Bulletin of the Atomic Scientists 1994. [64] Der spektakulärste Fall war die freundliche Überlassung von MiG-Kampfflugzeugen aus Altbeständen der Nationalen Volksarmee der DDR. Eine Schlüsselrolle spielte dabei der letzte DDR-Verteidigungsminister und spätere CDU-Bundestagsabgeordnete Rainer Eppelmann. Gegenüber der Märkischen Allgemeinen Zeitung haben russische Militärs angegeben, »der damalige DDR-Verteidigungsminister habe 1990 mit dem Oberkommando der Westgruppe der russischen Armee die Lieferung von 100 NVA-Flugzeugen ausgehandelt«.

Ein Informant der Zeitung berichtete, »auf dem ehemaligen russischen Militärflugplatz in Sperenberg seien damals MiG-21 und MiG-23 mit NVA-Emblem umgespritzt und Wochen später auf den Balkan ausgeflogen worden«.[65] Ende August 1995 zeigte das ARD-Magazin

Monitor Filmaufnahmen von kroatischen Luftwaffenstützpunkten. Frühere NVA-Experten identifizierten die dort stationierten Abfangjäger an bautechnischen Details – die Maschinen kamen eindeutig aus Ostdeutschland.

Parallel dazu verstärkte der deutsche Geheimdienst seine operative Kontrolle im Land. Titos Geheimdienstchef Duhacek berichtete: »Zum Beispiel verlangte der BND 1993/94 eine Säuberung des kroatischen Dienstes. Alle Leute, die aus einer Partisanentradition stammten, mußten gehen. Dazu muß man wissen, daß ... der neue kroatische Staat und all seine Institutionen zunächst einen Kompromißcharakter trugen. Der kroatische Nationalismus und die Feindschaft gegen Jugoslawien waren die gemeinsamen Nenner; auf dieser Plattform trafen sich die Kräfte, die sich während des 2. Weltkrieges noch bekämpft hatten, nämlich Nationalkommunisten und Ustascha-Faschisten. Nun verlangte der BND, daß erstere hinausgesäubert werden.«[66]

Der deutsche Satellitenstaat mischte sich immer stärker in den bosnischen Bürgerkrieg ein. Ein Abkommen zwischen Präsident Franjo Tudjman und seinem bosnisch-moslemischen Amtskollegen Alija Izetbegovic vom 16. Juni 1992 ebnete den Weg für die Entsendung kroatischer Truppen in die Nachbarrepublik, dort sollten sie gegen die Serben kämpfen. Doch ab Oktober 1992 richteten sich die Operationen der Kroaten zunehmend auch gegen die eigentlich verbündeten Moslems. Tudjman sprach immer wieder von einer möglichen Teilung des Landes und einer Annektion der kroatisch besiedelten Herzegowina. »Es ist nicht zu verkennen, daß Deutschland wegen der angeblich erzwungenen Anerkennung Kroatiens zunehmend die Schuld an der jetzigen Lage zugeschoben wird«, referierte die FAZ die Stimmung in der EG im Mai 1993.[67] Als dieser Vorwurf im Juni durch US-Außenminister Warren Christopher und seinen französischen Amtskollegen Roland Dumas in den Rang einer offiziellen Protestnote gehoben wurden, sprang der Bundesregierung auch die den Grünen nahe TAZ zur Seite. Die Kritik der Westmächte sei »eine Geschichtsklitterung für durchsichtige Zwecke«.[68]

Kroatische Truppen mit deutscher Waffenhilfe auf dem Vormarsch in Bosnien, gleichzeitig deutsches Drängen nach eigener Beteiligung an Kampfeinsätzen – wo sollte das enden? »Das ist mein großes Problem, wenn ich sehe, wie die Bundesregierung den Bundestag an der Nase, an der humanitären Nase, in den Bosnienkrieg führen will. Beginnend mit der humanitären Intervention wird auch ein machtpolitisch erstarkendes Deutschland nicht zu einem Motor der europäischen Integration, sondern zu einem rückwärtsgewandten, auseinandertreibenden Element. Ich bin der festen Überzeugung, daß die Öffnung in Richtung der militärpolitischen Komponente die Rückkehr der Macht Deutschland – nicht der Macht Europa – auf die Bühne der Weltpolitik bedeuten wird«, kritisierte Joschka Fischer.[69]

Wolfgang Michal, ehemals Redakteur im SPD-Magazin Vorwärts, erinnerte an die Rolle des balkanischen Pulverfasses im Vorfeld des Ersten Weltkriegs und zog eine Parallele: »Bosnien ist nur die Schnittstelle, an der die eine Weltmacht der andern den Weg abschneiden will. Die eine will zum Mittelmeer, die andere zum Persischen Golf. Die eine heißt Rußland, die andere Deutschland. Hier auf dem Balkan lebt jene Rivalität wieder auf, die von Kaiser Wilhelms ›Weltpolitik‹ auf die Spitze getrieben wurde.«[70]

Michals These faßt die schlimmsten Befürchtungen Mitte der neunziger Jahre zusammen: »Die Geschichte des Deutschen Reiches wiederholt sich ... Es läuft wieder genau so ab wie nach der Reichsgründung 1871. Das wiedervereinigte Deutschland wird das europäische Gleichgewicht zerstören.«[71]

Der Kurswechsel der Clinton-Regierung

Die USA hatten erstens gegen den Widerstand Frankreichs und Großbritanniens die deutsche Einheit ermöglicht. Sie hatten zweitens aus Desinteresse die deutsche Politik zur Zerstörung Jugoslawiens zugelassen.

Zum Ende des Jahres 1991 wuchsen in Washington Zweifel, ob diese Vorgehensweise den eigenen Interessen entsprach. Das Wall Street Journal bilanzierte am 8. Dezember: »Mit dem Ende des Kalten Krieges ist die klassische europäische ›Einflußsphären‹-Politik wiedererstanden, als ob sich das letzte halbe Jahrhundert nie ereignet hätte.« »Deutschlands neue aggressive Rolle weckt alte Ängste«, schrieb die Washington Post am 23. Dezember. Vier Tage später schlug in der New York Times Gastkommentator Michael Lind Alarm: »Deutschland hat bewiesen, daß es nicht länger ein wirtschaftlicher Riese und ein politischer Zwerg ist ... Ebenso wie seine Vorgänger (ist) das neue Deutschland eine revisionistische Macht mit der Absicht, Europa umzugestalten ... bis zu einer Revision europäischer Grenzen.«[1]

Eine umfassende Bilanzierung der neuen Weltlage nahm das Leitliniendokument des Pentagon (»Definitive guidance from the secretary of defence«) vom Februar 1992 vor, das der Geheimhaltung (»No foreign nationals«) unterlag, aber durch eine Indiskretion von der New York Times veröffentlicht wurde.[2] Darin hieß es: »Unser erstes Ziel muß es sein ..., das Wiedererstehen eines neuen Rivalen zu verhindern. Diese übergeordnete Erwägung liegt unserer neuen regionalen Verteidigungsstrategie zugrunde. Wir müssen versuchen zu verhindern, daß irgendeine feindliche Macht eine Region dominiert, deren Ressourcen für die Schaffung einer globalen Machtposition ausreichend wären. Bei den in Frage kommenden Regionen handelt es sich um Westeuropa, Ostasien, das Gebiet der früheren Sowjetunion und Südwestasien.« Besonders sorgte man sich in Washington vor dem Entstehen neuer Atommächte; in einem Anhang wurden neben Indien und Südafrika auch Japan und Deutschland namentlich genannt. Ein zentrales Interesse der Strategen galt den alten Achsenmächten. Beide sollten davon überzeugt werden, daß die USA sich auch für sie einsetzten, so daß sie »weder eine größere Rolle anzustreben noch eine aggressivere Haltung einzunehmen brauchen, um ihre legitimen Interessen zu schützen«.

Mit der bisherigen Politik war das nicht zu leisten. Die Washington Post unkte im Frühjahr 1992, daß »ein niedrigeres US-Profil in Europa die amerikanische Fähigkeit in Frage stellte, den wichtigsten US-Verbündeten noch zu beeinflussen«.[3] In der Folge nahmen die USA einen Kurswechsel vor. Das Laissez-faire gegenüber Deutschland, das sich im Mai 1989 in der »Partners-in-leadership«-Formel von Präsident Bush niedergeschlagen hatte, wurde Zug um Zug beendet, allerdings auf paradoxe Weise. Künftig tolerierten die USA die deutschen Sondervorhaben nicht mehr, wie von 1989 bis 1991, aber sie bekämpften sie auch nicht, wie man hätte erwarten können. Statt dessen machten sie die bisher vorwiegend deutschen Ziele zu ihren eigenen. *If you can't beat them – join them.* Indem die Vereinigten Staaten auf den deutschen Zug aufsprangen und ins Führerhäuschen drängten, versuchten sie die Dominanz über die europäischen Prozesse zurückzugewinnen und die Berliner Republik einzuhegen.

Nach dem Amtsantritt des Demokraten Bill Clinton als US-Präsident am 20. Januar 1993 wurde die neue Linie umgesetzt. Clinton machte Richard Holbrooke zum Botschafter in Bonn. Dieser verfolgte mit Interesse, wie Deutschland »kleine, aber vielversprechende Schritte hin zu einer wichtigeren Rolle« unternahm. Sein Ziel war, daß »die Vereinigten Staaten [diese Schritte] diskret förderten«.[4] Diese Förderung erfolgte mindestens auf drei Politikfeldern:

1. NATO-Osterweiterung

Holbrooke hatte sich als Botschafter in Deutschland »das Kernrational der NATO-Erweiterung zu eigen gemacht«,[5] weniger umständlich ausgedrückt: die deutsche Position. »If anybody in this administration is in charge of NATO-Expansion, it's me!«, wurde schnell zu seinem Werbespruch.[6] Nachdem Washington seinen Widerstand gegen das deutsche Projekt aufgegeben hatte, zog die NATO insgesamt auf ihrem Gipfel am 10. und 11. Januar 1994 nach und verkündete: »Die NATO ist für neue Mitglieder offen.«[7] Moskau empfand den Beschluß »als Bedrohung und Demütigung«, er stelle einen »Betrug und Bruch von Zusicherungen dar, die angeblich der amerikanische Außenminister Baker am Vorabend der Vereinigung Deutschlands der damaligen Sowjetunion gegeben habe«.[8]

Schon bald sahen sich die 1992/93 so zögerlichen USA »im Erweiterungsprozeß in einer klaren Führungsrolle«.[9] Im Rückblick sprechen die US-Strategen heute offen über den Hintergrund ihres Sinneswandels. »Die NATO-Erweiterung ist eine flankierende Maßnahme, um Westeuropa einzudämmen«, sagte Pentagon-Beraterin Ruth Wedgewood.[10] Hätte Washington unter Clinton die Hardthöhe die Osterweiterung in Form bilateraler Manöver und Ausbildungshilfe durchführen lassen (vgl. S. 129/130), wären Polen, Tschechien und Ungarn heute nicht Mitglied der NATO, sondern einer Westeuropäischen Militärunion.

2. Bürgerkrieg in Bosnien

Auch in Bosnien schlug Clinton eine härtere Gangart ein und entfernte sich damit von London und Paris. Statt dessen traten Deutschland und die USA jetzt fast im Gleichschritt auf. Es war wohl kein Zufall, daß Richard Holbrooke, die Personifizierung von Clintons pro-deutschem Kursschwenk, schon bald als Sonderbotschafter in Bosnien eintreffen sollte.

Hauptstreitpunkt war, ob die UN in der Konfliktregelung das Primat haben sollten – oder die NATO. Die Position der UN verteidigten Franzosen und Briten, die auch das Gros der Blauhelmsoldaten in der Region stellten. Im Sicherheitsrat wurden sie von Russen und Chinesen unterstützt. Diese Mächtegruppe favorisierte den Friedensplan der UN-Vermittler Cyril Vance und Lord Owen (vgl. S. 134). Die USA und Deutschland lehnten ab und machten sich in der Mai-Krise 1993 für Luftangriffe auf die bosnischen Serben, ja sogar auf das serbische Kernland stark. Schließlich unterstützte Washington ab Herbst 1993 gar das deutsche Drängen nach einseitiger Aufhebung des Waffenembargos für die bosnischen Muslime.

Im Februar 1994 flogen die USA die ersten Luftangriffe gegen die bosnischen Serben. Vorausgegangen war ein Massaker in Sarajevo, für das diese verantwortlich gemacht wurden. »Bombt die Mörder nieder«, forderte Bild, noch bevor die NATO ihr Ultimatum beschlossen hatte, Die Welt plädierte für einen »systematischen Luftkrieg über mehrere Wochen«, und die TAZ sekundierte, ein Militärschlag sei »militärisch geboten, politisch zweckmäßig«.[11] Da jedoch der britische Blauhelm-Kommandant Sir Michael Rose von der Schuld der Serben nicht recht überzeugt war und sein Außenminister Douglas Hurd zumindest von Luftangriffen nichts hielt, blieb die NATO-Drohung zahnlos. Die Krise wurde gelöst, indem die bosnischen Serben ihre schweren Waffen, mit denen sie bisher Sarajevo beschossen hatten, der UN unterstellten. Trotzdem wurden sie einige Tage später von der US-Luftwaffe bombardiert – angeblich als Reaktion auf eine Verletzung der Flugverbotszone.

In der Krise um die Belagerung von Gorazde im April/Mai 1994 drängten Washington und Bonn erneut auf Luftangriffe gegen die Serben, scheiterten aber am Veto des UN-Sonderbeauftragten Akashi. So lange die letzte Entscheidung über Zwangsmaßnahmen beim Weltsicherheitsrat lag, ließen sich die deutsch-amerikanischen Vorstellungen nach einem härteren Durchgreifen nicht durchsetzen – jedenfalls nicht in Bosnien.

3. Hochrüstung Kroatiens

Um die Blockade in Bosnien zu brechen, ohne auf die UN angewiesen zu sein, favorisierte Clinton einen Umweg über Kroatien. In der ostkroatischen Krajina hatten die Serben auch nach der Unabhängigkeitserklärung von Zagreb ihre traditionellen Siedlungsgebiete verteidigt. Die Waffenstillstandslinien wurden seither durch Blauhelme gesichert. Würden kroatische Truppen diese Territorien erobern können, könnten sie von dort aus nach Westbosnien vormarschieren und die dortigen Serben in der ungeschützten Flanke angreifen. Das Mandat der Blauhelme lief zum Jahreswechsel 1994/95 ab, dann ließe sich eine solche Operation bewerkstelligen.

Bereits im September 1994 schlossen US-amerikanische Militärspezialisten mit Kroatien einen Beratervertrag.[12] Dabei handelte es sich um frühere Offiziere und Generäle, die sich in der Pentagon-Vertragsfirma Military Professional Ressources Inc (MPRI) zusammengefunden hatten. Im November 1994 folgte ein offizielles Abkommen über militärische Zusammenarbeit zwischen Washington und Zagreb. Nach Auskunft eines kroatischen Offiziers »brachten uns die MPRI-Berater Militärtaktik und großräumige Kriegsoperationen bei«. Kroatische Quellen berichten außerdem über US-amerikanische Satellitenunterstützung für Zagreb.[13] Der kroatische Präsident, bis 1994 ganz in Abhängigkeit von Bonn (vgl. S. 135 ff.), hatte nun einen potenten neuen Alliierten. »Tudjman kann nur das machen, was ihm die Amerikaner erlauben«, urteilte dessen abtrünniger Mitstreiter Stipe Mesic.[14]

Kroatien kündigte das Mandat der Blauhelme einseitig zum 31. März 1995. Dann brach der Sturm los – so die Übersetzung des Operationsnamens Oluja: Am 30. April überrannten kroatische Truppen zunächst das serbisch besiedelte Westslawonien, am 4. August dann die Krajina. Washington und Bonn hatten einträchtig die Fäden gezogen: Die bisher vor allem deutschen Waffenlieferungen waren durch modernstes amerikanisches Gerät ergänzt worden, ein französischer Söldner beobachtete die Ankunft von Militärausrüstung aus beiden Ländern in einem kroatischen Hafen.[15] Die USA beteiligten sich an der Offensive angeblich sogar durch eigene Flugzeuge vom Typ EA-6b, die das serbische Radar und Luftabwehrstellungen ausschalteten.[16] Die Eroberung der Krajina hatte die größte Fluchtwelle seit dem Zweiten Weltkrieg zur Folge, zwischen 145 000 (Angaben des UN-Flüchtlingskommissariats) und 254 000 Serben (Belgrader Angaben) retteten sich über die Grenze nach Jugoslawien.[17]

Der Weltsicherheitsrat beriet über einen Antrag Großbritanniens zur Verurteilung Kroatiens. »Dies wurde nach Angaben von europäischen Diplomaten jedoch von Deutschland und den USA verhindert.«[18]

Seit 1. September wird zurückgeschossen

Die Eroberung Westslawoniens und der Krajina führte, wie erwartet, auch zur Verstärkung der Kämpfe in Bosnien. Die amerikanischen Militärberater hatten nicht nur der kroatischen Armee das Kriegführen beigebracht, sondern standen seit November 1994 auch in den Diensten des Generalstabs der (wieder verbündeten) muslimisch-kroatischen Bundesgenossen in Bosnien.[19] Im Gegenzug zu deren Vormarsch in Westbosnien verstärkten die Serben ihren Druck auf UN-Schutzzonen. In dieser Situation beschloß der Bundestag am 30. Juni die Unterstützung einer britisch-französischen Eingreiftruppe. Bereitgestellt wurden die Luftwaffe und Sanitätszüge. Jörg Schönbohm, Staatssekretär im Bundesverteidigungsministerium, betonte, »daß es diesmal nicht um eine humanitäre Operation wie in Somalia oder Kambodscha« gehe. »Sondern jetzt werden deutsche Soldaten außerhalb des NATO-Verteidigungsgebietes eingesetzt, mit der Möglichkeit, kämpfen zu müssen.«[20] Es verdient, festgehalten zu werden, daß diese schwerwiegende Wende in der deutschen Militärpolitik noch vor den Ereignissen in Srebrenica stattfand. Die dortige UN-Schutzzone wurde erst am 11. Juli von den Serben eingenommen.

Vier grüne Abgeordnete und 45 Sozialdemokraten stimmten am 30. Juni mit der Regierung. Oskar Lafontaine kritisierte die Abweichler: »Einige Helden in der SPD ... plapperten ... mit dem Champagnerglas in der Hand« Positionen der Union nach. Man dürfe die Umdefinierung der NATO von einem Verteidigungsbündnis zu einer Interventionsallianz nicht zulassen.[21] Joschka Fischer bezeichnete den Entscheid als »historische Zäsur« und als »Debakel, für das noch viele politisch und manche vielleicht auch mit ihrem Leben bezahlen müssen«.[22] SPD-Bundesgeschäftsführer Günter Verheugen wies in der Debatte auf den Umstand hin, daß die Bundesregierung keineswegs von ihren Bündnispartnern zur Bereitstellung von Truppen oder Flugzeugen aufgefordert werden sei, was ihm von Wolfgang Schäuble den Zwischenruf »geborener Verräter« einbrachte.[23] Verheugen kritisierte, daß »die Koalition uns in eine Prä-Vietnam-Situation gebracht [hat], und wir rutschen immer tiefer in die Grauzone ...

und befinden uns irgendwann, ohne es recht bemerkt zu haben, im Krieg«.[24]

Nach einem weiteren Massaker in Sarajevo Ende August, das wieder ohne eindeutigen Beweis den Serben angelastet wurde, trat die NATO-Militärmaschine am 30. August in Aktion. Zwei Wochen flogen US-amerikanische Bomber und Jagdflieger Angriffe auf serbische Stellungen und Gebiete.

Bis zum 7. September waren nach serbischen Angaben etwa 100 Zivilisten getötet worden.[25] Der Angriff war ermöglicht worden, weil der UN-Beauftragte Akashi, der bisher immer sein Veto gegen ein einseitiges Eingreifen des westlichen Bündnisses eingelegt hatte, »auf Reisen und nicht erreichbar war«, wie Holbrooke süffisant vermerkte.[26] Statt dessen gab sein Stellvertreter Kofi Annan der NATO das Plazet – was »entscheidend dafür (war), daß Washington ein Jahr später seine Kandidatur für die Nachfolge von Butros-Ghali als Generalsekretär der Vereinten Nationen massiv unterstützte«.[27]

Aber die USA hatten nicht nur die UN, sondern auch die NATO ausgetrickst. Die Entscheidung des Bündnisses für die erste Militäraktion in seiner 45jährigen Geschichte fiel nämlich nicht in den dafür zuständigen Gremien, sondern per *ordre de mufti* des Generalsekretärs, des Belgiers Willy Claes. Ihn hatten die US-Amerikaner zuvor intensiv bearbeitet. Statt eine offizielle Sitzung einzuberufen und den NATO-Rat über die Maßnahme entscheiden zu lassen, *informierte* Claes die anderen NATO-Mitglieder lediglich, daß er die Angriffserlaubnis erteilt habe. »Claes' Manöver war von entscheidender Bedeutung«, urteilte Holbrooke, da »der NATO-Rat Bombenangriffe zweifellos entweder verschoben oder ganz abgeblasen« hätte.[28]

An den Angriffen im Rahmen der Operation *Deliberate Force* nahmen US-amerikanische Flugzeuge teil – und deutsche. Die Hardthöhe berief sich dabei auf das Bundestagsmandat vom 30. Juni. Am Freitag, dem 1. September 1995, auf den Tag genau 56 Jahre nach dem deutschen Überfall auf Polen, stiegen die deutschen ECR-Kampf-Tornados vom italienischen Fliegerhorst in Piacenza auf, um Radarstellungen der bosnischen Serben auszuschalten.[29] Daneben waren RECCE-Aufklärungstornados im Einsatz, die das jeweilige Zielgebiet fotografierten und die Aufnahmen an die US-Bomber weiterleiteten. Die Welt am Sonntag zitierte am fünften Tag der Luftangriffe NATO-Offizielle mit dem Lob, »die von den deutschen Aufklärern gemachten Aufnahmen serbischer Stellungen hätten in der Qualität alle bisherigen Aufklärungsfotos übertroffen«.[30] Während in Presse und Öffentlichkeit der Krieg gegen Jugoslawien im Jahre 1999 als erster deutscher Kampfeinsatz nach 1945 gilt, wurde diese Schwelle in Wirklichkeit also schon vier Jahre zuvor überschritten. Auch Generalinspekteur Naumann stellt fest: »Deutsche ECR- und RECCE-Tornados … wurden Ende Juli 1995 der NATO für den Einsatz unterstellt. Ab Ende August nahmen sie an den NATO-Luftoperationen über Bosnien-Herzegowina teil. Damit befanden sich ab Ende August 1995 Soldaten der Bundeswehr zum ersten Mal in einem bewaffneten Konflikt.«[31]

Das abgestimmte deutsch-amerikanische Vorgehen zahlte sich für beide Staaten aus:

- Deutschland hatte mit dem ersten Kampfeinsatz die außenpolitische Begrenzung der Bonner Republik endgültig hinter sich gelassen. So hatte Kohl selbst im November 1991 als Direktive ausgegeben, »daß es in Europa, wie man auch über einen Truppeneinsatz in Jugoslawien entscheiden mag, einige Gebiete gibt, dazu gehört mit Sicherheit auch Jugoslawien, bei denen man sich nicht vorstellen kann, daß dort deutsche Soldaten eingesetzt werden. Das ist ein Akt politischer Vernunft.«[32] Selbst im Februar 1994 hatte er noch die Frage gestellt, »ob nach den historischen Abläufen der Jahre 1941 bis 1945 ausgerechnet die Deutschen die richtigen Partner sind. Ich sage das jetzt ganz allgemein auf Kampftruppen bezogen«.[33] Diese Frage war mit der deutschen Teilnahme am zweiwöchigen Bombenkrieg in Bosnien positiv beantwortet worden.

- Die Vereinigten Staaten wiederum hatten demonstriert, daß nicht die zerstrittenen Europäer, sondern nur sie den bosnischen Knoten durchhauen konnten. Da London und Paris, die das Gros der UN-Blauhelme in der Krisenregion stellten, nie zu einer größeren Operation gegen die Serben bereit gewesen waren, bedurfte es der amerikanischen Hemdsärmligkeit, um die Serben zum Rückzug zu zwingen. »Die Vereinigten Staaten haben sich heute wieder zum Führer Europas aufgeschwungen«, kommentierte die International Herald Tribune.[34] Unter dem Druck des Bombardements und der koordinierten moslemisch-kroatischen Bodenoffensive mußten die Serben im Sommer 1995 von den 70 Prozent des bosnischen Territoriums, die sie bis dahin gehalten hatten, 20 Prozent räumen. Das schuf die Grundlage für die Neuaufteilung des Landes im Verhältnis 51 Prozent (Kroaten/Muslime) zu 49 Prozent (Serben), wie sie dann auf der Konferenz von Dayton im November vertraglich vereinbart wurde – unter Vorsitz von Präsident Clinton.

Deutschlands Alleingang war von der Clinton-Administration erfolgreich gestoppt worden. Nun verfolgten Deutsche und Amerikaner den Sonderweg gemeinsam: gegen die UN, aber auch gegen die eigenen Verbündeten Frankreich und Großbritannien.

Wachsende Rivalitäten zwischen Berlin und Washington

Das Muster der vorangegangen Balkankrisen wiederholte sich im Kosovo: Die Deutschen waren die Brandstifter, und die Amerikaner löschten mit Benzin. Differenzen waren schon auf der Dayton-Konferenz 1995 sichtbar geworden. Die Emissäre von Klaus Kinkel hatten darauf gedrängt, bereits dort das Kosovo auf die Agenda zu setzen. Clinton hatte abgelehnt, ihm genügte ein Nachgeben Milosevics in Bosnien. Nach der Konferenz gab Kinkel als Marschroute aus: »Jetzt müssen wir die Scheinwerfer auf das Kosovo richten.«[1]

Auch bei der Förderung des albanischen Untergrunds gingen die Deutschen voran. Die USA hatten die albanische Freischärlertruppe UCK noch bis zum März 1998 als terroristische Organisation bezeichnet. Zu diesem Zeitpunkt lief die deutsche Unterstützung schon viele Jahre auf Hochtouren: Seit 1992 residierte der nicht anerkannte Ministerpräsident der Kosovo-Albaner, Bujor Bukoshi, in Bonn. Von dort aus betrieb er ein System illegaler Zwangsbesteuerung der in Deutschland lebenden Kosovo-Albaner; dieses Geld wurde zur Unterstützung der Untergrundstrukturen auf dem Amselfeld und auch zum Kauf von Waffen verwendet.[2] Obwohl eine ähnliche Praxis der kurdischen PKK von den deutschen Behörden streng verfolgt wird und auch die USA ab Sommer 1998 die Bundesregierung zum Einschreiten drängten, konnte Bukoshi bis Ende 1999 nach eigenen Angaben 216,7 Millionen Mark eintreiben.[3]

Auch eine direkte militärische Zusammenarbeit soll es gegeben haben. »How Germany backed KLA« (KLA = engl. Akronym für UCK) überschrieb das englische Wochenblatt The European Ende September 1998 eine Recherche. Dort wurde behauptet, daß »der deutsche zivile und militärische Geheimdienst in die Ausbildung und Bewaffnung der Rebellen verwickelt sind, um den deutschen Einfluß auf dem Balkan zu zementieren und das Flüchtlingsproblem anzupacken«. Deswegen sei es zu »einem ernsthaften Bruch zwischen dem BND und der CIA gekommen«, hieß es mit Bezug auf französische Diplomaten. Weiter schrieb die Zeitung: »Die Entstehung der UCK im Jahr 1996 fiel mit der Ernennung von Hansjörg Geiger zum neuen BND-Chef zusammen. Einer seiner ersten operativen Beschlüsse war die Einrichtung einer der größten Regionalvertretungen des BND in Tirana ... BND-Agenten arbeiteten eng mit den Führern des Shik, des albanischen Geheimdienstes, zusammen ... Die BND-Männer hatten die Aufgabe, Rekruten für die UCK-Kommandostruktur herauszusuchen.«[4] Ähnliches berichtete die ARD-Sendung Monitor: »Seit 1990 pflegt die Bundesregierung gute Beziehungen zu den albanischen Geheimdienstlern. Militärische Ausrüstung im Wert von zwei Millionen Mark wurde ins albanische Krisengebiet entsandt. Die Militärgüter seien zum Teil an die Rebellenarmee UCK gelangt.« Ein beteiligter MAD-Mitarbeiter sagte gegenüber Monitor, die Aktion sei »von ganz oben« erwünscht gewesen.[5] Von Bill Foxton, dem Leiter des OSZE-Beobachterbüros an der Grenze zwischen Albanien und Kosovo, wurde Ende Juni 1998 »erstmals entdeckt, daß die UCK plötzlich uniformiert ist. Und zwar mit deutschen Feldanzügen.«[6]

Mit deutscher Unterstützung und der Förderung aus islamischen Staaten eroberte die UCK im Sommer 1998 ein Drittel des Kosovo. Als US-Emissär Holbrooke im Juli 1998 eine Delegationsreise durch die Kampfgebiete unternahm und sich auch mit Rebellenkommandeuren traf, gewann er einen Eindruck von der Dynamik der Aufstandsbewegung – und davon, »wie wichtig Gelder aus Deutschland, Dänemark und der Schweiz für die UCK« seien. In diesen Tagen muß man in Washington erkannt haben, daß aktive amerikanische Einmischung nötig war – ansonsten würden die Aufständischen die Lage vor Ort verändern, ohne daß man darauf Einfluß hatte.

Die Eskalationsdynamik begann. Mitte Oktober aktivierte die NATO mit Zustimmung der designierten Schröder/Fischer-Regierung ihre Verbände zum Losschlagen gegen Jugoslawien. Der Beschluß wurde storniert, aber nicht aufgehoben, als Milosevic der Stationierung internationaler Beobachter in der Provinz zustimmte. Das – bis dato nicht aufgeklärte – Massaker von Racak am 15. Januar 1999 führte zu heftigen Aktivitäten im Bündnis. Fischers Staatssekretär Ludger Vollmer schreibt: »Auf westlicher Seite standen zwei Optionen nebeneinander.

Die Amerikaner wollten sofort auf der Basis des noch gültigen ›act ord‹ mit Bombardierung der Volksrepublik [Fehler im Original, Anm. JE] Jugoslawien beginnen. Dabei erwarteten sie die Beteiligung der anderen NATO-Staaten, auch Deutschlands. Ein politisches Ziel außer dem der Bestrafung war nicht erkennbar. Die zweite Option, die sich faktisch durchsetzte, war in der Führung des Auswärtigen Amtes entstanden: Auf einer Friedenskonferenz sollte unter dem Druck der internationalen Gemeinschaft erst ein Waffenstillstand erreicht, dann der endgültige Status des Kosovo als autonome Region innerhalb der Bundesrepublik Jugoslawien durchgesetzt und in einem dritten Schritt eine umfassende Balkankonferenz geplant werden. Es waren der grüne Außenminister Joschka Fischer und die Beamten des AA[Auswärtigen Amtes, Anm. JE], die mit großem persönlichen Einsatz die anderen Außenminister dazu bewegten, statt einer schnellen Bombardierung den Verhandlungsprozeß von Rambouillet zu organisieren! Aus praktischen und diplomatischen Gründen wurde aber darauf verzichtet, diese Initiative als deutsche und grüne herauszustellen ... «[7]

Letzten Endes aber zogen Washington und Berlin in Rambouillet an einem Strang, wie der Politologe Matthias Küntzel nachgewiesen hat. »Die USA und Deutschland standen für eine harte Linie gegen Belgrad und für NATO-Luftangriffe, notfalls ohne Mandat des UN-Sicherheitsrates ... Besonders Frankreich kämpfte für ein alternatives Konzept und bot dem deutsch-amerikanischen Konfrontationskurs lange die Stirn.«[8] Frankreich trat im Falle eines Scheiterns von Rambouillet dafür ein, die Autorität zur Auslösung eines Militärschlages nicht beim NATO-Oberbefehlshaber zu belassen, sondern der Kontaktgruppe zu übertragen – was Rußland die Möglichkeit eines Vetos gegeben hätte.

Deutsche Fahnen über Prizren

Der Bombenkrieg vom 24. März bis zum 10. Juni wurde hauptsächlich von der US Air Force geführt – amerikanische Flugzeuge warfen 95 Prozent der Bomben ab, lediglich ein Promille steuerten deutsche Tornados bei.[9] Dieses Promille aber hatte es in sich: »Die sogenannten ECR-Tornados hatten den Auftrag, das gegnerische Flugabwehrradar zu erkennen und zu bekämpfen. Danach sollten die Kampfflugzeuge – vor allem der USA – die Ziele bekämpfen ... Die deutsche Luftwaffe mußte also die ersten Hindernisse aus dem Weg räumen, damit die folgenden Kampfstaffeln möglichst gefahrlos ihre Aufgaben wahrnehmen konnten ... der Einsatz war mit entscheidend dafür, daß die NATO bei dieser Luftoperation wenig Verluste hinnehmen mußte. Die Technik der ECR-Tornados war so wirkungsvoll, die Ausbildung der deutschen Piloten so gut, daß die Luftstaffeln der US-Luftwaffe sie ausdrücklich anforderten, wenn sie ins Krisengebiet flogen.«[10]

Wie aggressiv deutsche und amerikanische Generalität vorgingen und dabei auch auf Widerstände in der NATO keine Rücksicht nahmen, wurde in diesem Krieg deutlich. Klaus Naumann, 1996 vom Generalinspekteur der Bundeswehr zum Vorsitzenden des NATO-Militärausschusses aufgerückt und damit ranghöchster Deutscher im Bündnis, plädierte vehement für den Einsatz von Bodenkampftruppen.

Das war in der NATO nicht durchsetzbar, wie Wesley Clark, der europäische Oberbefehlshaber der NATO, in seinen Memoiren berichtete: Eine – von ihm nicht genannte – NATO-Regierung drohte mit Rücktritt, falls Naumanns Amtszeit über ihr reguläres Ende Anfang Mai 1999 verlängert würde.[11]

Aber auch ohne Amt blieb Naumann ein Scharfmacher. Am 12. Juni 1999 hatten russische Eliteeinheiten aus Bosnien nach Eilmärschen noch vor den Soldaten der NATO-Staaten die kosovarische Hauptstadt Pristina erreicht und den dortigen Flugplatz besetzt. Wesley Clark gab daraufhin kurzentschlossen Order, die russischen Truppen mit Panzern zu umstellen und zur Übergabe aufzufordern. Der britische Kommandeur der NATO-Truppen in Pristina, Michael Jackson, verweigerte jedoch die Erstürmung des Rollfeldes. »Ich riskiere doch nicht für Sie den Dritten Weltkrieg«, antwortete er seinem Vorgesetzten.[12]

Wesley Clark nahm es zähneknirschend hin. Kommentar von General Naumann: »Das schwächliche Zurückzucken von Briten und Amerikanern war sicher die falsche Antwort in einer Situation, die niemals zu einem ernsten Konflikt zwischen der NATO und Rußland geführt hätte.«[13]

Anders als in Bosnien 1995 waren in diesem Krieg erste Differenzen zwischen Deutschen und Amerikanern aufgetreten. Trotzdem hatte es sich für beide Staaten ausgezahlt, nicht aus dem Bündnis auszuscheren:

- Die Bundesregierung konnte, anders als in Dayton, die Friedensbedingungen mitdiktieren, in der Presse war wahlweise vom »Fischer-Plan« oder vom »Schröder-Plan« die Rede. Deutschland stellte mit General Klaus Reinhardt einen der ersten Kommandanten der KFOR-Truppe im Kosovo und mit Tom Koenigs den ersten Vize-Chef der UN-Verwaltung in der Provinz, als Stellvertreter des Franzosen Bernard Kouchner. Bodo Hombach war der erste Koordinator des Balkan-Stabilitätspakts. Der gewachsenen Rolle Deutschlands entsprach auch die Überlassung eines der fünf Besatzungssektoren mit der Hauptstadt Prizren. Dort wurden die deutschen Truppen beim Einmarsch jubelnd empfangen. »Heil Deutschland,« grüßten ehemalige albanische SS-Soldaten ihre Befreier.[14] »Wie anno 1943, als Hitlers Wehrmacht ihre Unabhängigkeitsbestrebungen stützte, preisen in Sonderheit die UCK-Hierarchien den ›historisch belegten Pakt‹...«, schrieb der Spiegel. [15]
- Auch die USA konnten zufrieden sein. Sie haben mit Camp Bondsteel im Kosovo die größte Truppenbasis seit dem Vietnamkrieg aufgebaut, ein wichtiger Knotenpunkt zur Beherrschung des Mittleren Ostens. Darüber hinaus schützen sie mit dieser Militärpräsenz die Trasse für die geplante Trans-Balkan-Pipeline, ihr wichtigstes Ölprojekt in der Region. KFOR-Kommandeur Jackson meinte: »Sicherlich werden wir lange hierbleiben, um die Sicherheit der Energiekorridore zu gewährleisten, die durch Mazedonien führen.«[16] Die Pipeline wird am bulgarischen Schwarzmeer-Hafen Burgas beginnen und dann über die albanischen Gebiete in Mazedonien und dem Kosovo bis an die albanische Mittelmeerküste führen. »Ein notwendiges Projekt, so die US-Agentur für Handel und Entwicklung, weil es ... US-Unternehmen in eine Schlüsselrolle bei der Entwicklung dieses lebenswichtigen Ost-West-Korridors bringen wird«, schrieb der Guardian.[17]

- Ein Ziel, das Washington und Berlin gemeinsam angestrebt und erreicht hatten, war die Ausschaltung der UN bei der Legitimierung des Krieges. Im Sicherheitsrat hätten Rußland und China ein Vorgehen mit ihrem Veto verhindert, angesichts der Notlage im Kosovo hätte man darauf keine Rücksicht nehmen können – so läßt sich ihre Argumentation zusammenfassen. Daß dies vorgeschoben war, wurde spätestens in der nächsten Balkankrise deutlich. In Mazedonien im Jahr 2001 wurde die UN nämlich erneut übergangen, obwohl niemand die Situation dort, wie im Kosovo 1999, in die Nähe von Völkermord gerückt hatte. Die ehemalige Justizministerin Sabine Leutheusser-Schnarrenberger (FDP) äußerte scharfe Kritik: »Warum, so ist zu fragen, versichert sich die NATO nicht von Anfang an der Unterstützung der Vereinten Nationen? ... Die Antwort auf die Frage ist so einfach, wie sie unter Völkerrechtsaspekten ernüchternd ist: Die NATO wollte nicht. Nach ihrem Kosovo-Selbstmandat sollte ein weiteres Präjudiz für die Absicht der NATO geschaffen werden, ihre Interessen ohne Rücksicht auf die Vereinten Nationen durchzusetzen ... Stramm marschiert eine Bundesregierung mit, die per Koalitionsvertrag versprach, für die Stärkung der Vereinten Nationen einzustehen.«[18]

Risse in der Allianz

Bei der Truppenentsendung nach Mazedonien im Herbst 2001 rechtfertigte sich die Bundesregierung mit einer Anforderung aus dem Brüsseler NATO-Hauptquartier bzw. mit Druck aus Washington. Das Argumentationsmuster war bereits bei der deutschen Beteiligung an der Bombardierung Bosniens (1995) und Jugoslawiens (1999) aufgetaucht – entgegen den Fakten, wie man oben nachlesen kann (vgl. S. 145/152). Im konkreten Fall glaubte nicht einmal mehr die FAZ das Märchen. »Die Bundesregierung tut so, als bliebe ihr wie einem treuen Vasallen nichts anderes übrig, als im Troß mitzulaufen. Doch ihre Unterstellung, es habe in Brüssel einen unbeeinflußbaren, weisen Ratschluß gegeben, dem sich Deutschland nur unter Mißachtung der Staatsräson habe verweigern können, ist Propaganda.«[19] Schon früh hatte sich die Bundesregierung nicht nur für ein passives Einsammeln der UCK-Waffen ausgesprochen, sondern ein »robustes Mandat« (Schröder) für den Mazedonien-Einsatz gefordert, also einen Kampfauftrag. »Damit ist Deutschland ... das einzige NATO-Mitglied, das schon jetzt seine Bereitschaft erklärt hat, sich an einem ›robusten‹ NATO-Einsatz zu beteiligen – einer Operation, die von der Allianz offiziell noch gar nicht in Betracht gezogen wird«, kommentierte die FAZ Mitte Juli 2001.

Ähnlich manipulativ ging die Bundesregierung nach dem 11. September vor. Nachdem Schröder noch am selben Tag die »uneingeschränkte Solidariät« mit den USA verkündet hatte, sorgte man sich nicht weiter um Petitessen wie ein UN-Mandat. »Zwar erließ der Sicherheitsrat am 12. und 28. September zwei von den USA eingebrachte Resolutionen. Sie ordneten aber keine Gewaltmaßnahmen an, sondern beschränkten sich darauf, in ihren Präambeln das ›naturgegebene Recht‹ zur individuellen und kollektiven Selbstverteidigung im Einklang mit der Charta zu erwähnen.«[20]

Sehr schnell brachte die Bundesregierung einen eigenen Militärbeitrag ins Spiel. Bereits Ende September prüfte sie »für den Fall einer militärischen Beteiligung an der Anti-Terror-Koalition offenbar den Einsatz von bis zu 6000 Soldaten«.[21] Mitte Oktober protzte man: »Im Unterschied zu Großbritannien und Frankreich, die vor allem auf leichte Kräfte setzen, verfügt nur Deutschland über gepanzerte Truppen hoher Qualität.«[22] Bis zu diesem Punkt bot das deutsche Vorgehen nichts Neues: Die Ignoranz gegenüber der UN, die schneidigen Ankündigungen der Generalität, der Bluff mit der angeblich von anderen geforderten militärischen Solidarität – das hatte es in Bosnien, im Kosovo, in Mazedonien gegeben.

Aber am 7. November passierte etwas Überraschendes: Die USA zeigten den Deutschen die kalte Schulter und machten so erstmals deutlich, daß sie die Kooperation zumindest in der bisherigen Form nicht mehr fortführen wollten. Der Tag wurde zu einer regelrechten Blamage für die Bundesregierung. Während Schröder die Bereitstellung von 3900 deutscher Soldaten für die Operation »Enduring Freedom« zunächst mit Hinweis auf ein US-amerikanisches Hilfeersuchen gerechtfertigt hatte, konterte noch am selben Tag US-Verteidigungsminister Donald Rumsfeld mit der Formulierung, es sei »Deutschlands Sache zu charakterisieren, was es ist, das sie tun«.[23] »Seine beiläufige Bemerkung, las sich wie ein Dementi des Bundeskanzlers«, hieß es in der Berliner Zeitung.[24] »Tatsächlich hatte Deutschland, wie Italien, Druck auf Washington ausgeübt, auf Angebote militärischer Unterstützung einzugehen, die gleich nach dem 11. September gemacht worden waren«, stellte die International Herald Tribune klar.[25]

Auch beim Aufbau der Afghanistan-Schutztruppe ISAF spielten die USA, in diesem Fall über ihren europäischen Hauptverbündeten Großbritannien, den Deutschen übel mit. Die Regierungen in Berlin und London beschlossen als erste ihre Teilnahme, alle anderen Staaten ließen sich mehr Zeit.[26] Bereits bevor die UN Mandat und Struktur der ISAF-Truppe festgelegt hatten, trommelte die FAZ auf ihrer Titelseite mit Verweis auf angebliche Wünsche der afghanischen Regierung: »Die Deutschen müssen die internationale Schutztruppe in Afghanistan führen. Auf den Straßen Kabuls müssen deutsche Soldaten patrouillieren, keine Briten.«[27]

Die Differenzen schlugen Wellen bis in den UN-Sicherheitsrat: »Streit zwischen Berlin und London droht Afghanistan-Resolution weiter zu verzögern.«[28] Die FAZ weiter: »Erst am Donnerstag Abend [20.12.01, Anm. JE] hätten die Briten signalisiert, daß man die Deutschen überhaupt dabeihaben wolle, ohne jedoch zu sagen, in welcher Form.«[29] Trotzdem mußte der Bundestag zu einer überstürzten Beschlußfassung noch kurz vor Weihnachten zusammentreten. Aber alle Eile nützte nichts: Das erste deutsche Kontingent konnte erst knapp drei Wochen später in Kabul eintreffen. Das Fehlen geeigneter Transportflugzeuge und – so das deutsche Verteidigungsministerium – schlechtes Wetter sollen die Soldaten ungebührlich lange auf einer Zwischenstation im türkischen Trabzon aufgehalten haben. Inoffiziell wurde allerdings kein Zweifel daran gelassen, daß an der Verzögerung eher ein britisches »Revanchefoul« – so anonyme Stimmen aus dem Bendlerblock gegenüber der Frankfurter Allgemeinen – schuld war.[30] Der Führungsauftrag für die ISAF ging – natürlich – zuerst an die Briten.

Aber diese Pannen konnten die Bundesregierung nicht bremsen. Am 8. November 2001, als es im Bundestag um die Bereitstellung deutscher Soldaten für den »Krieg gegen den Terror« ging, hatte der Kanzler noch gesagt: »Mir ist besonders wichtig festzuhalten: Es geht weder um eine deutsche Beteiligung an Luftangriffen noch um die Bereitstellung von Kampftruppen am Boden.« Ende Januar 2002 dementierte Außenamtsstaatsminister Christoph Zöpel einen Bericht der New York Times über eine deutsche Beteiligung an Bodenoffensiven.[31] Doch Anfang März 2002 war nicht mehr zu übersehen: »Deutsche Soldaten kämpfen an vorderster Front« – so die Schlagzeile der Süddeutschen Zeitung.[32] Ein US-Offizier in Kabul lobte gegenüber der Nachrichtenagentur ddp die Deutschen als »einfach hervorragend«. Sie durchkämmten in Ostafghanistan Höhlen und verdeckte Stellungen, Codename der Operation war Anaconda.[33] Die Würgeschlange war tödlich: »Schätzungen gehen von bis zu 800 Toten auf Seiten der Al-Quaida und Talibankämpfer aus«, meldete dpa.[34] Zivilisten werden nicht geschont: »Das Pentagon in Washington hat ... bekanntgegeben, daß bei einem Angriff amerikanischer Flugzeuge ... Frauen und Kinder getötet worden seien.«[35]

Vorläufig letzter Akt ist die für Frühjahr 2003 angekündigte neue Militärdoktrin, die die Verteidigungspolitischen Richtlinien aus dem Jahr 1992 (vgl. S. 126) ablösen soll. Minister Peter Struck faßte sie im Bundestag in dem Bonmot zusammen: »Deutschland wird auch am Hindukusch verteidigt.«[36] Doch die neue Doktrin verändert, anders als ihre Vorgängerin, »nicht nur den möglichen Operationsraum der Bundeswehr, sondern auch das Verständnis, ja sogar die Definition dessen, was ›Verteidigung‹ im Sprachgebrauch seit den Tagen ihrer Gründung bedeutet hat«, schrieb die FAZ nach einem Gespräch mit dem neuen Generalinspekteur, Wolfgang Schneiderhan. »Was er andeutet, kommt einer Revolution gleich«, faßte das Blatt zusammen. Der General stelle sich die Frage, »ob es richtig sein kann, nicht abzuwarten, ob man von einem anderen angegriffen wird, sondern sich gegen diese mögliche Gefahr vorauseilend zu schützen und selbst die Initiative zu ergreifen«.[37] Dies findet auch bei der Union Beifall. »Mit Vergeltung, also einem Zweitschlag, schützen Sie unsere Bevölkerung nicht«, sagte ihr außenpolitischer Sprecher Wolfgang Schäuble im Dezember 2002 der Frankfurter Rundschau.[38] Das ist genau die Strategie, die auch der aktuellen US-amerikanischen Militärdoktrin zugrunde liegt: Nicht warten, bis die andere Seite angreift, sondern präventiv zuschlagen.

Ten Years After

Die Kriege ab der zweiten Hälfte der neunziger Jahre waren zwar keine ausschließlich deutsch-amerikanischen Unternehmungen gewesen, doch vor allem diese beiden

Staaten hatten gegen Widerstände auch in der NATO die UN an den Rand gedrückt. Das völkerrechtswidrige Vorgehen hatte sich für Berlin und Washington gleichermaßen ausgezahlt. An der Seite der USA hatte sich die Militärpolitik Deutschlands innerhalb eines Jahrzehnts grundsätzlich verändert:

- Bis zum Fall der Mauer galten Einsätze der Bundeswehr außerhalb des NATO-Bündnisgebiets als tabu.
- In der ersten Hälfte der neunziger Jahre setzte sich die Kohl-Regierung für die Teilnahme an UN-mandatierten Einsätzen ein, zunächst nur unter dem blauen Helm der Peacekeeper.
- Bereits 1995 in Bosnien führte die Bundeswehr jedoch ihren ersten Kampfeinsatz durch.
- Auch die Schröder-Regierung war 1998 mit dem Versprechen angetreten, deutsche Soldaten nur nach Beauftragung durch die UN in Marsch zu setzen – doch für den Angriff auf Jugoslawien und die Truppenstationierung in Mazedonien genügte ihr der Beschluß der NATO.
- Wenigstens, so betonten vor allem die Grünen immer wieder, habe man auf dem Balkan einen Bodenkrieg vermieden. Doch beim Einsatz in Afghanistan wurde die Zurückhaltung auch an diesem Punkt aufgegeben.

Festzuhalten bleibt: Die Politik ist unter Rot-Grün noch mehr militarisiert worden als unter Schwarz-Gelb. Waren im letzten Jahr der Kohl-Regierung 2000 deutsche Soldaten *out of area* eingesetzt gewesen, so hatte sich diese Zahl innerhalb von vier Jahren verfünffacht, die Kosten zum Unterhalt dieser Truppen auf jährlich 1,5 Milliarden Euro beinahe verzehnfacht.[39] »Wir haben nach Amerika die zweitmeisten Truppen in internationalen Einsätzen – mehr als jeder andere europäische Staat«, vermerkte Schröder nicht ohne Stolz.[40]

Doch die Voraussetzung für diese zehnjährige Erfolgsstory, die deutsch-amerikanische Liaison, war zu diesem Zeitpunkt schon einseitig durch Washington aufgekündigt worden. Im nächsten Kapitel erfahren wir, ob der amerikanische Sinneswandel etwas mit dem Irak zu tun haben könnte.

Gemeinsame und widerstreitende Interessen am Persischen Golf

Als sich Ende der achtziger Jahre die Meldungen über deutsche ABC-Waffenhilfe für arabische Diktaturen überschlugen, prägte William Safire in der New York Times (NYT) das Schlagwort von »Auschwitz in the Sand«[1] – ein Auschwitz, das sich im Wüstensand wiederholt. Safire schrieb: »Die deutschen Todeskrämer lieferten technischen Sachverstand und Material für die Produktion von Giftgas an den Irak, an Syrien und Libyen. Dabei sollte man erwarten, daß die gegenwärtige Generation von Deutschen, der Schuld ihrer Väter an der Vergasung von Millionen Menschen vor gar nicht so langer Zeit bewußt, besonders empfindlich auf die Möglichkeit reagieren würde, Deutsche könnten einem terroristischen Diktator bei Gasmord in irgendeiner Weise helfen.«[2]

Was lange Zeit nur in der Friedensbewegung thematisiert worden war, rückte während des Golfkrieges plötzlich ins Zentrum des öffentlichen Interesses. Jürgen Möllemann, mit dem Motto »Leo für Oel« der wichtigste deutsch-arabische Rüstungslobbyist, konvertierte innerhalb von zwei Tagen vom Saulus zum Paulus und forderte, den »Händlern des Todes« das Handwerk zu legen. Die Bild-Zeitung erinnerte mit dem Aufmacher »Die Mörder sind unter uns« an einen antifaschistischen Filmklassiker des Regisseurs Wolfgang Staudte. Die SPD-Fraktion plädierte dafür, Rüstungsexport wie »Schwerstkriminalität« zu bestrafen, wurde aber vom Arbeitnehmerflügel der CDU übertrumpft, der von »Beihilfe zum Verbrechen gegen die Menschlichkeit« sprach.[3] Die Vorwürfe waren gerechtfertigt: Nach den Ermittlungsergebnissen der UN-Kommission im Irak war die irakische Scud bei Beginn des Golfkriegs im Januar 1991 »eine fast deutsche Rakete«,[4] deutsche Ingenieure hatten die Reichweite des sowjetischen Modells von ursprünglich 300 Kilometern glatt verdoppelt. An der C-Waffen-Produktion waren deutsche Firmen nach Expertisen der UN-Inspekteure »zu mehr als 80 Prozent beteiligt«.[5] »Schon 1983 wurden Ausrüstungen für die Giftgasproduktion illegal nach Irak geliefert«, schrieb Wirtschaftsminister Helmut Haussmann 1990 in einem Geheimbericht.[6] Zur atombombentauglichen Urananreicherung meinte Haussmann, beim entsprechenden irakischen Verfahren »weisen Komponenten und teilweise auch Systemteile Konstruktionsmerkmale der verschiedenen deutschen Gasultrazentrifugen auf«.[7] Doch es ging nicht nur um illegale, sondern auch um von der Bundesregierung genehmigte Lieferungen. So bescheinigte das Bundeswirtschaftsministerium noch im Dezember 1987 der hessischen Firma Karl Kolb, ihre Ausfuhren in den Irak seien »nicht zur Herstellung chemischer Waffen geeignet«. Dabei hatte Kolb unter anderem eine Gaskammer geliefert, »in der auch die Wirkung von chemischen Kampfstoffen an Hunden und Katzen überprüft werden kann«.[8] Hinzu kommt, daß Agenten des BND als leitende Mitarbeiter bei den Firmen tätig waren, die später im Zentrum der staatsanwaltschaftlichen Ermittlungen standen, etwa bei dem Giftgas-Zulieferer WET.[9]

Die deutsche Justiz wurde diesem Problem nicht gerecht: Von den 151 Hinweisen auf bundesdeutsche Kooperationen mit dem Irak, die die USA und Großbritannien gaben, ging man nur einem Bruchteil überhaupt nach. War Ende März 1992 noch von 40 Ermittlungsverfahren die Rede, so sprach der Möllemann-Bericht Mitte Mai 1992 schon von 39 Verfahren »ohne Anhaltspunkte«. Gegen die Großfirmen Daimler-Benz (Lieferung von Abschußlafetten für Raketen) und Messerschmitt-Bölkow-Blohm (im Raketenzentrum Mossul für die »main technology« zuständig) wurde nie Anklage erhoben. Auch Verfahren gegen kleinere Fische wurden erschwert, weil zwei Gerichte entschieden hatten, die Liste mit den genehmigungsbedürftigen Exportartikeln sei nicht ordnungsgemäß zustande gekommen, ergo könne auch keiner dagegen verstoßen haben.[10]

Der zentrale Giftgasprozeß begann im April 1992 vor dem Darmstädter Landgericht. Angeklagt waren Geschäftsleute der erwähnten Firmen Karl Kolb und WET. Das Verfahren gegen den mutmaßlichen BND-Kontaktmann Nazar Al-Kadhi wurde im August 1992 abgetrennt und wegen einer »psychogenen Erkrankung« des Angeklagten vorläufig eingestellt – so konnten einige besonders delikate Fragen über die Verwicklung deutscher Dienststellen nicht geklärt werden. Die erste Hauptverhandlung platzte im Juni 1993 aufgrund von Problemen mit den Gutachtern. In der zweiten, im Januar 1994 aufgenommenen Hauptverhandlung sprach das Gericht zunächst drei Angeklagte der Firmengruppe Kolb wegen einer »Strafbarkeitslücke« frei und setzte kurz darauf das Verfahren gegen die drei verbliebenen WET-Kaufleute erneut aus, um auf Wunsch der Verteidigung exportrechtliche Fragen durch den Europäischen Gerichtshof klären zu lassen. Am 3. Juni 1996 verkündete das Landgericht Darmstadt schließlich sein Urteil. Wegen Verstoßes gegen das Außenwirtschaftsgesetz in mehreren Fällen verhängte es Haftstrafen gegen die Firmenmanager zwischen sechs und 21 Monaten. Alle Strafen wurden auf Bewährung ausgesetzt. Wegen Verjährung wurden verschiedene Geschäfte aus der Anfangsphase (1985/86) beim Strafmaß nicht mehr berücksichtigt.[11]

Nie belangt wurden die FDP-Politiker Otto Graf Lambsdorff, Martin Bangemann und Helmut Haussmann, die als Wirtschaftsminister in den achtziger Jahren für die Exportgenehmigungen in den Irak die politische Verantwortung trugen.

Auch für Ludolf von Wartenberg bedeutete es keinen Karriereknick, daß er in der fraglichen Zeit im Auswärtigen Amt diese Ausfuhren prüfen sollte und keine Einwände erhoben hatte. Von Wartenberg ist heute Hauptgeschäftsführer des Bundesverbands der Deutschen Industrie (BDI).[12]

Uncle Sam und Uncle Saddam

Obwohl die deutsche Waffenhilfe von besonderer Qualität war, kann man nicht von einem Sonderweg nach Bagdad sprechen. Auch Hans Branscheidt, einer der schärfsten Kritik der deutschen Irak-Politik, muß einräumen: »Fast sämtliche der westlichen Industrienationen waren am Aufbau der gigantischen Rüstungsproduktion des Irak beteiligt. Dazu kamen beträchtliche Rüstungshilfen der Sowjetunion und auch aus der DDR ... In westlichen Kreisen war von einem grandiosen Petro-Dollar-Recycling die Rede, einem Zyklus, der den Lieferanten ein Millionen-Dollar-Business versprach: Der Irak kaufte Waffen gegen Dollars, um die Dollar-Mittel zu realisieren, verkaufte der Irak Öl, die Dollars blieben gleich im Westen, während im Nahen Osten die eingekauften Waffen im Krieg planmäßig vernichtet wurden – woraufhin erneut gekauft und geliefert werden konnte.

Ein profitables System, dessen lukrative Endlosspirale von den USA sogar wunschgemäß gesteuert werden konnte, indem man mal den Irakern, mal den Iranern die eigenen Satellitenerkenntnisse über den Stand der militärischen Positionen der jeweiligen anderen Seite zur Verfügung stellte.«[13]

»Achtzig Prozent der militärischen Güter, die in den siebziger und achtziger Jahren in den Irak geliefert wurden, stammten aus der Sowjetunion. Fünfzehn Prozent steuerte Frankreich bei, dessen Rüstungsexport 1982 zu vierzig Prozent in den Irak ging. Die restlichen fünf Prozent kamen aus Südafrika, China, Italien und einigen anderen Ländern«, referiert Hans Rühle, unter Kohl Leiter des Planungsstabs im Bundesverteidigungsministerium.[14] Gab es doch keine deutschen Lieferungen? Tatsächlich hat Bonn für die achtziger Jahre nur Exporte in das Zweistromland im Umfang von 800 Millionen US-Dollar eingeräumt. »Mehr als bei allen anderen Staaten täuschen aber die genannten Daten bei der BRD über den tatsächlichen Wert ihrer Rüstungsexporte. So werden die mit deutscher Beteiligung in Koproduktion gebauten Waffensysteme ... wertmäßig voll den britischen oder französischen Rüstungsexporten zugeschlagen.«[15] Auf diese Weise wurden aus Deutschland via Frankreich in den Irak geliefert: 133 Flugabwehrraketen-Systeme Roland mit 4250 Raketen, 262 Startanlagen der Panzerabwehrwaffe HOT mit 10963 Raketen und 371 Startanlagen der Panzerabwehrwaffe Milan mit 12368 Raketen. »Ein Arsenal zum Führen kompletter Schlachten« – und nichts davon taucht in der offiziellen Statistik auf.[16] Werkzeugmaschinen und Bauarbeiten deutscher Firmen, unersetzlich für die Erstellung und Ausrüstung der irakischen Forschungs- und Produktionszentren Samara/Falluja (Giftgas) und Mossul/Mahmudiya (Raketen), wurden ebenfalls nicht als rüstungsrelevant verbucht.

In ähnlicher Weise versuchten die USA ihre Rüstungshilfe für Saddam zu kaschieren. »Wir haben dem Irak niemals militärisches Gerät verkauft. Die einzigen amerikanischen Waffen, die je nach Bagdad geschickt wurden, waren zwei Revolver mit Perlmuttgriffschalen, um die Saddam gebeten hatte, weil er sie verschenken wollte. Das war's. Sonst nichts«, so eine blumige Anekdote von David Mack, Nahost-Fachmann der Reagan-Regierung.[17] Dabei war die US-amerikanische Hilfe beim Aufbau eines

B-Waffenarsenals ebenso bedeutsam wie die deutsche bei den C-Waffen. Rühle berichtet: »Der Irak hat den Grundstock für sein Biowaffen-Arsenal aus der ›American Type Culture Collection‹ erhalten, dem größten Mikrobenarchiv der Welt. Bestellungen mit dem Briefkopf der Bagdader Universität wurden bis spät in die achtziger Jahre bearbeitet. Das war nicht verwunderlich, galt der Irak doch als Quasi-Verbündeter gegen den Iran. Eine Sendung im Mai 1986 etwa enthielt neben fünf Varianten des Botulismus-Erregers auch drei Stämme Anthrax.«[18]

Die USA leisteten außerdem Hilfestellung beim Einsatz von C-Waffen im Krieg gegen den Iran: »Ein geheimes amerikanisches Programm während der Reagan-Regierung versorgte den Irak mit wichtiger Gefechtsfeldunterstützung – zu einer Zeit, als amerikanische Geheimdienste wußten, daß die irakischen Generäle Chemiewaffen einsetzten.«[19] Unter anderem ging es um Satellitenaufnahmen von der Front und iranischen Nachschublinien. Erstmals ließ Saddam Hussein schon 1982 mit C-Waffen auf vorrückende persische Revolutionsgarden schießen. Im Dezember 1983 weilte Donald Rumsfeld im Auftrag der Reagan-Regierung zum Staatsbesuch in Bagdad, der heutige Verteidigungsminister will den Diktator damals vor dem Einsatz verbotener Waffen gewarnt haben. »Kürzlich freigegebene Gesprächsprotokolle decken seine Aussage nicht. Man plauderte eher freundlich miteinander.«[20]

Bei Saddams Atomprogramm war Frankreich entscheidend, das Mitte der siebziger Jahre einen Reaktor verkaufte (den Israel 1981 präventiv zerstörte) und in der Folge 600 irakische Kerntechniker ausbildete (die auch danach weiterarbeiteten). Wichtige Teilkomponenten für den Atombombenbau bekamen die Irakis aus den USA, »wo sie etwa 40 Prozent ihrer Hochtechnologie erwarben, einen erheblichen Teil gegen Barzahlung auf dem offenen Markt«.[21]

Nach dem Krieg und der Verhängung der UN-Sanktionen kamen die deutschen Waffenexporte fast vollständig zum Erliegen. Einer der wenigen Prozesse, die noch notwendig waren, führte im Februar 2003 vor dem Mannheimer Landgericht zur Verurteilung von sechs Angeklagten. Ihnen wurde unter anderem die Lieferung von Spezialbohrgeräten für ein 210-mm-Geschütz vorgeworfen – also Hilfe bei der Herstellung konventioneller taktischer Waffen und nicht, wie vor 1991, bei der Herstellung von strategischen Massenvernichtungswaffen. Indiz für ein grundsätzlich anderes Geschäftsklima sind auch die Klagen der Chemiefirma Karl Kolb. Diese bemühte sich zwar nach ihrer Schonung durch die deutsche Justiz (siehe oben) weiter um Kontakte in das Zweistromland. Ihr Geschäftsführer beschwerte sich aber im Juni 2000, »daß neue Verträge nur schleppend in Gang kämen«, obwohl man aufgrund der Schwierigkeiten in Deutschland sogar österreichische Tochterfirmen eingeschaltet habe.[22]

Daß das UN-Embargo auch die zivilen Handelsbeziehungen stark einschränkte, führte in der deutschen Wirtschaft zu Verdruß. »Die deutsche Wirtschaft fordert die Bundesregierung auf, ihre Irak-Politik zu überdenken«, war im Sommer 2001 vom BDI zu hören. Grund der Klage: Aus politischen Gründen kämen deutsche Anbieter in Bagdad nicht mehr richtig zum Zug. Anfang der neunziger Jahre habe Deutschland das Zweistromland noch mit Waren im Wert von sechs Milliarden Mark jährlich beliefert. Im Jahr 2000 seien es nur noch 270 Millionen Mark gewesen.[23] Daß es auch anders gehe, trotz der von der UN verhängten Sanktionen, zeige das Beispiel Frankreich: Die Unternehmen aus dem Nachbarland verkauften nach eigenen Angaben Waren im Wert von drei bis vier Milliarden Mark.[24]

Das Interesse der deutschen Industrie am Irak ist verständlich, denn das wirtschaftliche Potential des Landes ist gewaltig: Die Erdölreserven sind nach Saudi-Arabien die größten der Welt. 25 Erdöl- und Erdgasfelder warten auf eine Erschließung durch westliche Investoren nach dem Wegfall der Wirtschaftsblockade. Selbst unter Embargobedingungen hat das Regime noch gewisse Spielräume. Im Rahmen des von der UN genehmigten »Oil for food«-Programms konnte der Irak im zweiten Halbjahr des Jahres 2000 immerhin umgerechnet elf Milliarden Mark für Importe nutzen – davon hätten die deutschen Firmen gerne einen größeren Anteil gehabt.

Iran – der nächste Zankapfel

Das Nachbarland Iran ist für die deutsche Industrie bereits heute von großer Bedeutung, obwohl es ebenfalls unter einem Embargo liegt. »Die Eiszeit der deutsch-iranischen Beziehungen ist nun endgültig vorbei«, sagte der iranische Präsident Chatami beim Staatsbesuch in Berlin im Jahr 2000, und BDI-Präsident Henkel fand das Ganze »sehr erfreulich und motivierend«.[25] Deutsche Firmen sind seit vielen Jahren die wichtigsten westlichen Lieferanten für Teheran, das Exportvolumen beträgt etwa 2,5 Milliarden Mark jährlich. Ein Drittel davon sind Fahrzeuge und Maschinen, ein Fünftel High-Tech-Güter der Telekommunikation. Wichtigster deutscher Konzern ist die Thyssenkrupp AG (Anlagenbau), Siemens liefert die Hälfte der persischen Telefonanlagen, MAN kümmert sich ums Eisenbahnnetz.[26] Die deutschen Manager im Troß von Minister Werner Müller konnten im Oktober 2000 in Teheran Milliardenaufträge mitnehmen, die Bundesregierung hob zur Absicherung der Exporte in die Islamische Republik umgehend die staatlichen Hermes-Bürgschaften auf eine Milliarde Mark an.

Im Vergleich zum Handel ist der Kapitalexport noch nicht in Fahrt gekommen, bis 1993/94 genehmigte Teheran keine ausländische Teilhabe an Firmen. Die deutschen Direktinvestitionen betrugen Ende 2000 lediglich

87 Millionen Mark. Mit einem Investitionsschutzgesetz sollen die Rahmenbedingungen für ausländische Interessenten verbessert und endlich auch Mehrheitsbeteiligungen möglich werden. Die deutsche Industrie sitzt in den Startlöchern, »ein Markt von fast 70 Millionen Konsumenten lockt«.[27] Die iranischen Investitionen in Deutschland sind zehnmal höher als umgekehrt, so hält Teheran knapp acht Prozent Anteile an Thyssenkrupp, der derzeitige Wert des Aktienpakets liegt bei etwa 700 Millionen Mark.

Bei Öl und Gas winken riesige Geschäfte, deutsche Regierungsberater sprechen von »gigantischen Gasvorkommen«.[28] Iran bestreitet 13 bis 14 Prozent der Opec-Ölförderung und verfügt über 16 bis 18 Prozent der globalen Gasreserven. Federführend an der Ausbeutung beteiligt ist der europäische Trust TotalFinaElf und ein Ruhrgas-Partner, die russische Gazprom. Am Ölgeschäft verdient die Bundesrepublik mangels eigener Ölkonzerne nur indirekt, um so wichtiger sind die Folgeaufträge beim Bau von Petrochemieanlagen, in dieser Branche sind die Deutschen führend. Dafür hat ein Bankenkonsortium unter Führung der Deutschen Bank eine Kreditlinie von zunächst einer Milliarde Mark im Frühjahr 2000 mehr als verdoppelt.[29]

All diese Investitionen kommen gegen den entschiedenen Widerstand Washingtons zustande. Der Iran Libya Sanctions Act aus dem Jahr 1996 bedroht nicht nur US-amerikanische, sondern auch ausländische Firmen, die Wirtschaftsbeziehungen mit Iran eingehen, mit empfindlichen Strafen. Süffisant merkt eine deutsche Bundesbehörde an: »Bei den Verhandlungen über die Öl- und Gasprojekte Irans scheint das US-Sanktionsgesetz nicht die Rolle zu spielen, die diesem von Washington ursprünglich zugedacht war.«[30]

Als Bush Ende Januar 2002 seine mittlerweile berühmte Rede über die »Achse des Bösen« hielt, betraf der Protest aus Deutschland nicht nur die Stigmatisierung des Irak, sondern auch des Iran. »Was ist klug an einer amerikanischen Politik, die Iran ins fundamentalistische Lager treibt?« gab die Frankfurter Allgemeine Zeitung eine in Berlin häufig gestellte Frage wieder.[31]

Gegensätzliche Interessen

Ein Grund des Zerwürfnisses zwischen Deutschland und den USA findet sich in der völlig anders gelagerten wirtschaftlichen Verflechtung beider Staaten mit der Golfregion. Während die Deutschen der führende Partner des Iran sind und der des Irak werden könnten, versuchen die US-Amerikaner ein Containment gegen diese beiden Länder und sind ihrerseits mit Saudi-Arabien eng verbunden.[32] Im Zentrum der Differenzen Deutschlands mit den Vereinigten Staaten steht die unterschiedliche Abhängigkeit vom Golf-Öl.

- Die USA bezogen im Jahr 2000 ein Viertel ihrer Ölimporte vom Golf, ein weiteres Viertel aus Venezuela, der Rest verteilt sich in abnehmender Größenordnung auf Kanada, Nigeria, Mexiko und die EU (Nordsee-Öl).[33] Noch stärker abhängig vom Golf-Öl sind asiatische Staaten wie Japan und die Volksrepublik China.
- Die Bundesrepublik bezieht mehr als ein Drittel ihres Öls aus den GUS-Staaten und ein knappes weiteres Drittel aus der Nordsee, die Golfstaaten Saudi-Arabien (4,6 Prozent) und Iran (0,9 Prozent) rangieren nur unter »ferner liefen«.[34] Putin hat der EU am 30. Oktober 2000 eine langfristige Abdeckung ihres Energiebedarfs (»europäisch-russische Energiepartnerschaft«) angeboten.[35]

Betrachten wir die Importe und vor allem die Energieimporte, bilden sich also grob zwei Achsen heraus: Einerseits zwischen Nordamerika (plus Südasien) und dem Golf, andererseits die »Verkoppelung des europäischen Wirtschaftsraums mit dem russischen Rohstoffraum« (»Internationale Politik«).[36]

Bei den Exporten ergibt sich ein anderes Bild. Die deutschen Exporte nach Iran, Irak und Saudi-Arabien bestehen vor allem aus Industrieanlagen(technik), Fahrzeugen und Maschinen. Die US-Exporte in die Region werden von der Rüstungsindustrie dominiert. Der jährlich zehn Milliarden Dollar schwere Rüstungsmarkt in Saudi-Arabien ist »überwiegend in US-Hand«,[37] außerdem zahlt Riad an die US-Amerikaner beträchtliche Stationierungskosten für die GIs. Im deutschen Export dominiert das zivile Element (ohne das militärische auszuschließen), im US-Export ist es umgekehrt.

Deutsche und amerikanische Interessen in der Region sind also gegensätzlich: Für die US-Industrie ist sie wegen des Imports billigen Öls unersetzlich, während sie für die deutsche Industrie als Exportmarkt teurer Maschinen interessant ist. Je billiger das Golf-Öl, um so besser für die sehr energieintensive Wirtschaft der USA, aber gleichzeitig um so schlechter für Deutschland, denn je geringer die Öleinnahmen der Golf-Staaten sind, um so geringer ist ihr Budget zum Kauf von High Tech made in Germany. Umgekehrt: Je verhaßter die herrschenden Eliten, um so mehr sind sie zur Sicherung ihrer Pfründe auf US-amerikanische Militärhilfe angewiesen, um so besser laufen die Geschäfte für die US-Rüstungsindustrie – und um so schlechter für den hauptsächlich zivilen deutschen Anlagen- und Maschinenbau. Für die USA sind korrupte Bereicherungsdynastien vom Typ Saudi-Arabien ideal, die das Öl verschleudern und von US-Panzern geschützt werden müssen. Für Deutschland sind nationalistische oder islamistische Diktaturen ideal, die ihre Infrastruktur auf keinen Fall aus dem verhaßten Amerika beziehen wollen.

Schröders Absage an einen Irak-Krieg wirkte sich ausgesprochen belebend für den deutschen Export in die arabischen Länder aus. In den ersten neun Monaten des Jahres 2002 stiegen die Ausfuhren in die Region Nahost/Afrika um 7,8 Prozent, ihr Anteil am deutschen Gesamtexport nahm von 4,1 Prozent auf 4,8 Prozent zu. Die Lieferungen in den Iran kletterten sogar mit zweistelligen Raten.[38] Folgerichtig begrüßte der Verband Deutscher Maschinen- und Anlagebau (VDMA) den »Widerstand gegen den Krieg«, und der Chemieanlagenbau fürchtete im Fall des Kriegseintritts den »Einbruch des gesamten Nahost-Geschäftes«.[39]

Da aber absehbar war, daß sich die Bush-Regierung nicht bremsen ließ, mußten die deutsche Regierung und das deutsche Kapital sich schließlich mit einem Krieg arrangieren, der nicht in ihrem Interesse lag. Das nächste Kapitel zeigt, daß es dafür globale ökonomische Gründe gab, die wichtiger waren als Argumente, die nur von den Gewinnaussichten in einer bestimmten Region ausgingen.

Die steigende Exportabhängigkeit Deutschlands von den USA

Obwohl Deutschland ganz andere ökonomische Interessen in der Golfregion verfolgt als die USA, sehen die großen Wirtschaftsverbände die Konfrontation zwischen Schröder und Bush mit großer Sorge. »Unternehmen berichten über bereits entstandene Ausfälle und schwierige Gespräche mit amerikanischen Kunden«, war im Februar 2003 einem internen Papier des Bundesverbandes für den deutschen Groß- und Außenhandel (BGA) zu lesen. Verbandspräsident Anton Börner sagte, »er rechne mit drastischen Exportrückgängen«, die das Wachstum in Deutschland drücken würden.[1] Auch beim Bundesverband der Deutschen Industrie (BDI) und dem Deutschen Industrie- und Handelkammertag (DIHT) war von »Angst« die Rede, daß Schäden aus der politischen Konfrontation »unausweichlich« die hiesige Wirtschaft belasten würden. BDI-Präsident Michael Rogowski forderte deshalb Schröder zum »Dialog« mit Bush auf.[2] Im Frühjahr 2003 häuften sich die Kassandrarufe: »Industrie fürchtet Boykott in den USA«, »Amerika droht mit wirtschaftlichen Sanktionen« und »Deutsche Firmen fürchten Handelskrieg« lauteten typische Schlagzeilen.[3]

Die FAZ faßte die Interessenlage in den Vorstandsetagen deutscher Konzerne zusammen: »Deutsche Unternehmer und Manager wollen keinen Krieg im Irak. Ein noch höherer Ölpreis, Zukunftsangst und Verunsicherung der Verbraucher und Investoren würden das ohnehin kaum noch wahrnehmbare Wachstum zum Erliegen bringen. Der jüngste Kurssturz deutscher Aktien spiegelt diese Erwartungen wider. Aber die Wirtschaft will auch keinen Streit mit den Vereinigten Staaten. Genauer: Sie kann sich auf Dauer keinen Streit leisten.«[4] Im Verlauf der neunziger Jahre ist die Abhängigkeit von den USA deutlich gewachsen: Während die deutschen Exporte insgesamt um knapp 90 Prozent zunahmen, explodierte die Warenausfuhr in die USA um 217 Prozent. Jeder fünfte Euro, den deutsche Firmen außerhalb der Euro-Zone umsetzen, ist ein Dollar und kommt aus den USA.[5] Waren die Vereinigten Staaten zu Beginn des Jahrzehnts nur der sechstwichtigste Handelspartner, so haben sie sich jetzt mit einem Anteil von zehn Prozent zum zweitwichtigsten Abnehmer deutscher Exporte entwickelt. Nur Frankreich kauft noch mehr Produkte »Made in Germany«.[6]

Die indirekte Abhängigkeit ist noch größer: Deutschland ist mit einer Exportquote von 31 Prozent neben Japan die Volkswirtschaft, die am meisten auf den Weltmarkt orientiert ist.[7] Die Konjunktur auf dem Weltmarkt ist aber im wesentlichen eine Variable der Nachfrage in den Vereinigten Staaten. »Die Europäische Union und Japan, die zusammen für 40 Prozent der Weltwirtschaft stehen, dürften auch im neuen Jahr als Wachstumsmotoren ausfallen. Amerika, das mehr als 30 Prozent des Weltinlandsprodukts erwirtschaftet, muß damit wieder einmal die Zugmaschine spielen«, prognostizierte die FAZ zum Ende des Jahres 2002.[8] Wenn die US-Wirtschaft brummt, brummt die Weltwirtschaft insgesamt – und Deutschland kann exportieren.

Die USA als »Importstaubsauger«

Der Weltmarkt funktioniert, grob vereinfacht, nach folgendem Schema: Westeuropa und Japan exportieren in ungeheurem Ausmaß, die USA nehmen ihnen die Exporte ab. In Europa ist Deutschland seit Anfang der achtziger Jahre der Vorreiter einer verhängnisvollen Politik: Die Nachfrage im Inland wird abgewürgt. Dies geschieht zum einen durch das Drücken der Lohnquote auf ein »historisches Tief«[9]: Der Anteil der Löhne am Volkseinkommen sank von 52,7 Prozent (1980) auf 48,1 Prozent (1991) und 41,9 Prozent (1997).[10] Das bedeutet, daß sich die Arbeitnehmerinnen und Arbeitnehmer immer weniger von dem kaufen können, was im Lande (von ihnen!) hergestellt wird.

Zum anderen ging auch die investive Staatsnachfrage zurück – Bund, Länder und Kommunen schränkten ihre unternehmerischen Tätigkeiten ein und gaben die eingenommenen Steuern mehr für die Schuldentilgung als für Straßenbau, Bildung oder industrielle Förderprogramme aus. Oskar Lafontaine, der diesen Trend umkehren oder wenigstens stoppen wollte, konnte sich nicht durchsetzen und mußte zurücktreten. Schlimmer noch: Mittels der Maastricht-Kriterien – Verbot von Haushaltsdefiziten über drei Prozent – wurde diese Methode auch den anderen Staaten der Euro-Zone aufgezwungen. »Bonn gilt in Brüssel in Sachen Beschäftigungsinitiative als der große Verweigerer. So lehnte die Bundesregierung das Verlangen der nordischen EU-Staaten und Österreichs, die Beschäftigungspolitik als gemeinsames Gebot in den Vertrag von Maastricht aufzunehmen, als eine Aufforderung zu Subventionismus und Interventionismus ab. Verärgerung löste auch die deutsche Weigerung aus, den Ausbau transeuropäischer Netze mit einer Anschubfinanzierung von 2,3 Milliarden Mark zu forcieren und damit auch eine beschäftigungspolitische Initiative in Gang zu setzen. Kanzler Kohl verweigerte die Zustimmung mit dem Argument, daß dadurch die Erfüllung der Maastrichter Stabilitätskriterien gefährdet werde.«[11]

Würden alle Staaten der Erde sich genauso verhalten, ihre Binnenmärkte austrocknen und nur noch auf Export orientieren, würden sich auf dem Weltmarkt unverkäufliche Automobilberge, Computerhalden und Ölmeere bilden, gegenüber denen die unverkäuflichen Rindfleischberge und Milchseen in der EU wie Sandkastenerzeugnisse eines Dreijährigen erschienen. Zum Glück für die Europäer gibt es aber die USA mit ihrer gänzlich anderen Wirtschaftspolitik: Dort ist der Binnenmarkt so stark, daß er die Überschüsse auf dem Weltmarkt absorbieren kann. Die US-Amerikaner kaufen die Autos, die die Europäer, und die Computer, die die Japaner produzieren, aber auf ihren eigenen Märkten nicht absetzen können. Dafür zahlen sie einen hohen Preis, von dem im nächsten Kapitel die Rede sein wird.

Die Veränderungen sind dramatisch: Hatten die USA im Handel mit den EU-Ländern 1990 noch einen kleinen Überschuß erzielt (98,1 Milliarden Dollar Export gegen 91,8 Milliarden Dollar Import), so stellt sich die Lage zehn Jahre später komplett anders dar: Die EU verkauft nun mit Waren im Wert von 220,4 Milliarden Dollar fast ein Drittel mehr in die USA, als sie von dort einführt (164,8 Milliarden Dollar). [12] Die Importe der USA aus der EU waren im Jahr 2000 gegenüber 1990 um 140 Prozent gestiegen, aus Asien um 132 Prozent.

Die Bundesrepublik exportiert wesentlich mehr, als sie importiert, was in der Regel aus Ausweis wirtschaftlicher Leistungsfähigkeit genommen wird. Wenn wir die Zahlen etwas genauer betrachten, ergibt sich jedoch ein anderes Bild: Auffällig ist das Zusammentreffen beeindruckender Handelsüberschüsse bei gleichzeitiger gesamtwirtschaftlicher Stagnation. So ergab das Jahr 2002 den höchsten Exportüberschuß in der gesamten deutschen Geschichte – 127 Milliarden Euro, im Vergleich zum Vorjahr eine Steigerung um glatte 33 Prozent.[13] Dagegen blieb das Bruttoinlandsprodukt (BIP) fast unverändert – mit einem Mini-Plus von 0,2 Prozent (auch im Vorjahr waren es nur 0,6 Prozent gewesen) hatte Deutschland in der EU die rote Laterne.[14] Im Frühjahr 2003 bewegte sich die Zahl der offiziell registrierten Arbeitslosen auf die Fünf-Millionen-Grenze zu, im März schlug die Bundesbank in einem »in seiner Deutlichkeit wohl einmaligen« Memorandum an die Bundesregierung Alarm.[15]

Wenn es um die Wirtschaft so schlecht bestellt ist, woher kommt dann der Siegeszug von »Made in Germany« auf dem Weltmarkt? Des Rätsels Lösung: Es gibt ihn gar nicht. Der rekordverdächtige Außenhandelsüberschuß war nur zustande gekommen, weil die deutschen Importe im Jahr 2002 um vier Prozent abgenommen hatten. Da hatte eine bescheidene Zunahme der Exporte von gerade einem Prozent genügt, um den Überschuß im Vergleich zum Vorjahr um ein Drittel wachsen zu lassen.

Die gewollte Krise

Der Zusammenhang zwischen Handelsüberschüssen und Krise ist dabei alles andere als ein Zufall, wie der Währungsspezialist Hansjörg Herr durch eine Analyse bundesdeutscher Wirtschaftsgeschichte nachgewiesen hat. In allen Konjunkturflauten und Rezessionen hätten Bundesregierung und Bundesbank nicht gegengesteuert, sondern jeweils die Krise künstlich verschärft. Der Bund habe immer eine rigorose Sparpolitik eingeleitet, etwa den Personalabbau forciert und Großaufträge gestoppt. Mit Zinserhöhungen hätten die Frankfurter Zentralbanker Kommunen, Bundesländer und Privatindustrie zur Einschränkung bei Neuinvestitionen gezwungen. Auf die Gewerkschaften sei Druck ausgeübt worden, sich bei Tarifabschlüssen zu mäßigen – so wurde der Konsum gedämpft. »Immer, wenn die bundesrepublikanische Leistungsbilanz negativ wurde ..., reagierte die Bundesbank mit harter Restriktionspolitik, um über geringeres Wachstum die Importe zu drosseln ... «[16]

Das Abwürgen der Inlandsnachfrage führte in der Folge zu einem Rückgang der Importe und damit auch in der

Krise zu Exportüberschüssen. Die Folge war ein doppelter Anstieg – zum einen der Arbeitslosenzahlen, zum anderen der Devisenguthaben des Staates und der Großkonzerne.

Diese Überschüssen aus dem Außenhandel, vom Fiskus gnädig verschont, investierten die Unternehmer mit wachsender Tendenz nicht im Inland, sondern im Ausland. Der Bestand deutscher Direktinvestitionen in anderen Ländern hat sich zwischen 1980 und 2000 auf 442 Milliarden Dollar verzehnfacht.[17] Mittlerweile sind allein in den USA »3000 deutsche Unternehmen mit schätzungsweise einer Million Beschäftigten« präsent.[18] Für Siemens, dessen US-Filialen allein 80 000 Menschen beschäftigen, sind die Vereinigten Staaten der größte Einzelmarkt geworden, noch vor Deutschland. Und so wichtig die deutschen Exporte in die USA sind: Sie betragen nur ein Viertel der Umsätze, die die Ableger deutscher Firmen in den USA selbst erzielen.[19] Brechen deren Profite wegen der amerikanischen Konjunkturschwäche oder aufgrund der aktuellen politischen Streitigkeiten ein, schlägt das auf Deutschland zurück. »Wenn die Industrieproduktion in Deutschland sinkt, liegt das nicht zuletzt daran, daß die US-Töchter deutscher Unternehmen ihre Aufträge an die Mütter reduzieren«, schrieb 2001 die Wirtschaftswoche.[20]

Der Kapitalexport hat im Rahmen der Globalisierung generell stark zugenommen, Deutschland wird bei den Direktinvestitionen sogar noch von den USA, Großbritannien und Frankreich übertroffen (Stand 2000). Doch die »aggressive Weltmarktorientierung« (Herr), also die Gleichzeitigkeit von Drang nach außen und künstlicher Einengung des Binnenmarktes, ist eine deutsche Spezialität.

Die Folgen dieses Modells sind nicht nur im Inland zu spüren, sondern weltweit. Herr verdeutlicht dies anhand der Situation Ende der siebziger Jahre. Da die globale Wirtschaft damals aufgrund der stark gestiegenen Ölpreise lahmte und die von Ölimporten abhängigen USA besonders darunter litten, sollte die Bundesrepublik nach dem Willen von Präsident Jimmy Carter ausnahmsweise die Rolle der Konjunkturlokomotive übernehmen. Mit Zinssenkungen sollte die Inlandsnachfrage stimuliert werden, damit Waren aus den USA und anderen Ländern auf dem deutschen Markt verbesserten Absatz fänden. Bundesregierung und vor allem Bundesbank lehnten kategorisch ab. Die USA behalfen sich dann auf andere Weise: Sie erhöhten ihrerseits die Zinsen, zogen damit Auslandskapital an und brachten damit ihre Konjunktur in Schwung. Damit hatte sich in den USA nicht nur eine verhängnisvolle Methode der Wirtschaftspolitik etabliert, von der im nächsten Kapitel noch die Rede sein wird. Durch die Zinserhöhungen im Dollar-Raum stieg auch der Schuldendienst für die Entwicklungsländer an, und selbst für Staaten wie Ungarn und Jugoslawien schnappte im folgenden die Schuldenfalle zu (mit den bekannten systemverändernden Folgen ab 1989). Wäre die Bundesrepublik den ursprünglichen Vorschlägen der Carter-Regierung gefolgt, wären die Konsequenzen weniger dramatisch gewesen – Herr spricht deswegen von einer »Trittbrettfahrerrolle auf Kosten der Dritten Welt«.[21]

Rentner und Rentiers

Eine weiterer Grund, der Deutschland von den USA abhängig macht, besteht in der Überalterung der Bevölkerung und der Krise des Rentensystems. Dieser Zusammenhang ist so stupend und bisher nur von dem marxistischen Ökonomen Manfred Sohn ausgeführt, daß er eine ausführliche Darstellung verdient.[22]

Während die Bevölkerung weltweit weiter wächst, schrumpft sie in Deutschland. Zur Reproduktion wäre es notwendig, daß jede Frau zwei Kinder bekommt. In Deutschland sind die Geburtenzahlen jedoch in den neunziger Jahren stark eingebrochen – im Durchschnitt bekommt eine Frau nur noch 1,3 Kinder. Dieser Wert wird in Westeuropa nur noch in Spanien (1,2) unterboten, während in Frankreich mit einem Quotienten von 1,9 die Bevölkerung kaum zurückgeht. Dies hat die bekannten Auswirkungen auf die umlagenfinanzierte Altersversorgung: Wenn es mehr arbeitsfähige junge Leute gibt als nichtarbeitende Rentner, sind die Renten gesichert. Kehrt sich das Verhältnis um, klafft ein immer größeres Loch in der Rentenkasse.

Der seit einigen Jahren vieldiskutierte Ansatz, das Rentenproblem in Deutschland durch Zuwanderung zu lösen, ist zwar politisch sympathisch, wird aber ökonomisch nichts bringen: Die Immigranten werden laut Statistik im Schnitt älter als ihre alteingesessenen Kolleginnen und Kollegen, und sie passen sich in ihrem Reproduktionsverhalten der Umgebung an. Kindersegen ist also auch von ihnen nicht zu erwarten. Der Bielefelder Demographieprofessor Herwig Birch bilanziert seine umfangreichen Studien wie folgt: »Die demographische Alterung ist bis zur Jahrhundertmitte infolge des eingetretenen Geburtenrückgangs im vorangegangenen Jahrhundert, der in den nächsten Jahrzehnten weitere Geburtenrückgänge nach sich ziehen wird, weder mit Familienpolitik noch durch die Einwanderung Jüngerer aus dem Ausland zu verhindern.«[23]

Vor diesem Hintergrund bekommt ein zweiter Lösungsvorschlag immer mehr Anhänger: der Übergang von der umlagenfinanzierten zur kapitalgedeckten Rente. Die Idee kommt aus den USA, obwohl sie dort eigentlich gar nicht notwendig wäre: Im Unterschied zur deutschen Bevölkerung wächst die US-amerikanische nämlich nach wie vor – seit 1981 beträgt die Zunahme 55 Millionen. Aber aufgrund der individualistischen Orientierung des Wirtschaftssystems konnten sich korporatistische Ansätze wie Rentensystem und Sozialversicherung in Nordamerika nie durchsetzen – das erschien Big Money zu sozialistisch. The american way of life: Jeder ist seines Glückes Schmied, jeder Tellerwäscher kann Millionär werden – und jeder kümmert sich um seine Altersversorgung. In keinem anderen Land der Welt ist sie so aktienlastig wie in den USA. Die Mehrheit der US-Bürger hat ihre Einzahlungen für die Altersrente in private oder betriebliche Pensionsfonds gesteckt – und damit den Börsenturbulenzen ausgesetzt. »Mit der Baisse fällt auch die Rentenleistung ... Vor allem große Konzerne haben ihre Betriebsrenten weitgehend an Aktien der eigenen Firmen gebunden. Bei Pleiten wie Enron oder Worldcom lösen sich diese weitgehend in nichts auf.«[24] Bei den deutschen Imitatoren des US-Modells sieht es nicht viel besser aus: »Die Pensionszusagen von DaimlerChrysler werden nach Angaben des Finanzvorstandes am Ende des Jahres (2002) in Höhe von vier Milliarden Euro nicht gedeckt sein. Beim Siemens Pensions Trust beträgt die Deckungslücke 5,1 Milliarden Euro. Grund: Beim Start des Trusts im März 2000 setzte das Siemens-Management stark auf Aktien.«[25]

Die Renten über den Kapitalmarkt sichern zu wollen, kann in einer überalterten Gesellschaft nicht funktionieren. Denn wenn die Rente über einen Immobilienfonds gedeckt ist, aber dessen Häuser nicht vermietet werden können, weil es – wie schon heute in weiten Teilen Ostdeutschlands – einen dramatischen Bevölkerungsschwund gibt, wird die Deckung nicht ausreichen. Und wenn ein Fonds seine Garantie auf Aktien bekannter Firmen gründet, bietet das auch das keine Sicherheit, wie die Beispiele gezeigt haben.

Manfred Sohn resümiert: »Der Vorteil der kapitalgedeckten Altersversorgung besteht nicht darin, daß dieses Modell die Altersversorgung von dem Problem der schlechter werdenden Relation Arbeiter/Angestellte – Rentner abkoppelt. Das geht nicht. Aber es koppelt diesen Zusammenhang von seiner nationalen Basis ab. Denn nationale Umlageverfahren sind auf den (schrumpfenden) eigenen Bevölkerungsfundus angewiesen. Das Kapitaldeckungsverfahren aber kann auch bei schrumpfendem Binnenmarkt die Bedienung der Anlagen durch den internationalen Markt sicherstellen. Im Klartext heißt das: Solange noch die Bevölkerung außerhalb der kapitalistischen Zentren wächst und solange es in den ... Zentren gelingt, sie innerhalb einer von diesen Zentren dominierten kapitalistischen Weltwirtschaft einzuweben, produzieren sie die Renditen für die von der Bevölkerung der Zentren angelegten Kapitalien.«[26] In der Börsenzeitung heißt es dazu: »Werden die Altersversorgungsgelder in aufstrebenden Ländern angelegt, werfen sie auch eine höhere Rendite ab.«[27] Die deutsche Versicherungswirtschaft hat entdeckt, daß »die internationale Kapitalmobilität den vergleichsweise schnell alternden Volkswirtschaften die Chance zur demographischen Arbitrage, d.h. zur Teilhabe am Wachstum jüngerer Volkswirtschaften« gibt.[28] Oder um es mit der Bildunterschrift des »Economist« unter dem Foto eines jungen asiatischen Autoarbeiters zu sagen: »Sie sind es, die den westlichen Pensionsfonds Auftrieb geben.«[29]

Beim Stand der Dinge ist Deutschland von den USA abhängig: Die Amerikaner sorgen dafür, daß die Deutschen ihre Exporte verkaufen können, und sie verhindern mit überlegener Militärmacht das Wegdriften aufstrebender »Tigerstaaten« an der Peripherie, die unsere Altersversorgung retten. Aber wie lange wird dieses Modell noch funktionieren?

Krieg als Flucht vor dem wirtschaftlichen Kollaps

Die USA sind die Lokomotive der Weltwirtschaft, aber sie zahlen dafür einen hohen Preis: Seit Anfang der achtziger Jahre ist die US-amerikanische Leistungsbilanz ins Minus gerutscht. Dessen Wachstum ist exponentiell: 1992 betrug es 50 Milliarden US-Dollar, 1998 245 Milliarden, 2000 schon 435 Milliarden Dollar.[1] Paul Volcker, einer von Alan Greenspans Vorgängern als Chef der Zentralbank Federal Reserve, ging im Juli 2001 von einem baldigen Handelsloch in Höhe von 500 Milliarden Dollar aus.[2] Das entspricht fünf Prozent des Bruttoinlandprodukts (BIP) der USA, also der gesamten jährlichen Wirtschaftsleistung. Zum Vergleich: In Deutschland würden fünf Prozent des BIP einem Handelsminus von umgerechnet 75 Milliarden US-Dollar entsprechen; statt dessen weist die Bundesrepublik aber ein jährliches Plus von vier Milliarden US-Dollar (Jahr 2001) aus.

Ein Land, das dermaßen defizitär über seine Verhältnisse lebt, würden internationale Kapitalanleger normalerweise scheuen wie der Teufel das Weihwasser. Wer würde etwa im Privatleben jemandem Geld leihen, der seit Jahren dafür bekannt ist, mehr auszugeben als er verdient, und das auch noch mit wachsender Tendenz? Man müßte ja damit rechnen, daß man sein Geld bei so einem unsoliden Schuldner niemals wiedersieht. Warum strömt trotzdem immer weiter Auslandskapital in die USA – bis dato etwa 40 Milliarden Dollar pro Monat? [3] Warum kaufen die ausländischen Anleger dollarnotierte Aktien und

Anleihen, obwohl sie doch bei einem solchen Handelsdefizit mit einem ähnlichen Wertverfall des Dollars und damit ihrer schönen Aktien und Anleihen rechnen müssen, als hätten sie Besitztitel vom vergleichbar defizitären Argentinien im Tresor? Im Fall der USA ist es aber ganz anders: Obwohl das Minus immer größer wird, ist der tägliche Zufluß an Auslandskapital ungebrochen. Investment- und Rentenfonds aus Europa und Japan, dazu Milliardäre auch aus der arabischen Welt kaufen US-amerikanische Staatspapiere und Aktien. Mit dem für Staatspapiere eingenommenen Geld finanziert Bush, ebenso wie sein Vorgänger Clinton, den Staatskonsum, schafft also etwa neue High-Tech-Rüstung an.

So entstand der Boom der neunziger Jahre. Die durch die internationale Nachfrage im Kurs gestiegenen Aktien erhöhen die Liquidität und die Kreditwürdigkeit der entsprechenden Unternehmen, aber auch der kleinen Leute. Solange die Kurse ihrer Aktien anstiegen, fühlten sich die US-Amerikaner reicher und liehen sich, mit den Aktien als Sicherheit, Geld von den Banken für ihren privaten Konsum, also für deutsche Autos und japanische Hifi-Anlagen. Die Folge war eine von Leihkapital befeuerte Konjunktur – zwischen 1990 und 2000 hatte die US-Wirtschaft Wachstumsraten von mehr als drei Prozent aufzuweisen, von denen die Europäer nur träumen konnten. Der Aufschwung brachte dem Staat größere Steuereinnahmen und in den letzten Jahren der Clinton-Regierung einen Staatshaushalt mit schwarzen Zahlen.

Das ausländische Leihkapital ließ parallel die Verschuldung der USA explodieren. Ende der siebziger Jahre waren die USA Netto-Gläubiger mit Forderungen an das Ausland in Höhe von 20 Milliarden US-Dollar, im Jahre 1982 erreichten diese Forderungen mit 231 Milliarden US-Dollar ihr Maximum. Doch kurz darauf kam die Wende in die roten Zahlen: Seit 1985 sind die USA – Staat, Wirtschaft, Privathaushalte – an das Ausland verschuldet. Im September 2001 betrug die Brutto-Schuld 7815 Milliarden US-Dollar, verrechnet mit eigenen Forderungen an das Ausland bleibt immer noch eine Netto-Verschuldung in Höhe von 3493 Milliarden Dollar übrig.[4]. Da die gesamte jährliche Wirtschaftsleistung der USA (BIP) bei etwa 10000 Milliarden Dollar liegt, beträgt die Auslandsverschuldung umgerechnet knapp 35 Prozent des BIP. Zum Vergleich: Die DDR wurde im Oktober 1989 von einer Arbeitsgruppe des Politbüros für bankrott erklärt, weil sie eine Westverschuldung von 49 Milliarden Valutamark hatte. Das waren lediglich 16 Prozent des BIP der DDR.[5] Die Lage verschlechtert sich zusehend: Die Ratingagentur Standard & Poor's hat errechnet, daß die Netto-Auslandsverbindlichkeiten der USA die laufenden Devisenzuflüsse um ein Fünftel übersteigen – bei allen anderen führenden Industrienationen ist das Verhältnis umgekehrt, die Zahlungsverpflichtungen gegenüber dem Ausland belaufen sich netto im Schnitt nur auf ein Viertel des einströmenden Kapitals.[6]

Die katastrophalen Basisdaten wollten viele in den neunziger Jahren nicht zur Kenntnis nehmen, das Kursfeuerwerk an der Wall Street hat sie geblendet, der Dow Jones stieg auf immer neue Höhen. Und tatsächlich: Wiesen die großen amerikanischen Firmen nicht ständig steigende Gewinne aus? Mit spektakulären Pleiten flog der Schwindel auf: Im Dezember 2001 kollabierte Enron, der weltgrößte Finanzdienstleister für Energie und siebtgrößte Konzern der USA, im folgenden Jahr war Worldcom an der Reihe, die zweitgrößte Telefongesellschaft des Landes. In beiden Fällen hatten die Konzerne mit Bilanzfälschungen ihre jahrelangen Verluste verschleiert – und als das durchsickerte, stürzten die Aktien ins Bodenlose. Das war aber nur die Spitze eines Eisbergs: Insgesamt 158 US-Firmen (Stand Juli 2001) hatten ihre Bilanzen manipuliert.[7] Auch die volkswirtschaftliche Gesamtrechnung der amerikanischen Wirtschaft für das Jahr 2001 war – mit Absicht oder nicht – frisiert worden und mußte berichtigt werden: 119,3 Milliarden Dollar, mehr als das gesamte BIP Portugals, hatten die regierungsamtlichen Statistiker zuviel an US-Wirtschaftsleistung ausgewiesen.[8]

Doch der eigentliche Betrug in der amerikanischen Wirtschaftsbilanz sind nicht oberflächliche Manipulationen, sondern logische Fehler in den Berechnungsgrundlagen. Für Kurt Richebächer, den früheren Chefökonomen der Dresdner Bank, beruht das amerikanische Wirtschaftswunder der neunziger Jahre fast ausschließlich auf »Zaubereien mit Statistik«. Er nennt zum einen die Unternehmen des neuen Marktes Nasdaq, die »seit 1995 keinen Pfennig verdient« haben und trotzdem jahrelang als sicherer Tip der Börsianer galten. Der Grund: »Sie haben ihre Gewinne am Aktienmarkt gemacht, haben andere Unternehmen gekauft und die Gewinne aufeinandergetürmt. Das waren aber alles Papiergewinne, Scheingewinne, keine Gewinn aus Produktion und Produktivität. Es war alles Betrug.« Was das BIP angeht, macht Richebächer auf die falsche Verbuchung von Computer-Investitionen aufmerksam. Zwischen den Jahren 1997 und 2000 wies die amtliche Statistik Investitionen in diesem Bereich in Höhe von 34 Milliarden Dollar auf. In der Realrechnung waren allerdings nicht 34, sondern 214 Milliarden Dollar aufgeführt – aus einem für Computer ausgegebenen Dollar wurden fast deren sieben. Wie war das möglich? Richebächer: »Die Amerikaner haben in den achtziger Jahren beschlossen, bei der Berechnung der Investitionsrate den Faktor ›Qualitätsverbesserung‹ immer stärker zu berücksichtigen. Bezüglich der Computer war dies seit Jahren im Gang, aber ab 1995 begann eine förmliche Explosion der Computer-Leistungen. Und mit der Computer-Leistung explodierte die Berechnung der Investitions- und Produktionszahlen für Computer: Sie versiebenfachten sich. Aus 34 Milliarden wurden in der Statistik 214 Milliarden.« Diese 214 Milliarden machten satte 20 Prozent des realen Sozialprodukt-Wachstums aus. Aber damit nicht genug: »Der zweite Schlag erfolgte vor zwei, drei Jahren. Da beschlossen die amerikanischen Statistiker, Software-Ausgaben seien eigentlich nicht Kosten, sondern Investitionsausgaben.« Als solche gingen sie in die BIP-Berechnung ein – als Kosten hätten sie nicht dafür verwendet werden können. So wuchs die US-Jahreswirtschaftsleistung um weitere 70 Milliarden Dollar, ein Anstieg von einem vollen Prozent – auf dem Papier. Nun wundert man sich nicht mehr, wie es die US-Ökonomie in den neunziger Jahren auf Steigerungsraten von drei Prozent und mehr brachte. Richebächer kommt zu dem Schluß, daß »der ganze Investitionsboom nicht wirklich, sondern nur in Form statistischer Veränderungen stattgefunden hat«.[9]

Noch einmal die Frage: Warum strömt trotz dieser nachlesbaren Tatsachen immer weiter Auslandskapital ins Land – Auslandskapital, das Staat, Unternehmen und Bürger der USA dazu nutzen, sich Waren aus Europa und Asien zu kaufen, die sie sich mit eigenem Kapital niemals leisten könnten? Warum hat der Dow Jones die Verluste des Jahres 2002 verhältnismäßig besser verkraftet als Dax und EuroStoxx – das heißt, daß US-Aktien von Anlegern immer noch mehr geschätzt werden als deutsche und europäische? Weil, so die im folgenden begründete These, die USA (und nur die USA) die militärische Macht haben, die materielle Deckung für die papierenen Wertversprechen jederzeit beizubringen. Und je offensichtlicher der Dollar-Schwindel in der Realökonomie ist, um so notwendiger der Einsatz der Militärgewalt.

»Deficit Spending«

Die USA finanzieren die Weltwirtschaft, aber sie finanzieren sie nicht mit ihrer eigenen Wirtschaftsleistung, sondern auf Pump. Die Amerikaner verwandeln geliehenes

Kapital in Nachfrage nach Produkten vom Weltmarkt und kurbeln so die weltweite Konjunktur an. Damit funktioniert die Globalökonomie nach einem Muster, das heute in der Nationalökonomie verpönt ist. Ausgedacht hat es der Brite John Maynard Keynes, bis heute der Vorzeigeökonom der sozialen Marktwirtschaft. Auf drei Sätze gebracht lautet seine tragende Idee: Im marktwirtschaftlichen System gibt es aus strukturellen Gründen eine Nachfragelücke, die für die Arbeitslosigkeit verantwortlich ist. Diese Nachfragelücke muß geschlossen werden, indem die Regierung über Fiskal- und Zinspolitik der Industrie und den Privathaushalten billiges Geld zur Verfügung stellt, notfalls mittels Staatskonsum die Konjunktur stimuliert. Erhöhung der Geldzirkulation und der Staatsverschuldung sind hierfür obligatorisch. Dieses »Deficit Spending«, von Keynes für Nationalökonomien vorgeschlagen, praktizieren die USA für die Globalökonomie.

Die Realitätstüchtigkeit von Keynes' Vorschlägen zeigte sich in der Depression der dreißiger Jahre: Die führenden Ökonomen empfahlen den Regierungen, abzuwarten und ihre öffentlichen Ausgaben zu beschneiden. Das hieß: Der Staat solle sparen wie ein Tante-Emma-Laden, der in Zeiten guter Geschäfte Investitionen tätigt und in schlechten Zeiten darauf verzichtet. Nur so ließen sich die Defizite in den öffentlichen Haushalten begrenzen – andernfalls drohe der Staatsbankrott. In Deutschland setzte Reichskanzler Brüning diese Ratschläge mit Notverordnungen gegen das Parlament durch. Die Geldmenge schrumpfte – die Bankeinlagen sanken 1931 um 17 und 1932 um weitere sieben Prozent, der Bargeldumlauf sank 1932 um 15 Prozent –, der Wechselkurs der Reichsmark explodierte, die Arbeitslosigkeit auch. Keynes forderte von der britischen Regierung 1929 das Gegenteil: Sie solle sich bei den Banken pro Jahr 100 Millionen Pfund leihen und damit Jobs für eine halbe Million Arbeitslose schaffen.

Keynes blitzte ab. Seine Ideen setzten sich dennoch durch, wenn auch ohne seine Mitwirkung: Sowohl der New Deal in den USA der dreißiger Jahre wie die NS-Wirtschaftspolitik fußten auf Staatsverschuldung und darüber finanzierten Arbeitsbeschaffungsmaßnahmen, also auf den Prinzipien, denen Keynes 1936 in seiner *General Theory* eine allgemeingültige Fassung gab. In den USA wurde dazu die Notenpresse in Gang gesetzt, in Deutschland fiktive Firmen wie die »Deutsche Gesellschaft für öffentliche Arbeiten« (Öffa) und »Metallurgische Forschungsgemeinschaft« (MeFo) gegründet, auf deren Namen Wechsel ausgegeben wurden.[10] Bereits 1936 erreichte das US-Haushaltsdefizit 4,6 Milliarden Dollar oder 50 Prozent der Bundesausgaben, die Schulden der Staaten und Gemeinden nicht mitgerechnet. In Deutschland wurden seit 1936 überhaupt keine Haushaltspläne und keine Bilanzen über die Reichsschuld mehr veröffentlicht. Die Gesamtsumme der MeFo-Wechsel war bereits auf über 40 Milliarden Reichsmark gestiegen.

Bekannt ist der Zusammenhang zwischen Arbeitsplatzbeschaffung und Kriegsvorbereitung in Nazi-Deutschland: Die Autobahnen waren ein Arbeitsbeschaffungs-Programm für Millionen und ließen später die Panzer schneller an die Ostfront rollen. Der Krieg stopfte dann die Löcher im Budget: Der Raub von konstantem und variablem Kapital (d.h. Rohstoffen und Arbeitssklaven) sorgte für die Wertdeckung der aufgeblähten Geldmenge in Nazi-Deutschland – als am 8. Mai 1945 der grausige Spuk zu Ende war, explodierte die vorher politisch-militärisch zurückgestaute Inflation.[11]

Daß dieser Zusammenhang auch für die USA galt, ist weniger bekannt: Zwar sank dort die Arbeitslosigkeit von 23 Prozent (1933) auf 11,2 Prozent (1937) – ein selbsttragender Wirtschaftsaufschwung kam jedoch nicht zustande. Als die Staatsausgaben, in Keynes Theorie eigentlich nur als Initialzündung für eine Belebung der privaten Wirtschaftstätigkeit gedacht, 1937 gekürzt wurden, war sofort ein rezessiver Absturz die Folge, der sogar das Ausmaß von 1929 überstieg. Erst mit Kriegseintritt 1941 konnte die Roosevelt-Regierung das Ziel der Vollbeschäftigung erreichen. Die USA konnten angesichts gewaltiger Aufblähung der Dollar-Emissionen ihre Währung nur deswegen materiell sichern, weil sie praktisch sämtliche Goldvorräte der Welt im Gegenzug für Kriegslieferungen in ihren Besitz bringen konnten.

Die Parallelisierung des »Deficit Spending« in einem faschistischen und einem demokratischen Staat will nicht deren Kriegsziele auf eine Stufe stellen. Selbstverständlich war Hitlers Aggression verbrecherisch, und der Kriegseintritt der USA und der Sieg der Alliierten ein Glück für die Menschheit. Doch die Moral, die den US-Kriegsanstrengungen in einer spezifischen historischen Konstellation zukam, verdeckt das ökonomische Gesetz hinter diesem Spezifikum: Keynesianismus funktioniert nur als Kriegskeynesianismus.

Entscheidungsjahr 1998

Dieser Zusammenhang gilt für das heutige Amerika, den größten Schuldenmacher und keynesianischen Motor der Globalökonomie, nicht minder. Das ist der Hauptgrund für seine neue Kriegspolitik. Noch in der ersten Hälfte der neunziger Jahre, als ihre Wirtschaft robust schien, zogen sich die USA in militärischer Hinsicht aus ihrer Weltmachtrolle zurück. 1990 belief sich der US-Militärhaushalt auf 385 Milliarden Dollar, 1998 waren es nur noch 270 Milliarden Dollar, also 28 Prozent weniger. Außerdem reduzierten die USA die Zahl ihrer weltweit aktiven Militärangehörigen von zwei auf 1,4 Millionen, das war eine Reduktion um 32 Prozent. Der Anteil des Militärhaushalts an der jährlichen Wirtschaftsleistung (BIP) ging von 5,2 Prozent (1990) auf drei Prozent (1999) zurück.[12]

Die Wende kam nicht erst mit dem 11. September 2001 und auch nicht mit der Wahl von George W. Bush zum Präsidenten ein Jahr zuvor, sondern mit dem dramatischen Niedergang der US-Wirtschaft im Jahr 1998. Es kann nicht oft genug betont werden: Die neue Politik der militärischen Stärke ist ein unmittelbares Resultat der ökonomischen Schwäche und ist damit im Prinzip durchaus mit den genannten historischen Vorläufern vergleichbar. Die besondere Aggressivität der USA verdankt sich ihrer Agonie – ein taumelnder Riese, der um sich schlägt.

Drei Dinge waren es, die die amerikanischen Eliten 1998 schockierten:

- Die innere Wirtschaftskrise: Die offiziellen Zahlen, die weiterhin vom ungebrochenen Wirtschaftswachstum kündeten, wurden von den Bilanzen der Konzerne konterkariert. Demnach brachen die Unternehmensgewinne nach Steuern 1998 auf 482,3 Milliarden ein, das war im Vergleich zum Vorjahr ein Minus von fast 73 Milliarden Dollar – ein einmaliger Vorgang seit dem Ende der siebziger Jahre.[13]
- Die Krise im Außenhandel: Das Loch in der Handelsbilanz war auf 229,8 Milliarden Dollar angewachsen, das waren fast 50 Milliarden mehr als im Jahr zuvor.[14]
- Der Vormarsch ausländischer Konzerne: 1998 war das erste Jahr, in dem die Gewinne, die US-Konzerne aus dem Ausland in die USA zurücktransferierten, geringer waren als die Gewinne, die ausländische Konzerne in den USA erwirtschafteten.[15]

Die Krise verdichtete sich in zwei spektakulären Übernahmeschlachten, die die US-Amerikaner gegen die Deutschen verloren: 1998 kaufte die Deutsche Bank das renommierte New Yorker Geldhaus Bankers Trust und wurde damit zum weltgrößten Finanzinstitut. Im selben Jahr schluckte Daimler-Benz den Autoriesen Chrysler, mit einem Volumen von 75 Milliarden Dollar die bis dahin weltweit teuerste Industriefusion. »Zum ersten Mal entsteht damit ein transatlantischer Weltkonzern, dessen Politik von Deutschland aus bestimmt ist«, resümiert Werner Meyer-Larsen, jahrzehntelang Spiegel-Frontmann in den USA. Der neue Gigant sei »ein angelsächsisches Reich deutscher Nation«.[16] Meyer-Larsen faßt die Stimmung im Big Business der USA zusammen: »Daimler-Chrysler ist das Modell einer neuen Herausforderung, die aus Deutschland kommt und auf Amerika zielt. Auf dem Feld der Ökonomie ist sie für die USA so drastisch, wie es hundert Jahre zuvor Kaiser Wilhelms II. Flottengesetze für die Militärstrategen Großbritanniens gewesen waren.«[17]

Und das Jahr 1999 warf schon seine Schatten voraus: die Einführung des Euro, zwar noch nicht durch Bargeldausgabe an die Bürger, aber als Verrechnungseinheit zwischen den Banken und Nationalökonomien. Was würde passieren, wenn die neue Währung dem Dollar erfolgreich Konkurrenz machte? Wenn die Dollarmilliardäre außerhalb der USA ihre Guthaben in Euro tauschten, und sei es auch nur zum Teil? Wenn im weltweiten Ölhandel nicht mehr der Dollar, sondern der Euro die bevorzugte Transaktionseinheit wäre? Es mußte etwas geschehen.

Zbigniew Brzezinskis »Großes Schachbrett«

Die Veränderung in der Bedrohungsanalyse der amerikanischen Eliten zeigen sich in den drei wichtigsten Büchern ihrer Vordenker im letzten Jahrzehnt: Francis Fukuyama sagte 1990 in seinem gleichnamigen Buch *Das Ende der Geschichte* voraus – nach dem Kollaps des Sozialismus werde der liberale Kapitalismus die Welt erobern, damit wäre das Zeitalter der Kämpfe und Kriege vorbei.[18] Samuel Huntington präsentierte 1993 die Gegenthese: Der Westen sei bedroht, in Gestalt des islamische Fundamentalismus und des chinesischen Konfuzianismus wüchsen gefährliche Gegner heran, es drohe *Der Kampf der Kulturen.*[19] Zbigniew Brzezinski sah vier Jahre später ebenfalls Gefahren für *Die einzige Weltmacht*, aber aus einer anderen Richtung. Die Chinesen erwähnte er nur unter ferner liefen, und auch der moslemische Fundamentalismus kam nur am Rande vor (vielleicht, weil Brzezinski selbst Ende der siebziger Jahre die Zusammenarbeit mit den Gotteskriegern in Afghanistan eingefädelt hatte und sie realistisch einschätzen kann[20]). Im Zentrum seiner Analyse steht auch nicht die Beherrschung des Gebiets vom Kaukasus zum Kaspischen Meer mit seinen riesigen Ölreserven – darum geht es nur in einem von sieben Kapiteln, seine Bedeutung wird von vielen Kritikern überschätzt. Mit dem *Grand Chessboard* (Großes Schachbrett), so der Titel des Buches in der Originalausgabe, ist etwas anderes gemeint:[21] Eurasien sei »das Schachbrett, auf dem sich auch in Zukunft der Kampf um die globale Vorherrschaft abspielen wird«. Brzezinski erklärt: »In seiner westlichen Randzone – Europa – ballt sich noch immer ein Großteil der politischen und wirtschaftlichen Macht der Erde zusammen; der Osten des Kontinents – also Asien – ist seit einiger Zeit zu einem wichtigen Zentrum wirtschaftlichen Wachstums geworden und gewinnt zunehmenden politischen Einfluß. Inwieweit die USA ihre globale Vormachtstellung geltend machen können, hängt aber davon ab, wie ein weltweit engagiertes Amerika ... dort das Aufkommen einer dominierenden, gegnerischen Macht verhindern kann.«[22] Bisher ist die Gefahr gering: Westeuropa ist für Brzezinski »weitgehend ein amerikanisches Protektorat ..., dessen alliierte Staaten an Vasallen und Tributpflichtige von einst erinnern«.[23] Aber wird das so bleiben?

Brzezinski nennt neben den USA fünf geopolitische Hauptakteure – Frankreich, Deutschland, Rußland, China und Indien. Wenn er im gleichen Atemzug eine eurasische Gegenmacht als Gefahr für die US-Hegemonie sieht, kann er damit nicht Indien und China meinen – die sind zu weit ab vom Schuß. Es bleiben Deutschland, Frankreich und Rußland – also genau die Mächte, die sich dann in der Irak-Krise tatsächlich als ernsthafte Störenfriede für Washington erwiesen haben. Allen transatlantischen Treueschwüren zum Trotz, die das Buch natürlich auch enthält, ergibt sich so aus seiner inneren Logik eine Kampfansage an Moskau, Paris und auch an Berlin. Im Vorwort zur deutschen Ausgabe zeigt der frühere Außenminister Genscher, daß er die Kampfansage registriert hat: »Mancher Leser wird sich daran stoßen, daß die Terminologie des Autors in vielem an das macht- und gleichgewichtspolitische Denken des 19. und frühen 20. Jahrhunderts erinnert. Auch könnte man einwenden, daß die demonstrative Forderung nach einer dauerhaften amerikanischen Vorherrschaft zu einer Stärkung antiamerikanischer Tendenzen im eurasischen Raum führen könnte. Die Geschichte bietet genügend Beispiele dafür, daß Vorherrschaftsstreben in der Regel Gegenmachtbildung hervorruft.«[24]

»Deficit Bombing«

»Kurzfristig ist es in Amerikas Interesse, den derzeit herrschenden Pluralismus auf der Landkarte Eurasiens zu festigen und fortzuschreiben«, empfiehlt Brzezinski.[25] Man beachte: Pluralismus ist hier kein politischer Begriff, sondern ein geographischer – im herkömmlichen Sprachgebrauch würde man von Zersplitterung sprechen. Genau dieser Maßgabe folgte die US-Politik in dem Jahr nach dem Kriseneinbruch 1998. Entscheidendes Schlachtfeld war Jugoslawien, und zwar im doppelten Sinn des Wortes: Dort führten die USA einen heißen Krieg gegen die Serben und einen kalten gegen die Deutschen. Zwar hatte Deutschland die albanischen Sezessionisten schon viel früher unterstützt als die USA, und gerne hätte sich Berlin über eine Vermittlerrolle zwischen Milosevic und der UCK im Kosovo festgesetzt (vgl. S. 149/150). Aber der Krieg selbst war das Projekt Washingtons, und Zersplitterung war die Folge – sowohl für Jugoslawien als auch für Europa. So bombardierte die US-Luftwaffe gezielt Ziele in der nordserbischen Provinz Vojvodina, was zur Unterbrechung des militärischen Nachschubs in das südserbische Kosovo nichts beitrug. Vielmehr wurden dort die Donaubrücken zerstört und damit die entscheidende Verkehrsader zwischen Mitteleuropa und dem Schwarzen Meer lahmgelegt – bis zum heutigen Tag. Weiterhin torpedierten die USA jeden Versuch der Deutschen, die UN zur Vermittlung eines Waffenstillstands einzuschalten – auch die angeblich irrtümliche Bombardierung der Botschaft Chinas, also eines ständigen Mitglied des Sicherheitsrats, muß in dieser Perspektive gesehen werden. Das Kalkül scheiterte nur, weil Milosevic schließlich doch nachgab und die von Tschernomyrdin und Ahtissaari, also von Rußland und der EU, vorgelegte Kapitulationsurkunde unterschrieb. Immerhin hatten die USA ein weiteres Mal ihre militärische Dominanz unter Beweis gestellt – und damit den Wechselkurs des Euro gegenüber dem Dollar für die folgenden zwei Jahre in den Keller geschickt.

Die UN, auf die Bush sen. im Krieg gegen den Irak 1991 noch ausdrücklich Wert gelegt hatte und die auch Clinton beim Eingreifen in Bosnien 1995 (mit kleinen Umwegen – vgl. S. 146) berücksichtigt hatte, wurden 1999 beiseite geschoben. Schon kurz vorher hatten die USA die Weltorganisation düpiert: Als es im Irak im Dezember 1998 zu einer Krise der Waffeninspektionen gekommen war, trat der Sicherheitsrat zur Diskussion möglicher Lösungen zusammen. Die USA, unterstützt von Großbritannien, warteten jedoch das Ergebnis der Beratungen nicht ab, sondern begannen schon in deren Verlauf mit massiven Bombardements.[26]

Auch an anderen Punkten wurde im Jahr 1999 die Kurswende in der US-Außenpolitik deutlich: So kündigte die Clinton-Regierung an, den amerikanisch-russischen Vertrag über die Begrenzung von ABM (Anti Ballistic Missiles) nicht zu verlängern und einen raketengestützten Schutzschild im Weltraum aufzubauen. Mit der Weigerung, den Vertrag über den Stop von Atomversuchen zu ratifizieren, verließ Washington den jahrelang verfolgten Weg einer Eindämmung der nuklearen Proliferation. Der Rüstungshaushalt, der mit 270 Milliarden US-Dollar schon 1998 höher war als der sieben in der Statistik folgenden Staaten zusammengenommen, wurde erstmals seit der Reagan-Ära wieder erhöht.

Mit dem Amtsantritt von George W. Bush wurden diese Ansätze zum Unilateralismus lediglich radikalisiert. Altbundeskanzler Schmidt war jedenfalls schon im Jahre 2000 pessimistisch, als Clinton noch im Weißen Haus war: »Die USA sind im Begriff, ihre für die europäischen NATO-Partner einst höchst wohltuende Schutzfunktion gegenüber einer damals aggressiv gerüsteten Sowjetunion umzuwandeln in einen weniger wohltuenden Hegemonialanspruch ... Daraus kann sich im Einzelfall eine prekäre Situation für Europa ergeben.«[27]

Reichsmark, Dollar, Euro

Festzuhalten bleibt: Schon vor dem 11. September war die US-Wirtschaft in eine Rezession gerutscht. Die Analysten der Deutschen Bank äußerten sich besorgt: »Die USA und Japan befinden sich in einer Rezession. Europa darf noch hoffen, mit einem blauen Auge davonzukommen. Die Aktienmärkte haben weltweit eine schrittweise, insgesamt jedoch deutliche Korrektur erfahren. In dieser Situation liegt es nahe, die Risiken einer schweren Rezession zu bewerten und einen Vergleich mit der Weltwirtschaftskrise 1929/33 anzustellen.«[28] Parallelen waren in der Tat unübersehbar. Sowohl im Jahr 1929 als auch 2000/01 erfolgten die Abkühlung der Weltwirtschaft und die Aktienverluste am Ende einer langjährigen kräftigen Wachstumsperiode. Die reale Zunahme des US-Bruttoinlandprodukts (BIP) in den zwanziger Jahren hatte mit im Schnitt 4,2 Prozent sogar noch den Zuwachs von 3,8 Prozent in den Jahren 1991 bis 2000 übertroffen. [29]

Dennoch sah die Deutsche Bank keine Wiederholungsgefahr. »Der wesentliche Grund hierfür liegt darin, daß die Geld- und Finanzpolitik aus den Erfahrungen der Weltwirtschaftskrise von 1929 gelernt hat ... Nach dem Crash 1929 hatte die US-Notenbank nur zögernd Liquidität bereitgestellt, die Zinsen waren hoch geblieben. Die Geldmenge fiel bis Ende 1931 um ein Viertel ... Im Januar 2001 hingegen hat die US-Notenbank sofort eine aggressive Zinssenkungspolitik eingeleitet ... Die USA sind bereit und in der Lage, durch eine expansive Geld- und Finanzpolitik die Weltwirtschaft zu stützen.«

Nach dem 11. September wurde diese expansive Politik noch deutlicher: Mit großzügigen Programmen zur Steuererleichterung und Rüstungsaufträgen wie zu Zeiten des Kalten Krieges versuchte die Bush-Regierung, die Konjunktur anzukurbeln. Das Resultat war verheerend: Die Konjunktur zog zwar im ersten Quartal 2002 an, fiel in der Folge aber wieder zurück. Zusätzlich rutschte der Staatshaushalt wieder deutlich ins Minus. »Dem amerikanischen Staat droht die Zahlungsunfähigkeit«, meldete die Presse im Juni 2002.[30] Für das Fiskaljahr 2004 rechnet die Regierung mit einem Rekorddefizit von 307 Milliarden Dollar.[31] Damit hat, nach der astronomischen Auslandsverschuldung und dem expandierenden Loch in der Zahlungsbilanz, der *horror vacui* auch den letzten verbliebenen Aktivposten der US-Ökonomie, den Überschuß im Staatshaushalt, gefressen.

Bush muß dasselbe fürchten wie Hitler: Daß die Blase aus fiktivem Kapital nur solange nicht platzt, wie seine

Armeen von Sieg zu Sieg eilen. Werden die USA militärisch geschlagen, bricht eine gigantische Geldentwertung aus. Trotz aller Placebos, daß sich der Crash von 1929 nicht wiederholen könne, sieht auch die Deutsche Bank diese Gefahr: »Allerdings bleiben Risiken – vor allem dann, wenn die Militäraktionen sich hinziehen oder weitere Terroranschläge erfolgen.«[32]

Für den Dollar (und dollarnotierte Wertpapiere) gilt heute, was für die Reichsmark im Zweiten Weltkrieg galt: Die Anleger glauben den aufgedruckten Wert nur, solange jedermann jederzeit und an jedem Ort mit militärischer Gewalt gezwungen werden kann, die Papierschnipsel in Waren einzutauschen. Bringen die USA die Ölreserven des Irak, die zweitgrößten der Welt, unter ihre Kontrolle, wird das die Bonität ihrer Nationalökonomie bedeutend erhöhen.

Würde in der Folge auch Saudi-Arabien zum Schurkenstaat erklärt und das saudische Auslandsguthaben in Amerika – Schätzungen gehen von bis zu einer Billion Dollar aus – als Feindvermögen eingefroren, wäre ein großer Anteil der US-Auslandsschuld kassiert. Auch China und Japan kämen dann nicht mehr in Versuchung, ihre Devisenreserven von ebenfalls einer Billion Dollar[33] in Euro zu tauschen – sie sind nämlich zu 60 Prozent vom irakischen Öl abhängig,[34] und das wäre dann unter der vollständigen Kontrolle der US-Multis. Weiterhin könnten die USA Rußlands schleichenden Übergang in den Euro-Block stoppen, indem sie irakische Ölvorräte billig auf den Markt werfen. Wenn der Ölpreis weltweit unter 17 Dollar pro Faß (Anfang 2003: 30 Dollar) fiele, sänken auch die russischen Öleinnahmen, Putin drohte der Staatsbankrott. Das hat schon viele US-Kritiker gefügig gemacht.

Es geht im Irak also nicht nur um »Blut für Öl«, sondern um die Verteidigung der Zahlungsfähigkeit der USA, wobei die Kontrolle über das Öl nur einen Aspekt darstellt. In letzter Konsequenz wird kein Rohstoffkrieg geführt, sondern eine Weltwährungsschlacht – Dollar gegen Euro.

Das europäische Dilemma

Die von den Deutschen geführten Europäer sind in der Zwickmühle. Einerseits müssen sie die Kriege der USA unterstützen, damit der Dollar stabil bleibt. Da die deutsche Austeritätspolitik schon seit Mitte der achtziger Jahre zu einer Schwächung des Binnenmarkts geführt hat und mit den Maastricht-Kriterien dieser Kurs für den gesamten Euro-Raum obligatorisch wurde, ist der nordamerikanische Exportmarkt für die Europäer unverzichtbar. Wer soll ihnen ihre Waren abkaufen, wenn der »Greenback« keine Kaufkraft mehr hat, sondern nur noch zum Feueranzünden taugt? Die transatlantische Allianz ist kein Resultat europäischer Unterordnung, sondern, vor allem von deutscher Seite, kühle Berechnung.

Dabei wissen Schröder und Chirac, daß das nicht ewig gut gehen kann: Je größer das US-Handelsdefizit wird, um so eher fliegt der Dollar-Schwindel auf, selbst wenn die Amerikaner siegreich bleiben. Soviel Kriege kann Bush gar nicht gewinnen, um sich etwa über ein jährliches Defizit von einer Billion US-Dollar hinwegzumogeln. So ist die EU einerseits vom »Importstaubsauger« USA und der Kaufkraft des Dollar abhängig und sucht doch andererseits nach einer Alternative. Die könnte im Euro liegen, doch solange er nicht über dieselbe militärische Deckung wie der Dollar verfügt, wird er nur die Nummer zwei bleiben. Ein Euro ohne Euro-Armee und Euro-Atomwaffen ist keine Konkurrenz.

Die Phantom-Armee der EU im Sperrfeuer der USA

Auf dem Höhepunkt der »Krieg-in-Sicht«-Krise im Februar 2003 fürchteten manche die Wiederkehr des Deutschen Reiches oder wenigstens die Wiederkehr des letzten deutschen Monarchen. Vom »Auftritt Wilhelm Zwo« und »linkem Wilhelminismus«, schrieb Frank Schirrmacher in der FAZ,[1] und Gustav Seibt höhnte in der »Süddeutschen« über »Kaiser Gerhard II«.[2] Auch Oppositionsführer Edmund Stoiber warf Schröder »Fehler in der deutschen Außenpolitik wie unter Wilhelm II.« vor.[3]

Was war geschehen? Am 8. Februar lief ein sensationeller Vorabbericht der nächsten Ausgabe des Nachrichtenmagazins Der Spiegel über die Ticker der Nachrichtenagenturen. »Damit hat US-Verteidigungsminister Donald Rumsfeld wohl kaum gerechnet: Während er bei der Münchner Sicherheitskonferenz gewohnt wortgewaltig für einen unnachgiebigen Kurs gegen Saddam Hussein warb, plant das von ihm als zögerlich verspottete ›alte Europa‹ in aller Heimlichkeit bereits die Invasion – einen Einmarsch mit deutscher Beteiligung ... Das Geheimprojekt ›Mirage‹ sieht vor, daß Tausende bewaffnete Blauhelm-Soldaten der Vereinten Nationen in den Irak einmarschieren, um die Arbeit der Inspekteure zu ermöglichen. Unter ihrem Schutz könnten die Inspekteure zu einer gewaltigen ›Hausdurchsuchung‹ des gesamten Landes ansetzen.« Das war allerdings ein Euphemismus – »Hausbesetzung« wäre für das Vorhaben der richtige Begriff gewesen. Denn: »Die Blauhelme würden jahrelang faktisch die Kontrolle des Landes übernehmen und ein ›robustes Abrüstungsregime‹ garantieren – dann auch mit deutscher Beteiligung ... Der Irak wäre dem Plan zufolge praktisch ein Protektorat der Uno ...«[4]

Geheimplan? Invasion unter deutscher Beteiligung, aber ohne die USA? Umwandlung des Irak in ein UN-Protektorat unter Herrschaft der Rüstungsinspekteure? Das roch verdächtig nach einem Blitz- oder vielmehr »Blix-Krieg«, einem Überraschungscoup wie der Panthersprung nach Agadir 1907, mindestens aber nach dem offensivsten Vorstoß deutscher Militärpolitik seit 1945.

Doch die Sache blieb reichlich dubios. Der Außenminister wurde auf der Münchner Sicherheitskonferenz von der Spiegel-Meldung überrascht und soll danach, glaubt man der Bild-Zeitung, den Kanzler am Telefon angebrüllt haben.[5] Auch das französische Außen- und Verteidigungsministerium dementierten. Von den Plänen zur Invasion und Okkupation des Irak unter deutsch-französischer Führung war in der Folge nicht mehr die Rede, sondern – sowohl von Chirac als auch von Schröder – nur noch von der Verlängerung der Inspektorentätigkeit. War alles nur Ausdruck einer Weinlaune gewesen? Fakt ist jedenfalls, daß der Kanzler am Abend des 6. Februar mit dem Spiegel-Chefredakteur Stefan Aust zusammensaß.[6] »Ob er einfach nur redet oder ob ihm die Spiegel-Redakteure die Zunge lösen, darüber gehen die Meinungen auseinander«, hat die FAZ in Erfahrung gebracht. Eines ist nach den Recherchen sicher: »Jedenfalls ist der Chef der Regierung die Hauptquelle der Nachricht«, die der Spiegel zwei Tage später verbreitete.[7]

Selbst wenn man aber das Schlimmste annimmt, nämlich daß Schröder tatsächlich in diesen Tagen mit einer eigenen europäischen Irak-Invasion spielte und dies, eitel und/oder unvorsichtig, ausplauderte, so muß doch festgehalten werden: Auch diese Machtfantasie hätte nicht gegen, sondern nur mit Hilfe des Großen Bruders aus Washington realisiert werden können. »Der Aufmarsch der Amerikaner wird auch in diesem Konzept gebraucht – als Drohkulisse. Die etwa 150000 rund um den Irak stationierten US-Soldaten blieben in Stellung, um die friedliche Invasion der Blauhelm-Soldaten erst zu erzwingen und dann abzusichern.«[8]

Projekt Euro-Armee

Ob das »alte Europa« überhaupt die militärische Potenz für eine eigenständige Interventionspolitik hat, ist ohnedies fraglich. Dabei hatte es nicht an Versuchen Deutschlands gefehlt, sofort nach der Wiedervereinigung eine autonome EU-Streitmacht außerhalb des atlantischen Bündnisses auf die Beine zu stellen. Den Rahmen dafür soll die Westeuropäische Union (WEU) abgeben, die pikanterweise 1948 von den Nachbarstaaten als anti-deutscher Pakt gegründet worden war, nach längerem Dornröschenschlaf aber seit 1981 gezielt zur Entwicklung einer »Sicherheitsgemeinschaft mit leicht antiamerikanischem Akzent« (FAZ) reaktiviert wurde. Aufgrund der Friktionen im europäischen Einigungsprozeß war die WEU trotzdem keine Militärorganisation geworden, sondern ein Konsultationsmechanismus geblieben. Genau das sollte Anfang der neunziger Jahre anders werden: Die Unionsparteien wollten die WEU zur weltweiten Interventionsstreitmacht hochrüsten – an der NATO vorbei. »Hätten wir eine handlungsfähige Westeuropäische Union mit einer europäischen Eingreiftruppe unter deutscher Beteiligung, die abschrecken und auch eingreifen könnte, dann wäre das die richtige Antwort«, meinte Verteidigungsminister Volker Rühe im Frühjahr 1992.[9] Gleich drei scharf formulierte Demarchen schickten die USA damals gegen die Pläne der Deutschen los, die ausführlichste von der FAZ unter dem Titel »Amerika befürchtet seine Ausgrenzung«[10] zusammengefaßt. Darin warnten die USA vor einem Prozeß, der sie durch die Umgestaltung der WEU zu einem EG-Organ aus Europa herausdrängt.

Trotzdem trieben Bonn und Paris die Pläne voran: Im Oktober 1991 wurde eine gemeinsame deutsch-französische Brigade in Dienst gestellt, im Dezember 1991 in den Maastrichter Verträgen die WEU als militärischer Arm der EU definiert, auf der Petersberger Konferenz im Juni 1992 das Einsatzspektrum für die WEU erweitert – Kampfaufträge waren jetzt ausdrücklich eingeschlossen. 1995 wurde das Euro-Korps mit 55000 Soldaten aus fünf Staaten in Dienst gestellt, deutsche Panzer rollten erstmals seit dem Zweiten Weltkrieg wieder über die Champs-Élysée.

Doch dann war drei Jahre Funkstille: Die Amsterdamer EU-Konferenz im Juni 1997 bekräftigte nur die bisherige Beschlußlage, 470 Soldaten des Eurokorps durften 1998 im Hauptquartier der US-geführten SFOR-Truppen in Bosnien Schreibtischarbeit machen.

Erst Ende 1998 gab es wieder Bewegung, pikanterweise außerhalb der EU-Strukturen. Auf einem Zweiergipfel in St. Malo verständigten sich Großbritannien und Frankreich auf eine Verstärkung der europäischen Verteidigung. Damit schien das traditionell pro-amerikanische Großbritannien seinen Widerstand gegen eine eigenständige EU-Militärpolitik aufzugeben.

Der Kölner EU-Gipfel im Juni 1999 bestimmte erstmals einen »Mister X«, einen Koordinator für die Gemeinsame Außen- und Sicherheitspolitik (GASP) der EU. Javier Solana, bis dahin Generalsekretär der NATO, erhielt das Amt. Der Gipfel von Helsinki im Dezember 1999 nannte erstmals Zahlen für eine EU-Interventionsarmee. »Bis zum Jahr 2003 sollen rund 50000 bis 60000 Soldaten, ausgerüstet mit hochmodernem Material, innerhalb von sechzig Tagen mobilisiert werden können, um bei Konflikten selbst in peripheren Gebieten auf diesem Globus rasch nach dem Rechten sehen zu können.«[11] Deutschland wird das Gros der Truppe mit 18000 Soldaten und – sehr zum Ärger der Franzosen – mit Generalleutnant Rainer Schuwirth auch den Oberkommandierenden stellen. Die FAZ resümierte die Entwicklung: »All dies untermauert den Anspruch der Bundesrepublik, die europäische Sicherheits- und Verteidigungspolitik zu prägen.«[12]

Im März 2000 nahmen die in Helsinki beschlossenen Führungsgremien der Militär-EU ihre regelmäßige Arbeit auf, im selben Monat ging die Führung der KFOR-Stabilisierungstruppe im Kosovo für ein halbes Jahr auf das Eurokorps über. Im November 2001 stellten die europäischen Außen- und Verteidigungsminister fest, daß zwei Drittel der Anforderungen an eine funktionsfähige europäische Eingreiftruppe bis dato erfüllt worden waren. Die EU sei »nunmehr in der Lage, einige Operationen zur Krisenbewältigung durchzuführen", hieß es einen Monat später im Kommuniqué des Europäischen Rats in Laeken.

Die Fortschritte in den Jahren 1999 bis 2001 hatten hochfliegende Erwartungen geweckt. So schrieb ein Autor in der Zeitschrift Das Parlament, dem Publikumsorgan des Deutschen Bundestages: »35 bunte Fähnchen stecken in der Weltkarte, die im Büro von Javier Solana, dem Hohen Repräsentanten der Europäischen Union (EU) für Außen- und Sicherheitspolitik, hängt. Jedes symbolisiert einen aktuellen Gewaltkonflikt, meist fern europäischer Grenzen ... Jedes dieser Fähnchen könnte aber schon bald den Einsatzort deutscher Soldaten markieren, wenn, wie geplant, im Sommer 2002 die ›Europäischen Krisenreaktionskräfte‹ einsatzbereit sind. ›Davon gehe ich aus, besonders das deutsche Kontingent entwickelt sich in Lichtgeschwindigkeit‹, sagt der 58jährige Sozialist aus Madrid, der dieses Europaprojekt mit Hochdruck vorantreibt.«[13]

Doch aus der Lichtgeschwindigkeit wurde nichts, mit dem 11. September kam die europäische Offensive schon wieder ins Stocken. Solana konnte zwar Terrain mit Fähnchen auf Landkarten besetzen, aber nicht in der Realität. Hatte er im Frühsommer 2001 noch eindrucksvoll in der mazedonischen Krise interveniert, so war nach den Terrorattacken auf New York und Washington nichts mehr von ihm zu sehen. Solanas Präsenz in den Krisenzentren nach dem 11. September war gleich null, in Kabul und Jerusalem war er gerade als Zaungast geduldet, in Bagdad, Washington und im UN-Sicherheitsrat vollkommen abgemeldet. Europäische Außenpolitik wurde nicht mehr in Brüssel gemacht, sondern wieder, wie vor der Ernennung von »Mister X«, in Paris, Berlin und London – mit durchaus unterschiedlichen Interessen.

Auch die Euro-Armee marschiert bisher nur auf dem Papier – sie besteht aus Generälen ohne Truppe. Auf absehbare Zeit ist ohnedies nicht an eine stehende Armee gedacht. Vielmehr sollen die jeweiligen Einheiten unter nationalem Kommando verbleiben und erst im Krisenfall ad hoc zusammengeführt werden. Ob das klappt, bleibt abzuwarten, denn eine automatische Beistandsverpflichtung für die Mitgliedsstaaten besteht nicht.[14]

Vor allem sind die Europäer bislang nicht in der Lage, die notwendige Ausrüstung für die gemeinsame Truppe bereitzustellen. Dramatische Rückstände gibt es unter anderem bei der Produktion von Marschflugkörpern, Präzisionsmunition und mobilen Kommunikationseinheiten. Spürbar ist das Fehlen eigener Lufttransportkapazitäten, unerläßlich für weltweite Kriseneinsätze, vor allem für die Bundeswehr: Für die Truppenverlegung steht nur die jahrzehntealte Transall zur Verfügung, für schweres Gerät mußte Deutschland sowohl im Golfkrieg 1991 als auch im Afghanistaneinsatz 2001/2002 um die Überlassung sowjetischer bzw. ukrainischer Antonov ersuchen. Die ersten Maschinen des geplanten EU-Großtransporters A-400-M vom Typ Airbus werden frühestens 2009 zur Verfügung stehen. Deutschland wollte eigentlich 73 Stück bestellen, Verteidigungsminister Scharping hatte im Dezember 2001 den entsprechenden Kaufvertrag über etwa acht Milliarden Euro auch unterschrieben – doch der Bundestag hatte nur 5,1 Milliarden bewilligt. Ein Jahr später mußte der neue Verteidigungsminister Struck die Bestellung auf 60 Stück herunterfahren, weiterer Streit mit der Opposition und dem Bundesrechnungshof ist vorprogrammiert.

Die Probleme bei der Beschaffung von konkurrenzfähigem Kriegsgerät sind nicht verwunderlich, da der kumulierte Rüstungshaushalt aller 15 Mitgliedsstaaten zusammen im Jahre 2001 nur die Hälfte des US-amerikanischen betrug,[15] die militärische Leistungsfähigkeit des europäischen Rüstungsprodukts soll sogar nur bei einem Zehntel des amerikanischen liegen.[16] Mit diesem Geld ließe sich bei straffer Koordination der Beschaffungsvorhaben zwar trotzdem einiges erreichen, aber genau diese Koordination kommt nicht zustande. Der britische Rüstungskonzern British Aerospace (BAe), die Nummer 1 in Europa, weigerte sich 1999/2000, dem Zusammenschluß der deutschen Dasa und der französischen Aerospatiale Matra zur EADS[17] beizutreten. Zwar bauen die Briten trotzdem zusammen mit EADS am neuen Eurofighter. Doch gleichzeitig sind sie am amerikanischen Konkurrenzprodukt Joint Strike Fighter beteiligt. Dort liegt ihr Auftragsvolumen mit rund 15 Milliarden US-Dollar viel höher als beim europäischen Jagdbomber, und auch mit der Beschaffung von gleich 150 US-Maschinen hat London klar gemacht, wo die Prioritäten liegen. Mit dem Lockangebot an die Briten »haben die USA im Bestreben, die Bildung eines einheitlichen militärisch-industriellen Komplexes in der EU zu verhindern, erneut eine Punktsieg errungen«, faßte der Rüstungsexperte Winfried Wolf im Januar 2002 zusammen.[18]

Ohne entsprechende Hardware ist die geplante EU-Truppe kaum funktionsfähig – es sei denn, sie könnte auf Infrastruktur und Gerät der NATO zurückgreifen. Dort versucht Washington seit Beginn der neunziger Jahre, die Europäer auszubremsen. Als die NATO endlich 1996 die Unterstützung der Europäischen Sicherheits- und Verteidigungsidentität (ESVI) beschloß, wurde gleichzeitig festgelegt, diese dürfe ihre Strukturen innerhalb der NATO nur als »trennbare«, aber nicht als »getrennte« aufbauen. Das ist kein Streit um Worte. Im Oktober 1999 warnte US-Sicherheitsberater Strobe Talbott: »Wir möchten keine ESVI, die erst innerhalb der NATO entsteht, dann aber der NATO entwächst und sich schließlich der NATO entfremdet, denn das würde zu einer ESVI führen, die anfänglich ein Duplikat der NATO wäre, aber mit der Zeit mit der NATO konkurrieren könnte.«[19] Im Frühjahr 2000 drohte US-Verteidigungsminister Cohen: »Nur eine der NATO klar untergeordnete europäische Komponente findet die Zustimmung der USA.« Eine »total separate«, unabhängige, autonome europäische Militärorganisation würde das transatlantische Band sprengen.[20]

Schützenhilfe leistete die von den USA abhängige Türkei. Im Dezember 2000 sollten auf einem Außenministertreffen der NATO konkrete Beschlüsse zur Zusammenarbeit mit der EU gefaßt werden. Dies scheiterte am türkischen Veto. Ankara verlangte, nicht nur im Fall einer EU-Intervention unter Rückgriff auf NATO-Strukturen konsultiert zu werden, sondern auch, wenn die EU gänzlich eigenständig vorgehe und ohne NATO-Ressourcen auskomme. Der Kommentar der FR dazu: »Der Türkei in die Hand zu geben, wo die zukünftige EU-Eingreiftruppe aktiv werden darf, ist ein schwerer Fall politischer Blödheit ... das schlägt der europäischen Sicherheits- und Verteidigungspolitik die Beine weg.«[21]

Nach zwei Jahren Stillstand gingen die EU-Staaten im Dezember 2002 teilweise auf die türkische Erpressung ein. Ankara erhielt die Garantie, daß die geteilte Insel Zypern sich auch im Falle ihrer Aufnahme in die EU nicht an Militäroperationen beteiligen würde. Außerdem versprach die EU, niemals NATO-Infrastruktur gegen die Türkei einzusetzen.

So ließ Ankara generös einen ersten Mini-Auftrag für die EU-Truppe zu. Zum 1. April 2003 soll die Militärmission zur Stabilisierung Mazedoniens (vgl. S. 155) von der NATO auf die EU übergehen, die EU darf dazu die NATO-Hauptquartiere und Einsatzstäbe nutzen. Insgesamt soll die Truppe 300 Mann umfassen, weniger als bei den Eurokorps-Einsätzen 1998 und 2000 (siehe oben).[22] Bereits zum 1. Januar 2003 hatte die EU die Polizeiausbildung in Bosnien-Herzegowina von den Vereinten Nationen übernommen, 470 Beamte sind im Einsatz.[23] Gerne würden die Europäer ab 2004 auch das Kommando der 12000 Mann starken SFOR-Stabilisierungstruppe in der Republik ausüben, doch dafür fehlt noch die Zustimmung der USA.

Die kleinen Fortschritte des Frühjahrs 2003 dürften in den EU-Gremien nicht groß gefeiert worden sein, da sie von einem schweren Rückschlag überschattet wurden. Auf dem NATO-Gipfel in Prag im November 2002 zwangen die USA die europäischen Verbündeten, die gesamten für die Euro-Armee vorgesehenen Eliteeinheiten und das schwere Gerät ausschließlich oder vorrangig für eine neue NATO-Eingreiftruppe zur Verfügung zu stellen (vgl. S. 215). Großbritannien stützte voll die amerikanische Position. Das Näherrücken der Insel an die kontinentale Verteidigung, das sich im Dezember 1998 beim Treffen zwischen Blair und Chirac in St. Malo angedeutet hatte (siehe oben), war nicht von Dauer gewesen.

Mit der Militärmacht Europa, je nach politischem Standort erhofft oder gefürchtet, verhält es sich also wie mit dem sprechenden Kühlschrank: Beide werden von den einschlägigen Lobbyisten seit über zehn Jahren versprochen und vollmundig gepriesen, aber im Einsteinuniversum sind sie noch nicht aufgetaucht.

Eine neue Partie auf dem eurasischen Schachbrett

Deutschland ist nach dem Anschluß der DDR erneut einen Sonderweg gegen seine Nachbarn gegangen, aber anders als vor 1945: Es war die Rückendeckung durch die Vereinigten Staaten, die die Wiederkehr des unseligen Militarismus, die Brandstiftung auf dem Balkan und Muskelspiele in der EU möglich machten.

Zwei Phasen lassen sich unterscheiden: Bis Mitte der neunziger Jahre lag das Momentum bei Deutschland. Bush senior machte zunächst gute Miene zum bösen Spiel, unterstützte gegen die anderen Siegermächte Kohls Kurs bei der Wiedervereinigung und nahm die Zerstörung Jugoslawiens durch die deutsche Unterstützung der slowenischen und kroatischen Sezession in Kauf. Präsident Clinton nahm den Fuß von der Bremse, drückte aufs Gas und versuchte, deutscher zu agieren als die Deutschen. Seine Regierungsmannschaft machte Kinkels Programm, die Serben in die Knie zu zwingen, ebenso zu ihrem eigenen wie Verteidigungsminister Rühes Programm der NATO-Osterweiterung bis vor die Tore St. Petersburgs.

Ab der zweiten Hälfte der neunziger Jahre waren es die USA, die das Tempo bestimmten, und Deutschland zog mit. 1995 griff die US-Army in Bosnien ein – und in ihrem Windschatten die Bundeswehr. 1999 bombardierte die US-Airforce Jugoslawien – aber auch die Europäer sicherten sich ihre Besatzungszonen im Kosovo. Nach dem 11. September hängte sich die Schröder-Regierung an den amerikanischen Feldzug gegen den Terrorismus an und faßte, gegen den Willen Washingtons, militärisch und wirtschaftlich Fuß in Afghanistan.

Obwohl zunehmend in Konkurrenz agierend, hatte sich die Kooperation per saldo für beide Mächte ausgezahlt. Mit dem Aggressionskurs gegen den Irak kündigten die USA das Prinzip »Partners in Leadership« demonstrativ auf und gingen zur offenen Erpressung über: Die Verbündeten hatten nur noch die Wahl, für den amerikanischen Krieg Hilfstruppen zu stellen und dabei ihre eigenen Interessen in der Region sowie ihre Position als Großmächte zu beschädigen oder die Gefolgschaft zu verweigern und unkalkulierbare Risiken in Kauf zu nehmen.

Die Bush-Doktrin

George W. Bushs Wahl zum Präsidenten der USA war umstritten. Angesichts der Begleitumstände – unleserliche Stimmzettel, endlos wiederholte Auszählungen, schließlich der Durchbruch ausgerechnet in Florida, wo sein Bruder Jeb als Gouverneur regiert, und die knappe Entscheidung durch den Obersten Gerichtshof – umweht seinen Sieg ein »Hauch des Staatsstreichs« (Ernst-Otto Czempiel).[1]

Die Eliten, die mit ihm an die Macht kamen, sind nicht repräsentativ für die USA. Ausgeschlossen blieben das Ostküsten-Establishment, das noch die Regierung seines Vaters gestützt hatte, und damit auch die Wallstreet. Entgegen antisemitischer Wahnvorstellungen muß festgehalten werden, daß der größte Börsenspekulant der USA, der aus Ungarn geflüchtete Jude George Soros, den Irak-Kurs des Präsidenten scharf kritisiert hat. Mit Bush junior feierte vielmehr jener ökonomische Block ein Comeback, der bereits Ronald Reagan ins Amt gehievt hatte und – wie manche sagen – auch für die Ermordung John F. Kennedys mitverantwortlich war: der militärisch-industrielle Komplex, verschwistert mit der Ölindustrie und den christlichen Fundamentalisten. An der Spitze dieses Blocks stehen Verteidigungsminister Donald Rumsfeld, regierungserprobt schon in der Reagan-Ära und seit vielen Jahren eifriger Lobbyist der Raketenindustrie, und Vizepräsident Dick Cheney. Dessen Konzern Halliburton hat von jedem Krieg seit 1991 profitiert: Im Persischen Golf löschte er die Ölbrände nach dem Wüstensturm, im Kosovo baute er den Mega-Truppenstützpunkt Bondsteel auf, in Afghanistan sorgte er für die militärische Infrastruktur, und die ersten Aufträge für den Post-Saddam-Irak hat er auch schon in der Tasche.[2]

Diese Entourage trieb Bush, der im Wahlkampf noch eine weltweite Truppenreduzierung in Aussicht gestellt hatte, in die Konfrontation mit Freund und Feind. Die Strategie war lange vorbereitet worden: Rumsfelds Vize Paul Wolfowitz hatte bereits im Jahr 1992 eine Präventivkriegsstrategie für die US-Streitkräfte vorgelegt und sie an den Beispielen Irak und Nordkorea erläutert,[3] Richard Perle als graue Eminenz hinter den Kulissen (»Prince of the Darkness«) hatte Israel bereits kurz nach der Ermordung des gemäßigten Premiers Rabin im Jahr 1995 zur Kündigung des Oslo-Friedensvertrags und zur Unterstützung beim Sturz von Saddam Hussein gedrängt.[4] Doch Wolfowitz war bei Bush senior abgeblitzt, und Perle fand kein Gehör bei Clinton. Erst unter Bush junior kamen diese Einpeitscher zum Zuge.

Ihre ersten Erfolge zeigten sich bald nach der Vereidigung des neuen Präsidenten am 20. Januar 2002. Im März lehnte Bush die von Clinton vermittelte Annäherungspolitik zwischen Nord- und Südkorea (»Sonnenscheinpolitik«) ab, im gleichen Monat provozierte er die Volksrepublik China nach der Notlandung eines amerikanischen Spionageflugzeugs, im April heizte er die Atmosphäre mit umfangreichen Waffenlieferungen nach Taiwan an, im Mai kündigte er die Biowaffen-Konvention und schockte Moskau mit der Absage an den ABM-Vertrag, mit dem beide Staaten 1971 den weitgehenden Verzicht auf Raketenabwehrsysteme vereinbart hatten. Im Sommer lag dann der Rüstungshaushalt für das Jahr 2002 vor, der eine Steigerung um sieben Prozent auf 329 Milliarden Dollar vorsah, die größte Anhebung seit der Reagan-Zeit. Der Etat für die ABM-Raketen sollte allein um glatte 50 Prozent steigen. Eine Mehrheit im Kongreß galt als ausgeschlossen – vor dem 11. September.

Das scheußliche Verbrechen kam wie gerufen zur Realisierung längst ausgearbeiteter Vorhaben. Bereits am 9. September, zwei Tage vor dem Inferno, hatte Bush eine National Security Presidential Directive auf dem Tisch, die im Detail einen weltweiten Anti-Terror-Feldzug skizzierte. Die Direktive, so der Sender NBC, »umriß im Grunde genau denselben Plan, den das Weiße Haus, die CIA und das Pentagon nach den Anschlägen vom 11. September umsetzen«.[5] Verteidigungsminister Rumsfeld gab bereits am Nachmittag des 11. September 2001 die Devise aus, den Irak zu attackieren. Nach Berichten von US-Medien kommentierte er bereits die ersten vorläufigen Erkenntnisse der Geheimdienste über die mutmaßlichen Attentäter mit den Worten: »Judge whether good enough hit S.H. at same time. Not only UBL.« (S.H. = Saddam Hussein, UBL = Ussama Bin Laden) Und weiter: »Go massive ... Sweep it all up. Things related and not.«[6] (»Überprüfen Sie, ob man damit nicht gleichzeitig auch Saddam Hussein treffen kann, nicht nur Ussama Bin Laden ... Haut richtig rein ... Wischt alles weg. Ob die Dinge miteinander zusammenhängen oder nicht.«)

Der neue Kurs wurde nicht nur in einem Verzicht auf ein ausdrückliches UN-Mandat für den Krieg gegen Afghanistan deutlich – die UN waren ja schon 1999 im Fall Jugoslawien übergangen worden. Viel wichtiger war die offensichtliche Geringschätzung der NATO durch die USA. Nicht eine Koalition werde künftig die Mission bestimmen, schrieb Rumsfeld am 27. September 2001, sondern umgekehrt – »die Mission wird die Koalition definieren«.[7] Obwohl die NATO bereits einen Tag nach den Anschlägen den Bündnisfall ausgerufen hatte, kam sie in Afghanistan nicht zum Zug – es blieb bei der symbolischen Überstellung von fünf Awacs-Flugzeugen, und zwar nicht an den Hindukusch, sondern nach Oklahoma. Die fortgesetzten Militäroperationen zur Bekämpfung der Taliban behielten sich die US-Amerikaner exklusiv vor, je nach Gusto bedienten sie sich dabei eingeborener Hilfstruppen oder britischer bzw. deutscher Spezialeinheiten, irrtümlich wurden kanadische Truppen bei einem Einsatz sogar von der US-Airforce bombardiert. Der Allianz wurde nicht einmal das Kommando für die Schutztruppe ISAF übertragen: Diese wird, anders als die Kfor im Kosovo, von Einzelnationen im Rotationssystem angeführt, das Brüsseler Hauptquartier ist ausgeschaltet. Kurz und gut: Die Verbündeten waren auf die Rolle von »Putzfrauen« reduziert, die wegräumen dürfen, was der Hausherr zerdeppert hat, so Joseph Fitchett in der International Herald Tribune.[8]

Die Europäer waren bereit, der US-Erpressung nachzugeben und die Allianz zu retten, indem sie ihr wichtigstes Vorhaben opferten: Die eigenständige Euro-Armee. Auf dem NATO-Gipfel in Prag im November 2002 stimmten sie der Einrichtung einer NATO Response Force zu, die teilweise schon ab 2004, endgültig ab 2006 einsatzbereit sein soll. Zwar wurde damit das EU-Konkurrenzprojekt nicht formal aufgegeben. Da die Amerikaner aber erfolgreich durchsetzen konnten, daß die EU-Staaten ihre Eliteeinheiten und ihre neuen Transportflugzeuge und Aufklärungssatelliten exklusiv bzw. vorrangig der NATO-Truppe zur Verfügung stellen müssen, ist die EU-Interventionsarmee bis auf weiteres kein Thema. Sicherheitsexperte Otfried Nassauer: »Die Europäische Sicherheits- und Verteidigungspolitik bleibt damit weiter zahnlos; die EU-Krisenkräfte werden nicht, wie geplant, Anfang 2003 einsatzbereit sein. Das dürfte bei George W. Bush ein Schmunzeln auslösen.«[9] Des einen Freud, des anderen Leid, wie Rüstungskritiker Arno Neuber konstatiert: »Die neue NATO-Eingreiftruppe kann der deutschen Regierung nicht schmecken. Sie funktioniert nach dem denkbar einfachen Prinzip, daß die NATO-Europäer die Truppen und das Gerät stellen und die Einsätze bezahlen, die Amerikaner aber das Kommando führen. Schnell machte daher auch das Wort von der ›Fremdenlegion des Pentagon‹ die Runde. Was nicht ganz die Sache trifft, schließlich sollen die NATO-Legionäre ihre Einsätze auch noch selber bezahlen.«[10]

Doch das Nachgeben in Prag wurde Schröder und Chirac nicht honoriert, da sie gleichzeitig in der Irak-Frage bei ihrer abweichenden Haltung blieben. Rumsfelds Bemerkung, sie repräsentierten nur noch das »alte Europa«, und die Ankündigungen der USA, Stützpunkte in Deutschland aufzulösen und nach Osten in willfährigere Staaten zu verlegen, waren die Folge.[11]

Ein weiteres Kennzeichen des neuen Kurses war die Inflationierung der Gegner. In seiner programmatischen Rede am 20. September 2001 machte Bush die Alternative auf: »Entweder ihr seid für uns oder die Terroristen.« Alle Staaten, die Terroristen unterstützten oder beherbergten, müßten mit derselben Bestrafung rechnen wie diese selbst, drohte der US-Präsident. Daß er in dieser Rede die Zahl der Staaten, in der terroristische Organisationen existierten, mit 60 bezifferte, machte deutlich, in welchen Dimensionen Washington den Krieg plante.

Die nächsten Schritte wurden in Bushs Rede zur Lage der Nation am 29. Januar 2002 angekündigt. Erstmals verwendete er den Terminus »Achse des Bösen«, eine geschickte Synthese aus den Schlagworten, mit denen die USA im 20. Jahrhundert gekämpft (und gesiegt) hatten: Im Zweiten Weltkrieg war die faschistische »Achse« Berlin-Rom-Tokio der Gegner gewesen, im Kalten Krieg das »Reich des Bösen« (Reagan über die Sowjetunion). Als Glieder der neuen Gegenachse benannte Bush den Irak, den Iran und Nordkorea – drei Staaten, die politisch nicht unterschiedlicher sein könnten und denen bisher keinerlei Verbindung zu Osama bin Laden und dem Al-Qaida-Netzwerk nachgewiesen werden konnte. So machte Bush *contre coeur* deutlich, daß das amerikanische Kriegsprogramm keine Reaktion auf den 11. September war, sondern der Anlauf zu einer umfassenden Neuordnung des gesamten Globus. Präsidentenberater Perle machte das ebenfalls im Januar 2002 mit aller Härte deutlich: »Dies ist der totale Krieg. Wir kämpfen gegen eine Bandbreite von Feinden. Es gibt da draußen eine ganze Menge. Wir bemühen uns nicht um eine geschickte Diplomatie, sondern führen geradewegs einen totalen Krieg.«[12] Ein Jahr später nannte Rumsfeld Deutschland in einem Atemzug mit den Schurkenstaaten Lybien und Kuba – nur diese drei würden den Kriegsdienst am Golf verweigern. War damit Deutschland schon als Zielscheibe markiert?

Zwei Dokumente gossen die bis dahin nur in Ansätzen erkennbare Bush-Doktrin in eine offizielle Form. Die neuen atomaren Richtlinien (Nuclear Posture Review) vom Februar 2002 verkündeten einen offensiven Atomwaffeneinsatz. Eine zuletzt 1995 gegebene Garantie, gegen Nicht-Atommächte ausschließlich konventionelle Waffen einzusetzen, wurde stillschweigend aufgehoben. Künftig sollen Nuklearwaffen gegen Ziele zur Anwendung kommen, »die Angriffen mit nicht-nuklearen Waffen standhalten können« sowie »im Fall überraschender militärischer Entwicklungen«. Das war eine *carte blanche* für jede beliebige Situation. »Die Vereinigten Staaten werden sich gegen drohende Angriffe mit Massenvernichtungswaffen auf ihr Territorium, gegen ihre Truppen im Ausland sowie gegen Verbündete mit ›überwältigender Gewaltanwendung‹ einschließlich des Einsatzes von

Atomwaffen zur Wehr setzen«, faßte die FAZ zusammen.[13] Atomwaffen sollen also nicht nur als Reaktion auf Angriffe eines möglichen Gegners Verwendung finden, sondern – darauf verweist das Attribut *drohend* – bereits in Erwartung derselben. Als potentielle Ziele werden in dem Dokument außer den drei Mitgliedern der Achse des Bösen ausdrücklich auch Libyen, Syrien, Rußland und China genannt. Das bedeutete in erster Linie eine Ohrfeige für Präsident Putin, der den US-Feldzug in Afghanistan logistisch und durch Geheimdienstinformationen loyal unterstützt hatte.

Im September 2002 verkündete Bush schließlich die neue Nationale Sicherheitsstrategie (National Security Strategy of the United States – NSS). Ihr Leitgedanke: »Alte Sicherheitsdoktrinen sind nicht länger gültig.« Sie verabschiedete die im Kalten Krieg maßgebliche Strategie der Abschreckung: »Abschreckung, die nur auf der Drohung mit Vergeltung basiert, wird kaum Erfolg haben gegen die Führer von Schurkenstaaten, die Risiken in Kauf zu nehmen bereit sind.« Statt dessen würden die USA »nicht zögern, ihr Recht auf Selbstverteidigung notfalls auch durch vorwegnehmende (preemptive) Aktionen wahrzunehmen«. Man beachte: Preemptive bezeichnet nicht, wie preventive, einen Schlag, mit dem man dem Gegner unmittelbar zuvorkommt, sondern setzt schon im Vorfeld einer bloß prognostizierten Angriffshandlung der anderen Seite an. Damit war der Angriffskrieg auf bloßen Verdacht erstmals zur Leitlinie der US-Verteidigungspolitik geworden. Das »stellt das gesamte System des Westfälischen Friedens von 1648 in Frage« – und damit die Basis des neuzeitlichen Völkerrechts –, meinte selbst Henry Kissinger.[14]

Das Ende der NATO und der deutsch-amerikanischen Freundschaft, das Kommentatoren ab Herbst 2002 prognostizierten, hatte nichts mit Schröders Absage an einen Irak-Krieg im Bundestagswahlkampf und danach zu tun, sondern war bereits mindestens ein Jahr zuvor durch den immer aggressiveren Unilateralismus der USA provoziert worden. Bush betrieb das Ende der Achse Washington-Berlin spätestens seit Herbst 2001, Schröder hat es nach dem Sommer 2002 nur noch ratifiziert.

Machtkampf zwischen Gaullisten und Atlantikern

In der Irak-Frage warfen ausgerechnet jene Politiker und Militärs dem Kanzler einen deutschen Alleingang vor, die einen solchen in den neunziger Jahren am energischsten betrieben haben. Zu den Anklägern gehören Helmut Kohl, der die Wiedervereinigung gegen die europäischen Partner durchgesetzt hat, und Wolfgang Schäuble, der 1994 Großbritannien und Italien aus einem »Kerneuropa« herausspalten wollte (vgl. S. 124). Ex-Admiral Ulrich Weisser mahnte als Planungschef auf der Hardthöhe die EU-Partner zur Unterstützung der Bonner Pläne, sonst sei »Deutschland gezwungen, einen eigenen Weg zu gehen« (vgl. S. 127) – heute vermißt er bei Schröder »politische und strategische Reife«.[1] Jörg Schönbohm stellte sich hinter US-Verteidigungsminister Rumsfelds Äußerung gegen das »alte Europa«[2] – ausgerechnet er, der als schneidiger Preußen-Verehrer für die muffigste Version von Alt-Europa Reklame macht. Arnulf Baring wirft sein Renommee als Historiker in die Waagschale, um vor der Wiederkehr der Vergangenheit zu warnen – 1991 hatte er selbst noch mit Gedankenspielen über einen Bundeswehr-Einmarsch in Polen gezündelt (vgl. S. 119 f.). Immerhin, einer ist seiner Position treu geblieben: Horst Teltschik, der Kohl als Kanzlerberater bei der Wiedervereinigung und in Balkanfragen diente und zeigte, wie man die widerspenstigen Europäer überzeugt, hat im März beim US-Rüstungsriesen Boeing angeheuert und damit der EU-Konkurrenz gezeigt, wo seine Prioritäten liegen.[3]

Demagogie und Fakten

Das Nein des Kanzlers als Rückkehr auf den deutschen Sonderweg anzuprangern, wie es etwa die »Atlantiker« in der Union taten, ist in der Sache falsch und in der Intention demagogisch.

Zum ersten kann sich jemand, der dasselbe macht wie alle anderen, nicht auf einem Sonderweg befinden. Mit der Ablehnung des Irakfeldzuges nahm Deutschland dieselbe Haltung ein wie etwa achtzig bis neunzig Prozent aller Staaten auf der Erde. Wenn man nicht die Regierungen, sondern die Weltbevölkerung zum Maßstab nimmt, dürfte der Konsens noch größer gewesen sein, da einige der Parteigänger Amerikas, wie etwa Tony Blair und José Aznar, ihr Votum gegen den erdrückenden Mehrheitswillen in ihren Ländern abgegeben hatten, und die Legitimation bei anderen Bush-Unterstützern, etwa den Neu-Europäern im Osten, zumindest nicht ganz klar war. Es gab vermutlich kein politisches Ereignis in der neueren deutschen Geschichte (von der Zeit vor 1945 ganz abgesehen), bei dem sich Deutschland so sehr im Einklang mit der übrigen Welt befand wie in der Irak-Krise.

Zum zweiten kann man nicht eine Regierung des Sonderwegs bezichtigen, die das Gewaltmonopol der UN und die in der UN-Charta garantierte Staatssouveränität verteidigt. Das ist ein Widerspruch in sich. Wer einen Alleingang durchführt oder beabsichtigt, muß die Debatte und damit den Widerspruch im Kreis der Vereinten Nationen fürchten. Wer andere Staaten unterwerfen will, muß ihre Souveränität verletzen. Deshalb verließ Deutschland den Völkerbund bald nach Hitlers Machtergreifung, und umgekehrt begann die Neugründung der Nachfolgeorganisation des Völkerbundes in Form der Vereinten Nationen, sobald sich das Ende der Nazi-Herrschaft abzeichnete. Die Argumentation, die UN sei ein Dinosaurier aus der Zeit des Kalten Krieges und drohe angesichts von innerethnischen Grausamkeiten und Völkermord zu versagen, weil der Sicherheitsrat leicht durch ein Veto blokkiert werden könnte, war bis vor kurzem oft zu hören. Auch Schröder und Fischer machten davon Gebrauch, etwa um den Verzicht auf ein UN-Mandat im Krieg gegen Jugoslawien zu rechtfertigen. Doch das Argument ist töricht und geschichtsvergessen: Mit der Gründung der UN wollte die Welt gerade die Wiederkehr von ethnischen Säuberungen und Völkermord verhindern, die die Nazis zwölf Jahre lang praktiziert hatten. Und das Veto-Recht hatten sich die Siegermächte gegenseitig eingeräumt, obwohl Truman von Stalin sicherlich noch weniger hielt als Bush von Putin. Auch das Veto-Recht war nämlich eine Lehre aus den unbeschreiblichen Verbrechen des Zweiten Weltkriegs: Es sollte künftig Frieden sein, es sollte künftig die von Hitler niedergetrampelte Staatssouveränität geschützt werden. Eine Ausnahme sollte es nur geben, wenn wieder ein so entsetzlicher Aggressor auftauchte, der die Veto-Mächte bei allem sonstigen weltanschaulichen und politischen Gegensatz zur Einigkeit zwänge. Saddam Hussein ist dieser neue Hitler offensichtlich nicht, sonst hätten die USA das Veto im Sicherheitsrat nicht fürchten müssen. Aber ist das ein Argument gegen die Staaten, die die UN und ihre Prinzipien verteidigen wollten, oder gegen jene, die sie erpreßten und beiseite schoben?

Zum dritten ist ein Bündnis mit Paris eine sichere Vorkehrung gegen die Wiederkehr der Vergangenheit. Frankreich ist der historische Erbfeind, gegen ihn richteten sich alle deutschen Sonderwege. Das deutsche Nationalbewußtsein entstand in den Befreiungskriegen gegen Napoleon; Ernst Moritz Arndt verkündete den Haß auf die Franzosen als »Religion der Deutschen« (vgl. S. 28/29), dieser »Religion« wurde 1871, nach 1914 und nach 1939 mit nie nachlassender Intensität gehuldigt. Umgekehrt zog es alle Deutschen, die an Muff und Reaktion im eigenen Land erstickten, an die Seine – Heinrich Heine, Marlene Dietrich, Romy Schneider. Daß die Berührung mit Liberté, Égalité und Fraternité die Deutschen aus der Rückständigkeit reißen könnte, war auch die Hoffnung von Karl Marx: »Wenn alle inneren Bedingungen erfüllt sind, wird der deutsche Auferstehungstag verkündet werden durch das Schmettern des gallischen Hahns.«[4]

Viertens ist auch ein Schulterschluß mit Rußland eine Absage an den Sonderweg, keine Reprise. Den Haß auf die Slawen hat der Deutschherrenorden dem entstehenden Preußen mit in die Wiege gelegt, die »russische Gefahr« war die Hauptbegründung für den Ersten, der Lebensraum im Osten das Hauptziel des Zweiten Weltkriegs. Mit 20 Millionen Toten hat der Nationalsozialismus nirgends einen höheren Blutzoll gefordert als in Sowjetrußland. Daneben gibt es auch Beispiele der Zusammenarbeit: Preußen und Russen kämpften gemeinsam gegen Napoleon, im Vertrag von Rapallo fanden die Weimarer Republik und die UdSSR zusammen, der Pakt zwischen Hitler und Stalin gab Nazi-Deutschland freie Hand gegen Polen. Diese Beispiele zeigen, unter welchen Bedingungen ein Bündnis zwischen Deutschland und Rußland gefährlich sein kann: wenn und insofern es sich gegen den Rest Europas richtet. Sobald sich die Achse Moskau-Berlin verlängert und eine Entente mit Paris entsteht, ist Deutschland von beiden Seiten eingebunden und das Problem entschärft.

Fünftens und vielleicht am wichtigsten: Es wäre es eine historische Premiere, wenn ein deutscher Sonderweg in der Absage an kriegerisches Vorgehen bestünde. Das hätte die Welt noch nicht gesehen. Der Aufstieg Preußens zur mitteleuropäischen Großmacht war eine Kette von Gewaltakten; das Bismarckreich wurde im Krieg geboren; nach den Brandschatzungen in Belgien 1914/15 wurden die Deutschen mit den Hunnen verglichen; die Verbrechen der Wehrmacht vor allem im Ostfeldzug sind

Legion. Erinnerungen an diese Sonderwege mögen wach geworden sein, als Struck zur Verteidigung Deutschlands am Hindukusch aufrief – aber bestimmt nicht, als Schröder die Truppenentsendung an den Golf verweigerte.

Der heuchlerische Antifaschismus

Die Befürworter einer Kriegsbeteiligung an der Seite der USA bemühen ebenfalls die geschichtliche Erfahrung, sie tun das aber sehr selektiv. Richtig verweisen sie darauf, daß der deutsche Sonderweg im Holocaust kulminierte. Ebenfalls richtig schlußfolgern sie daraus, daß Deutschland die Sicherheit des jüdischen Staates ein besonderes Anliegen sein müßte. Wenn die Solidarität mit den Juden aber nur als Rauchvorhang dient, hinter dem sich der eigene Militarismus verbirgt, muß widersprochen werden.

So warb etwa Ex-General Klaus Naumann anläßlich des Holocaust-Gedenktages am 27. Januar 2003 für eine deutsche Unterstützung beim Sturz von Saddam Hussein mit dem Hinweis, Auschwitz sei auch nicht durch Friedensdemonstrationen befreit worden. Dazu hätten »wir« militärische Mittel einsetzen müssen, fuhr er fort – als sei er Generalinspekteur der sowjetischen Armee gewesen und nicht der deutschen. In seiner Amtszeit Anfang der neunziger Jahre trugen immer noch 35 Bundeswehr-Kasernen den Namen von Nazi-Generälen, deren Einsatzfreude eine frühere Befreiung der Todeslager unmöglich gemacht hatte.

Der heuchlerische Antifaschismus befleißigt sich noch einer weiteren Argumentationsfigur: Die Absage an den Krieg speise sich großteils aus Antiamerikanismus, mit der Absage an Amerika werde die traditionelle Westbindung der Bundesrepublik aufgekündigt, und genau das sei der Wiederbeginn des Sonderwegs. Lassen wir beiseite, ob die Kritik an Bush und Rumsfeld mit Antiamerikanismus gleichgesetzt werden kann, wo doch viele US-Bürger sie keinen Deut anders formulieren. Denn selbstverständlich versuchen manche, auf dem Antikriegsprotest ihr braunes Süppchen zu kochen und dumpfe Stereotype gegen »Coca-Cola-Kultur«, »Niggermusik« und die »jüdische Wallstreet« zu verbreiten. Allerdings hat diese Propaganda nicht verfangen, wie die 500000 Menschen am 15. Februar 2003 in Berlin gezeigt haben, denen selbst die FAZ bescheinigte: »Der ... Antiamerikanismus ... spielte bei der Demonstration eine erstaunlich geringe Rolle.«[5] Auf deutschen Straßen und Plätzen wurden weder Fahnen der eigenen Nation geschwenkt noch solche der USA verbrannt – ganz anders als bei den gleichzeitigen Protestmärschen in Paris, Rom, Madrid oder gar in Südamerika und Nahost.

Auch eine Zunahme des Antisemitismus war nicht festzustellen. Nicht nur, daß die NPD und andere Rechtsradikale bei den Bundestagswahlen stark an Stimmen verloren.

Auch Jürgen Möllemann hat es nichts genützt, daß er im Windschatten von Schröders Irak-Politik Unterstützungserklärungen für palästinensische Selbstmordattentäter abgab und mit Antisemitismen jonglierte. Die FDP wurde im September 2002 vom Wähler abgestraft, und als in der Folge Möllemann selber an den Rand gedrängt wurde, hat sich weder inner- noch außerhalb der Partei eine Hand zu seiner Unterstützung geregt. Bei den ersten Landtagswahlen nach Möllemanns Sturz im Februar 2003 legte die FDP wieder deutlich zu. Interessanterweise verzeichnete auch der nationalliberale Prototyp, die österreichische FPÖ von Jörg Haider, im Herbst 2002 einen scharfen Absturz in der Wählergunst. In beiden Nachfolgestaaten des Großdeutschen Reiches hat sich offensichtlich die verbreitete Kritik an den USA nicht als geeigneter Nährboden für Antisemitismus und Rechtsradikalismus erwiesen.

Der Unionsspitze dürfte bei aller Polemik gegen Schröder nicht verborgen geblieben sein, daß sie in einem größeren Dilemma steckt als die Regierung. »Das, was bisher Glaubensbekenntnis und Grundlage aller außenpolitischen Überlegung war, erscheint gefährdet: die Vereinbarkeit von deutsch-französischer und deutsch-amerikanischer Freundschaft«, beschrieb die FAZ das Dilemma von CDU und CSU.[6] Zuletzt gab es diesen Streit mit einiger Heftigkeit Anfang der sechziger Jahre, als eine euro-gaullistische Strömung unter Führung von Franz-Josef Strauß die Annäherung an Frankreich suchte. Doch die »Atlantiker« um den damaligen Außenminister Gerhard Schröder (CDU) wußten das zu verhindern: Das Hochzeitsdokument des deutsch-französischen Paares, der Élysée-Vertrag, wurde bei seiner Verabschiedung 1963 durch eine relativierende Präambel entwertet. Binnen Kürze zerbrach die Liaison: De Gaulle führte sein Land aus der Militärstruktur der NATO heraus, die Bundesrepublik wurde zur Nachschubbasis der USA im Vietnamkrieg.

In der Irak-Krise versuchte die Union zunächst einen Spagat zwischen Washington und Paris. Als sich aber Chirac immer enger mit dem Sozialdemokraten Schröder abstimmte und die Führer der – eigentlich mit den französischen Konservativen verbündeten – Schwesterpartei CDU ignorierte, setzten sich wieder die Pro-Amerikaner durch. Zur Beruhigung der Parteibasis versuchte man die Quadratur des Kreises: Nein zum Krieg, aber Ja zu Washington. Unter diesem brüchigen Konsens bekämpften sich drei Strömungen:

Zum einen die verschworenen »Atlantiker« – an deren Spitze hatte sich nach kurzem Zögern die Parteivorsitzende Angela Merkel gesetzt, auch um ihrem parteiinternen Herausforderer Roland Koch, dem mit Traumergebnis bestätigten Ministerpräsidenten von Hessen, nicht das Feld zu überlassen. Sie verteidigte Bushs Ultimatum am Vorabend des Krieges »mit allen seinen Konsequenzen«.[7] Intellektueller Wortführer dieser Strömung ist Wolfgang Schäuble, Frontman in der CSU der Landesgruppenvorsitzende Michael Glos. Auch der außenpolitische Sprecher der CDU, Friedbert Pflüger, hält eisern die Stellung.

Die zweite Gruppe bilden die Unentschlossenen und Schwankenden, die die »Atlantiker« aus Parteidisziplin aber noch unterstützen. Dazu gehört beispielsweise der Außenpolitik-Experte Karl Lamers, 1994 noch Schäubles Co-Autor beim erwähnten Kerneuropa-Papier, aber auch Edmund Stoiber. Als Kanzlerkandidat verwirrte er seine Stammwähler mit Unterstützung für Schröders Irak-Position.[8] Später sparte er nicht mit Polemik gegen den »unverantwortlichen Antiamerikanismus« der Regierung,[9] nur um ihr kurz nach Kriegsbeginn wieder zu ihrer zurückhaltenden Position zu gratulieren. »Keine Bundesregierung könnte mehr tun als das.«[10] Vorbehalte gegen einen amerikanischen Alleingang im Irak äußerten auch der saarländische Ministerpräsident Peter Müller und der nordrhein-westfälische Parteichef Jürgen Rüttgers.

Eine dritte Strömung sind die scharfen Kritiker der USA. Sie werden munitioniert durch Jürgen Todenhöfer, in den achtziger Jahren der Afghanistan-Spezialist der Bundestagsfraktion und heute Manager bei Burda. In der Bundestagsfraktion ist Willy Wimmer von Gewicht, unter Kohl Staatssekretär auf der Hardthöhe. Wimmer kritisierte bereits den Krieg gegen Jugoslawien und sagt heute ganz offen, er »hätte nichts dagegen, wenn sich die Französische Republik als wesentliche Kraft Kerneuropas zu profilieren sucht, solange Deutschland eine eher klägliche Rolle spielt«.[11] Unbestrittener Wortführer der »Gaullisten« ist Peter Gauweiler, der auf der CSU-Klausurtagung im Januar 2003 »unter Applaus zahlreicher Abgeordneter« (SZ) der Parteiführung den Fehdehandschuh hinwarf: »Ihr müßt Euch entscheiden, ob der Bush recht hat oder der Papst.«[12]

Der Golfkrieg 2003 droht somit für die Rechte zu werden, was der Golfkrieg 1991 für die Linke war – Ausgangspunkt für Streit und Spaltung. Daß die Union kein Rezept gegen Schröders Antikriegs-Rhetorik fand und deswegen den sicher geglaubten Sieg im September 2002 verlorengeben mußte, ist kein gutes Zeichen für die Zukunft. Selbst wenn die USA erfolgreich von Schlachtfeld zu Schlachtfeld eilen, könnten sich die kreuzbraven Wähler zwischen Ostfriesland und Oberammergau fragen, was ihnen das nützt, wenn gleichzeitig die Gefahr islamischer Vergeltungsanschläge gegen den Bündnispartner Deutschland wächst.

Frieden in Europa statt Offensive auf dem Weltmarkt

Angesichts des Zerfalls der bisherigen Weltordnung im allgemeinen und des westlichen Lagers im besonderen hat Deutschland im Prinzip drei Optionen. Jede dieser Optionen trifft auf die Interessen der deutschen Wirtschaft, die sich weltweit in einer einzigartigen Position befindet: Sie erzielt auf dem Weltmarkt den höchsten Exportüberschuß – er beläuft sich auf zehn Prozent der gesamten jährlichen Wirtschaftsleistung.

Im internationalen Vergleich ist die deutsche Industrie am konkurrenzfähigsten, weil es ihr gelungen ist, den Anteil der Löhne an der Wertschöpfung auf einen niedrigeren Anteil zu drücken als anderswo (vgl. S. 176). Seit 1996 wurde dieser Kurs durch Senkung der Lohnstückkosten weiter verschärft.[1]

Das Unglaubliche ist nun, daß die Industrie gerade daraus die Forderung an die Gewerkschaften ableitet, den Gürtel noch enger zu schnallen. Daß deutsches Kapital ins Ausland abfließe, so das Argument, beweise doch, daß der Standort immer noch unter zu hohen Lohnkosten leide. »Umgekehrt wird ein Schuh draus«, stellt Heiner Flassbeck, in Lafontaines kurzer Amtszeit Staatssekretär im Bundesfinanzministerium, fest. »Weil die Löhne in Deutschland über ein Jahrzehnt in Relation zur Produktivität viel schwächer gestiegen sind als im Ausland, konnten so gewaltige Überschüsse aufgehäuft werden, daß damit Unternehmen im Ausland aufgekauft werden konnten.«[2]

Im Wettbewerb der Standorte ist es Deutschland – und nicht Amerika, das ganz andere Probleme hat (vgl. S. 184 ff.) –, das einen rigorosen Verdrängungswettbewerb betreibt, also einen Raubtierkapitalismus praktiziert.

Noch einmal Flassbeck: «Man überträgt den Gedanken des Wettbewerbs der Unternehmen auf die Nationen. Das ist gefährlich. Ein Unternehmen kann ein anderes Unternehmen vom Markt verdrängen, das Ergebnis kann für die Gesellschaft positiv sein. Steuer- und Lohnsenkungswettläufe zwischen Staaten aber führen nicht dazu, daß Staaten aus dem Wettbewerb ausscheiden. Staaten oder Volkswirtschaften verschwinden nicht von den Weltmärkten wie Unternehmen, die Konkurs gehen oder von größeren geschluckt werden. Sie müssen entweder (wie Ostdeutschland) von den ›Siegern‹ alimentiert werden, oder sie wehren sich mit den gleichen Mitteln, werten ihre Währungen ab oder fallen zurück in die klassische merkantilistische Gegenmaßnahme, den Protektionismus.«[3]

Denkt man diese Warnung des sozialdemokratischen Finanzexperten zu Ende, wird die strukturelle Neigung der deutschen Wirtschaft zum Krieg erkennbar. Denn was passiert, wenn sich ein niederkonkurrierter Staat nicht, wie die DDR, freiwillig vom Sieger schlucken läßt? Was passiert, wenn er seine Autonomie verteidigt, beispielsweise über Schutzzölle, Kapitaleinfuhrkontrollen, Nationalisierung oder Stützung der eigenen Industrie gegen ausländische Übernahme? Dann wird der Schurke mit militärischen Mitteln zur Räson gebracht und seine Ökonomie durch Krieg geknackt. So geschah es mit Jugoslawien, so geschieht es im Irak, damit müssen Nordkorea, die Volksrepublik China, Kuba und andere rechnen.

Aus diesem Grund steht Deutschland in keinem prinzipiellen Dissens zu den USA und einer militärischen Globalpolitik. Interessenskonflikte können sich aber im Einzelfall ergeben, weil die Triebkräfte der Kanonenbootpolitik in beiden Staaten unterschiedlich sind. Der Aggressionsdrang der deutschen Monopole ergibt sich aus ihrer höchst profitablen Situation, sie suchen – wie im Kaiserreich während des Ersten Weltkriegs – nach Absatzmärkten und Anlagesphären. Der Aggressionsdrang der US-Monopole ist das Resultat ihrer höchst defizitären Situation, sie suchen – wie die deutsche Wirtschaft im Zweiten Weltkrieg – nach Deckung ihrer fiktiven Kapitalmasse durch Herrschaft über Rohstoffe und Devisen (vgl. S. 197 ff.). Beide Volkswirtschaften sind jedenfalls mehr am Krieg interessiert als andere.

Die Erneuerung des Atlantismus

Da sich beide Volkswirtschaften in ihrer gegensätzlichen Struktur ideal ergänzen (vgl. S. 174 ff.), ist die Fortsetzung des Bündnisses mit den USA die wahrscheinlichste Option nach dem Ende des Irak-Feldzugs. »Für Deutschland wird es keine gute Zukunft geben, wenn es sich von Amerika abkoppelt«, postuliert – nicht nur – Angela Merkel.[4] Je kürzer und erfolgreicher die amerikanischen Kriege sind, desto mehr werden sich die deutschen Eliten in der Auffassung bestärkt fühlen, daß man sich mit der »einzigen Weltmacht« (Brzezinski) so oder so arrangieren muß, da Widerstand nur die eigenen politischen Spielräume verengt.

Am Vorabend des Angriffs auf den Irak hat Wolfgang Schäuble begründet, warum man trotz Bauchschmerzen an der atlantischen Orientierung festhalten müsse: »Wenn die USA, wie auch ihre Kritiker behaupten, entschlossen sind, in jedem Fall zu handeln, dann muß man sich fragen, ob man sie davon abbringen kann, und wenn man diese Frage verneinen muß, bleibt wieder die Überlegung, ob sie [die USA] nicht besser durch Partnerschaft in multilateralen Strukturen gehalten werden kann.« [5] In diesem Modell wäre rhetorischer Widerspruch gegen

Washington durchaus funktional, sofern er an der materiellen Unterstützung der Kriegspolitik nichts ändert. So war es sehr werbewirksam für den deutschen Export, daß die deutsche Politik sowohl beim Angriff auf Jugoslawien als auch in Afghanistan andere Akzente gesetzt und die Führungsmacht gelegentlich sogar kritisiert hat. Die Angegriffenen zogen daraus den Schluß, daß die Deutschen im Zweifelsfall das kleinere Übel seien und belohnten sie nach dem Krieg mit Aufträgen beim Wiederaufbau. Dieses Modell der antagonistischen Kooperation hat sich gerechnet: Die US-Armee hat in beiden Fällen den Krieg gewonnen, die deutsche Wirtschaft aber die Nachkriegsordnung dominiert. Das war im Golfkrieg 1991, als Deutschland noch nicht mit von der Partie war, anders gewesen: Das gesamte Nachkriegsgeschäft rissen amerikanische und an zweiter Stelle britische Firmen an sich, die Deutschen blieben außen vor, mußten sogar 18 Milliarden Mark nachträgliche Kriegsfinanzierung beisteuern. Fazit: Eine Doppelstrategie – einerseits verhalten mitkämpfen, andererseits heftig kritisieren – rentiert sich für die deutsche Wirtschaft am meisten.

Hält sich Schröder diese Option offen? Sein Bruch mit Washington bleibt so lange symbolisch und immateriell, wie er den Vereinigten Staaten nicht die Überflugrechte entzieht und ihnen damit den Nachschub an die Front erschwert. Noch bedeutsamer wäre der Rückzug der deutschen Soldaten aus den Awacs-Flugzeugen, die als fliegende Feuerleitstationen eine wichtige Bedeutung für die Beherrschung des Gefechtsfeldes haben und in denen die Deutschen die Hälfte der Mannschaften stellen, sowie ein Ende des Bundeswehr-Engagements in Afghanistan und auf dem Balkan. Das würde in diesen Regionen US-Militär binden, das dann nicht für Kriegseinsätze an anderer Stelle zur Verfügung stünde. Damit wäre freilich das Ende der NATO besiegelt. Aber was spricht eigentlich dagegen?

Solange Schröder diese harten Schnitte nicht vornimmt, bleibt ihm sogar die Möglichkeit, sich einem zunächst von ihm abgelehnten Krieg noch nachträglich anzuschließen oder mit dem Versprechen, für die Nachkriegsstabilisierung des überfallenen Landes Truppen zu stellen, Vertrauen in Washington zurückzugewinnen. Es wäre eine besonders hinterhältige Form des deutsch-amerikanischen Bündnisses, zunächst die US-Army die Drecks- und Mordarbeit machen zu lassen und sich erst im zweiten Schritt anzuschließen. Falls ein US-Feldzug ins Stocken gerät, könnte Washington sogar gezwungen sein, sich auf eine solche Offerte einzulassen. UN-Blauhelme unter deutsch-französischer Führung würden dann ein zerstörtes, aber nicht besiegtes Land besetzen, um es zu entwaffnen und politisch-ökonomisch neu zu strukturieren. Einen entsprechenden »Plan Mirage« für den Irak hat Schröder schon präsentiert (vgl. S. 201 ff.).

Die Achse Paris-Berlin-Moskau

Die zweite Möglichkeit war vor der Irak-Krise nur ein Hirngespinst einiger französischer Intellektueller und russischer Geostrategen, ist aber zwischenzeitlich wahrscheinlicher geworden: eine Achse Berlin-Paris-Moskau. Die Basis dieses Bündnisses ist der russische Öl- und Gasreichtum, der Westeuropa von den Lieferungen aus dem umkämpften Krisenbogen zwischen Nordafrika und Mittelasien unabhängig machen könnte.

Entgegen mancher Schönfärbereien muß man festhalten, daß es sich bei dieser Achse nicht um ein Friedensbündnis handeln würde. Chirac ist jetzt für den Friedensnobelpreis im Gespräch – aber 1995 hat er zum allgemeinen Entsetzen Atomtests im Südpazifik durchführen lassen, seine Afrika-Politik trägt durchaus neokoloniale Züge. Putin ist zwar der beste Zar, den Rußland seit Peter dem Großen hatte – aber die zaristische

Politik war in jeder Variante undemokratisch nach innen und unberechenbar nach außen. Das heikelste Element dieser Achse wäre selbstverständlich Deutschland. Wie in diesem Buch ausführlich gezeigt, hat die Berliner Republik sowohl unter Kohl als auch unter Schröder ihre Machtposition in Südost- und Osteuropa konsequent ausgebaut, dabei offen mit revanchistischen Vorstellungen gespielt und Gebrauch von ihren militärischen Mitteln gemacht. Hemmnisse in der Verfassung oder in der UN-Charta wurden nach Belieben beiseite geschoben. Die deutsche Wirtschaft dominiert vom Atlantik bis zum Ural.

Wenn der deutsche Waren- und Kapitalexport sich statt auf Amerika auf die neuen Achsenpartner ergießen würde – könnten diese der Durchdringung standhalten? Was passiert, wenn dieser Koloß in der Mitte Europas über die *Force de Frappe* mitbestimmt? Wenn Rußland für Deutschland die Transportflugzeuge für die weltweite Truppenverlegung baut, die Hans Eichel bisher nicht finanzieren kann? Könnte Putin sich verweigern, wenn die Deutsche Bank, wie 1989 von Alfred Herrhausen schon angedacht, Kaliningrad aufkaufen und wieder zu Königsberg machen wollte? Was geschähe in dieser Konstellation mit den kleinen Staaten Zwischeneuropas, die ohnedies von Deutschland ökonomisch abhängig sind und unter dem Druck der Vertriebenenlobby stehen?

Diese Gefahren drohen, aber erst mittelfristig. Kurzfristig ist Deutschland zum Ausgleich gezwungen, ohne die Rückendeckung durch die USA fehlt das Druckpotential. Seit Schröder auf Konfrontation zu Bush gegangen ist, mußte er gegenüber Chirac in der Europapolitik nachgeben. Noch im verabschiedeten Leitantrag des SPD-Bundesparteitags vom November 2001 waren zwei brisante Ziele formuliert worden: Zum einen sollte der bisher in der EU dominierende Ministerrat zu einem zweitrangigen Organ nach Vorbild des deutschen Bundesrats degradiert werden, alle wichtigen Entscheidungen statt dessen die Europäische Kommission treffen. Zum anderen sollten die Agrar- sowie die Strukturpolitik, die bisher das Gros des EU-Haushalts verschlingen, auf die nationale Ebene zurückverlagert werden. Diese Vorstöße wurden »in Frankreich und Spanien fast wie eine Kriegserklärung aufgenommen«, schrieb die FAZ.[6] Beide Punkte bedeuten nämlich einen Frontalangriff auf die Souveränität der Nationalstaaten und damit auf das französische Konzept eines »Europa der Vaterländer«. Während im Ministerrat die Vertreter der jeweiligen Regierungen sitzen, soll die Kommission nach deutschen Vorstellungen vom Parlament gewählt werden – dort aber hat das bevölkerungsreiche Deutschland zusammen mit Österreich und den abhängigen Oststaaten eine potentielle Mehrheit. Die Streichung der EU-Hilfen für Landwirte und strukturschwache Gebiete würde Frankreich und andere Mittelmeerländer nicht nur ökonomisch treffen, sondern auch deren nationalen Zusammenhalt gefährden. Bisher tragen die EU-Gelder dazu bei, daß kaum industrialisierte und ländliche Regionen wie Andalusien, Sizilien, Korsika und die Bretagne den Anschluß nicht verlieren. Fällt diese Stützung weg, müßten die jeweiligen Nationalstaaten einspringen – was für hochverschuldete Länder wie Spanien oder Italien aber nicht möglich ist.

Doch Schröder mußte diese Pläne aufschieben: Im Herbst 2002 hat er Chirac zugestanden, daß an den Agrarsubventionen vorerst nichts geändert wird. Beim pompösen Gipfel zum 40. Jahrestag des Élysée-Vertrags im Januar 2003 wurde der Vorschlag präsentiert, die EU künftig über eine Doppelspitze zu lenken, bestehend aus dem Präsidenten der Kommission und dem Vorsitzenden des Ministerrats. Das bedeutet ein Patt zwischen den supranationalen Vorstellungen der Deutschen und dem souveränistischen Ansatz der Franzosen.

Auch in einem weiteren Punkt muß sich Berlin nolens volens Paris nähern: Der Stabilitätspakt soll aufgeweicht werden. Die darin festgelegten Kriterien zur Haushaltsdisziplin waren ursprünglich von Deutschland gegen Frankreich und den »Club Méditerranée« (der damalige Finanzminister Theo Waigel über die Mittelmeerländer) durchgesetzt worden, um diese zu einer rigiden Sparpolitik nach deutschem Vorbild zu zwingen. Seit Waigels Nachfolger 2002 den Offenbarungseid leisten mußte und mit einer Budgetschuld von 3,7 Prozent selbst gegen den Stabilitätspakt verstieß, gewinnt aber auch in Deutschland die Position an Boden, den Pakt durch »flexible Auslegung« oder »kreative Buchführung« zu umgehen. Damit wachsen die Spielräume der anderen Staaten, über staatlich finanzierte Programme die eigenen Industrien zu stützen – und einen Aufkauf durch die finanzkräftigen deutschen Konzerne zu verhindern.

In der neuen weltpolitischen Konstellation verliert Deutschland auch seinen Hinterhof im Osten und Südosten. Die Eiszeit zwischen Berlin und Washington bietet den Ländern Zwischeneuropas die Chance, sich über eine Schaukelpolitik gewisse Spielräume zurückzuholen. Daß etwa die polnische Regierung die Solidaritätserklärung der Neu-Europäer mit Bushs Irak-Politik unterschrieben hat, kann man sich auch aus Protest gegen die Erpressungsversuche erklären, mit der EU-Erweiterungskommissar Günter Verheugen die Ostländer zu immer beschämenderen Konditionen im Beitrittsfall gedrängt hat. Und da in der Folge Chirac die Bush-Freunde in den osteuropäischen Regierungen rüde abkanzelte, dürfte sich die Stimmung pro USA und contra EU in Warschau, Sofia und Bukarest weiter verstärken und zu Abstrichen bei der Osterweiterung führen, im Extremfall gar zu ihrem Scheitern. Das aber wäre kein Verlust für Frankreich – in Paris hat man schon immer befürchtet, daß die Neumitglieder in den EU-Gremien eher mit den Deutschen stimmen und zudem deren Landwirtschaft die eigenen Bauern niederkonkurrieren könnte. Der Verlierer dieser

Entwicklung wäre vielmehr Deutschland, das gegenüber den östlichen Nachbarn künftig sanfter auftreten müßte, um sie nicht noch mehr in die Arme der USA zu treiben. Die Träume von einem deutsch beherrschten Mitteleuropa, Anfang der neunziger Jahre zum Greifen nah, verblassen.

Friede von Brest bis Wladiwostok

Würde Deutschland an der Seite Amerikas bleiben, könnte der gemeinsame Marsch in weitere Kriege die unmittelbare Folge sein: Irak, Iran, Saudi-Arabien, Nordkorea, Kuba, am Ende gar der Angriff auf Rußland oder China. Was als Horror-Szenario erscheinen mag, könnte dann Wirklichkeit werden: der atomare Weltkrieg.

Wenn Bushs Kreuzzüge ins Stocken geraten, die amerikanische Wirtschaft einen weiteren Einbruch erleidet und die europäischen Exporte in der Folge nicht mehr aufnehmen kann, könnte sich die eurasische Option durchsetzen.

Geschieht das nicht planvoll und Schritt für Schritt, sondern überhastet infolge katastrophaler Entwicklungen auf den Schlachtfeldern oder an den Börsen, würden sich die politisch-militärischen Eliten Eurasiens in Widersprüche und Streitereien verstricken. Aber ohne solche Katastrophen verginge wohl noch mehr Zeit, bevor sich die lose Entente zu einem militärischen Gegenblock verfestigt hätte, der dann seinerseits aggressive Ziele verfolgen würde. Man muß sich nur vor Augen führen, wie zäh der Aufbau von EU-Verteidigungsstrukturen vom Fleck kommt (vgl. S. 201 ff.). Ein Riß in der atlantischen Allianz würde auch die Europäische Union in ihrer bisherigen Form in schwere Turbulenzen bringen – unter dem Sperrfeuer der pro-amerikanischen Regierungen käme eine Integration, erst recht eine militärische Integration, noch weniger voran als bisher. Wenn man sich dann noch Rußland mit seiner völlig anderen Tradition und Geopolitik dazudenkt, kann man sich ein Bild von den Schwierigkeiten machen, die ein neuer Pakt schon in *statu nascendi* zu durchlaufen hätte.

Ganz allgemein läßt sich sagen: Die aggressive Politik, die Deutschland seit der Wiedervereinigung verfolgt hat, wurde in der Regel mit Unterstützung oder im Windschatten der USA durchgesetzt – und gegen den offenen oder verdeckten Widerstand von Paris oder Moskau oder von beiden. Würde sich die Berliner Republik auf ein Bündnis mit diesen Mächten einlassen, so wären Korrekturen und Kompromisse in der Außenpolitik erforderlich. Schäuble ist dabei gar nicht wohl zumute. Er ahnt, »daß die aktuelle französische Politik mittelfristig gar nicht so sehr den Amerikanern, sondern vielmehr den Deutschen ihre Grenzen zeigen« will.[7] Schröder sei nach seiner Abwendung von Washington »auf die Anlehnung an Frankreich so sehr angewiesen, daß die französische Politik in die Versuchung geführt wird, sich zu überheben«.[8] Auch Glos befürchtet, daß sich zwischen Paris und Berlin eine Aufgabenverteilung »wie zwischen Koch und Kellner« einstellen wird.[9]

Eine Abwendung von Amerika würde auch zu Verwerfungen in der innenpolitischen Landschaft führen. Die Grünen würden die neue Situation vermutlich am besten verkraften und sich, wie immer in den letzten Jahren, flexibel allem möglichen anpassen und dabei Macht und Einkommen mehren.

Für die Union aber könnte es dramatisch werden, ihr droht die Spaltung in einen »atlantischen« und einen »gaullistischen« Flügel. Ähnlich könnte die FDP in eine global-neoliberale und eine euro-nationalliberale Fraktion zerfallen.

In der SPD gäbe es kein Argument mehr gegen die Position Lafontaines. Der Saarländer war Paris schon immer näher als Washington, näher auch als Berlin.

In dieser turbulenten Atmosphäre und angesichts der Auflösung der traditionellen politischen Lager hätte eine dritte Position eine Chance auf Gehör: die Finnlandisierung oder besser Hellenisierung des Kontinents. Die Liaison Paris-Berlin-Moskau nicht als Kern einer Militärachse, sondern als Knoten in einem eurasischen Friedensnetz.

Keine Ankurbelung der Rüstung, sondern allgemeine Demilitarisierung. Keine weltweiten Interventionen, sondern Rückzug der Truppen. Die Friedensdividende wird für die zivile Wirtschaft sowie Bildung und Kultur verwendet. Das vom Krieg zerstörte Jugoslawien und die vom Neoliberalismus ins Elend gestoßenen Länder des Ostens werden wiederaufgebaut.

Ein Zone des Friedens von Brest bis Wladiwostok. Ein Bund souveräner Republiken, so wie das antike Griechenland ein Bund freier Städte war – das alte Europa in seiner schönsten Gestalt. In Petersburg oder vielmehr Leningrad, dem historischen Schnittpunkt von Ost und West, tagt der Rat der Föderation. Von einem solchen Staatenbund wäre niemand bedroht. Auch Amerika müßte sich nicht herausgefordert fühlen und könnte sich auf seine isolationistischen Tugenden besinnen. Athen und Rom versöhnen sich.

Ob das in der herrschenden Wirtschaftsordnung möglich ist? Wohl nur gegen sie. In Deutschland jedenfalls ist der *status quo* nicht nur im Interesse des militärisch-industriellen Komplexes, sondern im Interesse des Großkapitals ganz allgemein. Für seine grenzenlose Exportorientierung bedarf es der militärischen Absicherung. Aber müssen wir, die Bürgerinnen und Bürger, dafür in ständiger Kriegsangst leben?

Der deutsche Sonderweg, seit der Wiedervereinigung im Bündnis mit den USA fortgeführt, ist ein Weg in die Katastrophe. Der Bruch mit Amerika ist das Gebot der Stunde. Das Land zwischen Rhein und Oder kann nur zur Ruhe kommen im Ausgleich mit seinen Nachbarn in West und Ost.

Ein friedliches Europa ist nötig. Eine andere Welt ist möglich.

Danksagung

Mit Kritik, Anregungen und anderweitiger Unterstützung haben viele Menschen zu diesem Buch beigetragen. Der Autor bedankt sich vor allem bei Martin Hantke, Thomas Immanuel Steinberg, Zlatomir Popovic und Susanna Reger.

Anmerkungen

Schröders »deutscher Weg« im Wahlkampf

1 »Der lange Weg zum lauten Nein«, in: Die Zeit, 30.1.2003
2 »Der lange Weg zum lauten Nein«, in: Die Zeit, 30.1.2003
3 Z.n. »Der lange Weg zum lauten Nein«, in: Die Zeit, 30.1.2003
4 Z.n. »Die SPD im Wahlkampf auf einem ›deutschen Weg‹«, in: Frankfurter Allgemeine Zeitung, 6.8.2002
5 Z.n. »Schröder: Keine Beteiligung an Krieg gegen Irak«, in: Frankfurter Allgemeine Zeitung, 5.8.2002
6 Z.n. »Schröder: Keine Beteiligung an Krieg gegen Irak«, in: Frankfurter Allgemeine Zeitung, 5.8.2002
7 Z.n. »Schröders deutscher Weg«, in: Die Welt, 6.8.2002
8 Z.n. »Sozial im Innern, friedlich im Äußeren«, in: Frankfurter Allgemeine Zeitung, 6.8.2002
9 »Gerhard Schröder: Meine Vision von Deutschland«, in: Bild, 8.8.2002; auch unter: www.bundesregierung.de/Nachrichten/Namensbeiträge
10 »SPD und ›deutscher Weg‹: Vaterlandslose Gesellen?«, in: Deutsche National-Zeitung (DNZ) Nr. 35/2002 (www.dsz-verlag.de)
11 In: Berliner Morgenpost, 11.8.2002
12 »Fragen an die Union (I)«, in: Die Welt, 13.9.2002
13 »Der alte Weg«, in: Die Welt, 7.8.2002
14 »Schröders deutscher Irrweg«, in: Die Welt, 13.8.2002
15 »In der Abseitsfalle«, in: Frankfurter Allgemeine Zeitung, 14.2.2003
16 Frankfurter Allgemeine Zeitung, 5. und 8.8.2002
17 »Eiszeit zwischen Schröder und Fischer«, in: Der Spiegel, 10.2.2003
18 Interview in Der Zeit, 15.8.2002 (auch unter www.dgap.org)
19 Z.n. »Diplomatie bei Rotwein«, in: Welt am Sonntag, 16.2.2003
20 »Ohne Amerika steht Deutschland alleine da«, in: Bild, 8.3.2003
21 »Auf der falschen Seite«, in: Financial Times Deutschland, 10.2.2003
22 »Merkel: Sie vermengen doch die Dinge«, in: Frankfurter Allgemeine Zeitung, 14.2.2003
23 »Kritikerin des neuen deutschen Sonderwegs«, in: Frankfurter Allgemeine Zeitung, 21.2.2003
24 Edmund Stoiber, Redemanuskript zum Aschermittwoch 5.3.2003, unter www.csu.d

Der deutsche Sonderweg und die Mythen der Historiker

1 Z.n. »Augen zu und durch? Auf Gedeih und Verderb«, in: Konkret, 3/1992
2 Paul Celan: *Gedichte I,* Frankfurt/M., S. 41 f.
3 Daniel Jonah Goldhagen, *Hitlers willige Vollstrecker. Ganz gewöhnliche Deutsche und der Holocaust.* Berlin 1996, S. 17
4 Goldhagen, a.a.O., S. 7, 19
5 Alexander Abusch, *Der Irrweg einer Nation.* Berlin 1946, S. 6
6 Abusch, a.a.O., S. 257
7 Helmuth Plessner, *Die verspätete Nation,* Frankfurt a.M. 1974
8 Martin Walser, *Ein deutsches Mosaik* (1963), in: ders., *Deutsche Sorgen,* Frankfurt/Main 1997, S. 90
9 Ludo Ludovico, »Wem das Posthorn bläst – zur Konstruktion und Konjunktur des Nationalen«, in: Prokla (Berlin), 87/1992, S. 189 ff.
10 Bernt Engelmann, *Wir Untertanen. Ein deutsches Anti-Geschichtsbuch,* Frankfurt/Main 1976, S. 76
11 Abusch, a.a.O., S. 29
12 Z.n. Abusch, a.a.O., S. 24
13 Karl Marx, Zur Kritik der Hegelschen Rechtsphilosophie (Einleitung), in: ders., *Die Frühschriften,* Stuttgart 1968, S. 217
14 Z.n. Rosemarie Schuder/Rudolf Hirsch, *Der Gelbe Fleck. Wurzeln und Wirkungen des Judenhasses in der deutschen Geschichte,* Köln 1988, S. 413/414
15 Z.n. Abusch, a.a.O., S. 27
16 Heinrich A. Winkler, *Der lange Weg nach Westen,* München 2000, Bd. I., S. 17
17 Z.n. Winkler, a.a.O., Bd. I., S. 214
18 J.W .Goethe, *Hermann und Dorothea,* VI. Gesang, z.n. Jürgen Elsässer, *Make Love and War, wie Grüne und Achtundsechziger die Republik verändern,* Bonn 2002, S. 97
19 Davon geht auch H. A. Winkler aus: »Ob man vom deutschen Nationalismus als politischer Bewegung vor Napoleon, genauer gesagt: vor dem von ihm herbeigeführten Untergang des Heiligen Römischen Reiches, sprechen kann, ist höchst zweifelhaft.« – Winkler, a.a.O., Bd. I., S. 54
20 Z.n. Winkler, a.a.O., Bd. I, S. 58
21 Z.n. Winkler, a.a.O., Bd. I, S. 62
22 Z.n. Winkler, a.a.O., Bd. I, S. 63
23 Z.n. Winkler, a.a.O., Bd. I, S. 64
24 Z.n. Kühnl, *Deutschland seit der französischen Revolution. Untersuchungen zum deutschen Sonderweg,* Heilbronn 1996, S. 23
25 Z.n. Winkler, S. 67
26 Marx, *Zur Kritik ...,* a.a.O., S. 218
27 Emmanuel Sieyès, *Abhandlungen über die Privilegien – Was ist der dritte Stand?* Hrsg. von R.H.Foerster, Frankfurt/M. 1968, S. 55
28 Hannah Arendt, *Elemente und Ursprünge totaler Herrschaft,* München 1986
29 Z.n. Winkler, a.a.O., Bd. I, 232
30 Norbert Elias, *Studien über die Deutschen, Machtkämpfe und Habitusentwicklung im 19. und 20. Jahrhundert,* Frankfurt/Main 1992, Frankfurt a.M. 1992, S. 23

31 Elias, a.a.O., S. 23
32 Elias, a.a.O., S. 27
33 Ernst Bloch, *Erbschaft dieser Zeit,* Frankfurt/Main 1973, S. 113
34 Bloch, a.a.O., S. 16
35 Bloch, a.a.O., S. 103
36 Bloch, a.a.O., S. 128
37 Bloch, a.a.O., S. 127
38 David Blackbourn/Geoff Eley, *Mythen deutscher Geschichtsschreibung. Die gescheiterte bürgerliche Revolution von 1848,* Frankfurt/M., 1980
39 Helga Grebing, *Der ›deutsche Sonderweg‹ in Europa 1806–1945,* Stuttgart 1986
40 Franzen in Grebing, a.a.O., S. 73
41 Winkler, a.a.O., Bd. II, S. 648
42 Grebing, a.a.O., S. 197
43 Franzen in Grebing, a.a.O., S. 73
44 Blackbourn/Eley, a.a.O., S. 58
45 Rudolf Stadelmann, Deutschland und die westeuropäischen Revolutionen, in: ders., *Deutschland und Westeuropa,* Laupheim 1948, S. 11–13
46 Blackburn/Eley, a.a.O., S. 121
47 Vgl. Helga Grebing, Preußen-Deutschland – die verspätete Nation?, in: Grebing, a.a.O., S. 104/05
48 Abusch, a.a.O., S. 172
49 Nach G. Heidorn, *Ein Weltkrieg wird vorbereitet,* Berlin 1962, S. 9
50 Friedrich Engels, Einleitung zur Broschüre Borkheims, *»Zur Erinnerung für die deutschen Mordspatrioten. 1806–1807«,* in: MEW 21, Berlin/DDR 1973, S. 346
51 Reinhard Opitz (Hrsg.), *Europastrategie des deutschen Kapitals 1900–1945,* Bonn 1994, S. 28
52 Dokumentiert in Opitz, a.a.O., S. 205
53 Kühnl, a.a.O., S. 107
54 Kühnl, a.a.O., S. 104
55 Kühnl, a.a.O., S. 104
56 Kühnl, a.a.O., S. 95/96
57 Herbert Marcuse, Die neue deutsche Mentalität, in: ders., *Feindanalysen. Über die Deutschen,* Lüneburg 1998, S. 34/38
58 Marcuse, a.a.O., S. 24
59 Marcuse, a.a.O., S. 24
60 Marcuse, a.a.O., S. 26
61 Marcuse, a.a.O., S. 27
62 Z.n. »Der große Coup«, in: Konkret 2/2000
63 »Der große Coup«, in: Konkret 2/2000
64 Götz Aly/Susanne Heim, *Vordenker der Vernichtung. Auschwitz und die Pläne für eine neue europäische Ordnung,* Frankfurt/M. 1994
65 R.A.C. Parker, *Fischer Weltgeschichte Band 34, Das Zwanzigste Jahrhundert I. Europa 1918–1945,* Augsburg 1998, S. 350
66 Z.n. Wolfram Wette, »Sowjetische Erinnerungen an den deutschen Vernichtungskrieg«, in: Paul Kohl, *Der Krieg der deutschen Wehrmacht und Polizei 1941–1944. Sowjetische Überlebende berichten,* Frankfurt/M. 1995, S. 318

67 Kohl, a.a.O., S. 19

68 Ernst Nolte, *Der Faschismus in seiner Epoche,* München 1963, S. 463

69 Z.n. Ralph Giordano, *Wenn Hitler den Krieg gewonnen hätte. Die Pläne der Nazis nach dem Endsieg,* München 1991, S. 38

70 Giordano, a.a.O., S. 33

71 Hans-Christof Kraus, »Die deutschen Konservativen, England und der Westen«, in: Rainer Zitelmann, Karlheinz Weißmann, Michael Großheim, *Westbindung. Chancen und Risiken für Deutschland,* Frankfurt/M. und Berlin 1993, S. 64; Die Anthologie ist tendenziös insofern, als ihr Ziel das Kippen der gesamten Sonderweg-These ist. Trotzdem sind manche Untersuchungen in der Faktenbasis nicht zu bestreiten.

72 Kraus, a.a.O., S. 73

73 Kraus, a.a.O., S. 73

74 Z.n. Giordano, a.a.O., S. 53/54

75 Vgl. die Speer-Auszüge in »Da schweigen die Experten«, in: Tagesspiegel, 22.9.2001

76 Z.n. Giordano, a.a.O., S. 54

77 Max Horkheimer, »Die Juden in Europa«, in: ders. (Hrsg.), Zeitschrift für Sozialforschung Jg. 8, 1939/40, Reprint Frankfurt/M. 1980, S. 11

Aufstieg und Niedergang der Bonner Republik

1 Giordano, a.a.O., S. 116

2 Giordano, a.a.O., S. 117

3 Hans-Peter Hubert, »Der Weg der BRD in die NATO«, in: Dokumentationsstelle Friedens- und Sicherheitspolitik, *Die BRD in der NATO,* Münster 1985, S. 20

4 Spiegel, 5.4.1961, z.n. Die Grünen (Hrsg.), »Atomwaffenverzicht ins Grundgesetz«, Bonn 1988, S. 14

5 Hans-Peter Schwarz, *Adenauer. Der Staatsmann: 1952–1967.* Stuttgart 1991

6 Vgl. Karl J. Brandstetter, *Allianz des Mißtrauens,* Köln 1989, S. 307 ff.

7 Die Grünen, a.a.O., S. 16

8 Vgl. Jürgen Elsässer, *Antisemitismus – das alte Gesicht des neuen Deutschland,* Berlin 1992, S. 69/70

9 Vgl. Wolfram Bickerich, *Die D-Mark. Eine Biographie,* Berlin 1998, S. 252 ff.

10 Protokoll der Bundestagsdebatte zur »Lage der Nation« am 23. Juni 1983

11 Z.n. Kühnl, a.a.O., S. 174

12 Vgl. George Shultz, *From Turmoil to Triumph,* New York 1993; z.n. Hermann Theißen, »Auf dem rechten Weg in die vermeintliche Normalität«, in: Frankfurter Rundschau, 04.01.1994

13 Z.n. Bernd Faulenbach, *Ideologie des deutschen Weges. Die deutsche Geschichte in der Historiographie zwischen Kaiserreich und Nationalsozialismus,* München 1980, S. 27

14 Faulenbach, a.a.O., S. 28

15 Hagen Schulze, *Weimar. Deutschland 1917–1933,* Berlin 1982. Z.n. Kühnl, a.a.O., S. 195

16 Michael Stürmer, *Dissonanzen des Fortschritts. Essays über Geschichte und Politik in Deutschland,* 1986, S. 255 ff.

17 Die Welt, 15.4.1986; nachgedruckt auch in Andreas Hillgruber, *Zweierlei*

Untergang. Die Zerschlagung des Deutschen Reiches und das Ende des europäischen Judentums, Berlin/West 1986.

18 Ernst Nolte, in: Frankfurter Allgemeine Zeitung, 24.7.1980

19 Eberhard Jäckel, in: Die Zeit, 12.9.1986

20 Jürgen Kocka, in: Frankfurter Rundschau, 29.9.1986

21 Martin Broszat, in: Die Zeit, 3.10.1986

22 Kurt Sontheimer, in: Rheinischer Merkur/Christ und Welt, 21.11.1986

23 Jürgen Habermas, in: Die Zeit, 7.11.1986

24 Jürgen Habermas, in: Die Zeit, 11.7.1986

25 Immanuel Geiss, *Die Habermas-Kontroverse. Ein deutscher Streit,* Berlin 1988

26 Jürgen Habermas, in: Die Zeit, 30.3.1990

27 Frankfurter Rundschau, 14.10.1989

28 Frankfurter Allgemeine Zeitung, 24.4.1990

29 Christian Meier, Frankfurter Allgemeine Zeitung, 24.4.1990

30 Winkler, a.a.O., Bd. II, S. 445

31 Rudolf Augstein, in: Der Spiegel, 41/1986

32 Rudolf Augstein, in: Der Spiegel 2/1990

33 Günter Grass, Kurze Rede eines vaterlandslosen Gesellen, gehalten in der Evangelischen Akademie in Tutzing am 2.2.1990, z.n. Wehler, a.a.O., Band II, S. 540/54

Die Wiedervereinigung als Kraftakt gegen die Nachbarn

1 Heinrich August Winkler, *Der lange Weg nach Westen,* Bd. II, München 2000, S. 655

2 Winkler, a.a.O., Bd. II, S. 638

3 Ulrich Albrecht, »Die internationale Regelung der Wiedervereinigung. Von einer ›No win‹-Situation zum raschen Erfolg«. In: Aus Politik und Zeitgeschichte B 40/1996

4 Jacques Attali (Mitterrand-Berater), *Verbatim, Band 3: Chroniques des Années 1988–1991,* Paris 1995, S. 241

5 Attali, a.a.O., S. 322 (Sitzung vom 18.10.1989)

6 Attali, a.a.O., S. 350

7 Winkler, a.a.O., S. 575

8 Margaret Thatcher, *Downing Street No. 10. Die Erinnerungen,* Düsseldorf u.a., 1993, S. 1095

9 Attali, .a.a.O., S. 368

10 Attali, a.a.O., S. 368/369

11 Attali, a.a.O., S. 369

12 Attali, a.a.O., S. 369

13 In: Bild, 13.12.1989

14 Wolfgang Herles, *Nationalrausch. Szenen aus dem gesamtdeutschen Machtkampf,* München 1990, S. 113

15 «Viel zugemutet«, in: Frankfurter Allgemeine Zeitung, 11.12.1989

16 In: Die Welt, 12.12.1989

17 Paul C. Martin, in Forbes, 4/1990

18 Z.n. »Gremlizas Express«, in: Konkret 5/1990

19 Erklärung vom 1.10.1990, unter www.israel-mfa.gov

20 »Stunde Null«, in: Der Spiegel, 8.1.1990
21 »Erst Mitleid, dann zuschlagen«, in: Der Spiegel, 15.1.1990
22 Vgl. Jürgen Elsässer, *Antisemitismus – das alte Gesicht des neuen Deutschland,* Berlin 1992, S. 60
23 RTL-Nachrichten, 20.2.1990
24 Z.n. Elsässer, a.a.O., S. 46
25 Attali, a.a.O., S. 416
26 Thatcher, a.a.O., S. 798/792
27 Albrecht, a.a.O.
28 Richard Holbrooke, *Meine Mission. Vom Krieg zum Frieden in Bosnien,* München 1999, S. 48
29 Albrecht, a.a.O.
30 Klaus Naumann, *Frieden – der noch nicht erfüllte Auftrag,* Bonn 2002, S. 124
31 Erich Schmidt-Eenboom, *Der Schattenkrieger. Klaus Kinkel und der BND,* Düsseldorf 1995, S. 226
32 »Totale Unterordnung«, in: Konkret, 11/2002
33 Viktor Meier, *Wie Jugoslawien verspielt wurde,* München 1995, S. 385
34 Meier, a.a.O., S. 386
35 Meier, a.a.O., S. 385
36 vgl. Meier, a.a.O., S. 386/387
37 Laura Silber/Allan Little, *Bruderkrieg. Der Kampf um Titos Erbe,* Graz/Wien/Köln 1995, S. 182
38 Silber/Little, a.a.O., S. 183
39 Meier, a.a.O., S. 388
40 The Guardian, 2.7.1991
41 »Ein deutscher Krieg«, in: Fanfare vom 18.3.2000 (www.fdj.de)
42 Silber/Little, a.a.O., S. 192
43 In: Frankfurter Rundschau, 6.6.1991
44 »Die Waffenruhe in Jugoslawien weiter gefährdet«, in: Frankfurter Allgemeine Zeitung, 12.7.1991
45 Meier, a.a.O., S. 390
46 »Bonn schränkt Ausfuhr nach Jugoslawien ein«, in: Frankfurter Allgemeine Zeitung, 27.8.1991
47 Vgl. Meier, a.a.O., S. 399
48 Meier, a.a.O., S. 12
49 Vgl. den Bericht über die »dalmatinische Kristallnacht« bei Kurt Köpruner, *Reisen in das Land der Kriege, Erlebnisse eines Fremden in Jugoslawien,* Kreuzlingen/München 2003, S. 42 ff.
50 Meier, a.a.O., S. 419
51 Meier, a.a.O., S. 419
52 In: The New Yorker, August 1992
53 Meier, a.a.O., S. 420
54 Holbrooke, a.a.O., S. 52
55 Silver/Little, a.a.O., S. 234
56 Silver/Little, a.a.O., S. 234
57 Silver/Little, a.a.O., S. 234
58 Silver/Little, a.a.O., S. 235
59 Z.n. Holbrooke, a.a.O., S. 47/48
60 Meier, a.a.O., S. 423

61 Klaus Gensicke, *Der Mufti von Jerusalem, Amin el-Husseini, und die Nationalsozialisten,* Frankfurt a.M./Bern/New York/Paris 1988., S. 168
62 Z.n. Arnold Sherman, *Die Zerschlagung Jugoslawiens. Bürgerkrieg und ausländische Intervention,* Freiburg 1993, S. 25
63 Shermann, a.a.O., S. 25
64 Igor Graovac, »Menschenverluste«, in: Dunja Melcic (Hrsg.), *Der Jugoslawien-Krieg. Handbuch zu Vorgeschichte, Verlauf und Konsequenzen,* Opladen 1999, S. 184 ff. Graovac geht nach neueren Berechnungen davon aus, daß die Zahl von 1947 stark überhöht ist.
65 Vladimir Dedijer, *Jasenovac – das jugoslawische Auschwitz und der Vatikan,* Freiburg 1991
66 Z.n. Unsere Zeit, 30.4.1993
67 Scholz auf dem Fürstenfelder Symposium für Führungskräfte aus Bundeswehr und Wirtschaft, z.n. Ulrich Sandner, Militärpolitik der Generalität setzte sich durch: Abschied vom Primat der Politik, Ms. 2002
68 Franz Neumann, *Behemoth. Struktur und Praxis des Nationalsozialismus,* Frankfurt a.M. 1984, S. 213
69 Joschka Fischer, *Risiko Deutschland. Krise und Zukunft der deutschen Politik,* Köln 1994, S. 21

Die Sozialdemokratie in der Berliner Republik

1 Z.n. Winkler, a.a.O., Bd. II, S. 477
2 In: Süddeutsche Zeitung, 25.11.1989
3 »Entrüstung über Lafontaine«, in: Frankfurter Allgemeine Zeitung, 27.11.1989
4 Rundfunkinterview am 3.12.1989
5 Zusammengefaßt bei Winkler, a.a.O., Bd. II, S. 538/539
6 Winkler, a.a.O., Bd. II, S. 539
7 Winkler, a.a.O., Bd. II, S. 555
8 Arbeitsgruppe Wahlen an der Universität Freiburg, z.n. Bela Anda/Rolf Kleine, *Gerhard Schröder. Eine Biographie,* Berlin 1996, S. 122
9 Winkler, a.a.O., Bd. II, S. 528
10 Z.n. Peter Merseburger: *Der schwierige Deutsche. Kurt Schumacher,* Stuttgart 1995, S. 336
11 Z.n. Merseburger, a.a.O., S. 253–255
12 Z.n. Merseburger, a.a.O., S. 336
13 Z.n. Merseburger, a.a.O., S. 351–356
14 Z.n. Merseburger, a.a.O., S. 358
15 Z.n. Merseburger, a.a.O., S. 367
16 Z.n. Merseburger, a.a.O., S. 368/69
17 Z.n. Merseburger, a.a.O., S. 431/32
18 Z.n. Merseburger, a.a.O., S. 432
19 Z.n. Merseburger, a.a.O., S. 462–63
20 Z.n. Merseburger, a.a.O., S. 479
21 Fritz René Allemann, *Bonn ist nicht Weimar,* Frankfurt/M. 2000
22 Z.n. Wolfgang Schneider, »Verzicht ist Verrat«, in: Konkret 4/1990
23 Wolfgang Schneider, »Verzicht ist Verrat«, in: Konkret 4/1990
24 Z.n. Schneider, a.a.O.

25 Z.n. Schneider, a.a.O.
26 Z.n. Schneider, a.a.O.
27 Z.n. Schneider, a.a.O.
28 Herles, a.a.O., S. 108
29 Z.n. Winkler, a.a.O., Bd. II, S. 604
30 Anda/Kleine, a.a.O., S. 145
31 Z.n. Anda/Kleine, a.a.O., S. 145
32 Z.n. Anda/Kleine, a.a.O., S. 146
33 Anda/Kleine, a.a.O., S. 147
34 Anda/Kleine, a.a.O., S. 146
35 Z.n. Anda/Kleine, a.a.O., S. 135
36 Z.n. Anda/Kleine, a.a.O., S. 225
37 Z.n. »Oskar läßt die Puppen tanzen«, in: Konkret 1/1996
38 Z.n. Volker Herres/Klaus Waller, *Der Weg nach oben. Gerhard Schröder – Eine politische Biographie,* München/Düsseldorf 1998, S. 214/215
39 Z.n. »Wir sind resozialisiert«, in: Konkret 8/99
40 In: Deutsche Wochen-Zeitung, 2. 10. 1998
41 In: Junge Freiheit, 2.10.1998
42 Talk im Turm, 1.11.1998
43 »Total Normal?«, in: Der Spiegel, 30.11.1998, z.n. Joachim Rohloff, *Ich bin das Volk. Martin Walser, Auschwitz und die Berliner Republik,* Hamburg 1999, S. 121
44 »Eine offene Republik«, in: Die Zeit, 4.2.1999, z.n. Rohloff, a.a.O., S. 7/8
45 Z.n. Peter Köpf, *Der Neue. Gerhard Schröder – Deutschlands Hoffnungsträger,* München 1998, S. 20

Golfkrieg 1991 und das Ende der »Machtvergessenheit«

1 Z.n. Klaus Naumann, »Neuanfang ohne Tabus«, in: Blätter für deutsche und internationale Politik 4/1994, S. 435ff.
2 Z.n. Naumann, a.a.O.
3 In: Süddeutsche Zeitung, 16./17.6.1990, z.n. Naumann, a.a.O.
4 Z.n. Naumann, a.a.O.
5 Naumann, a.a.O.
6 Z.n. Naumann, a.a.O.
7 Winkler, a.a.O., Bd. II, S. 623
8 Z.n. Winkler, a.a.O., Bd. II, S. 625
9 Z.n. Winkler, a.a.O., Bd. II, S. 625
10 »Hitlers Wiedergänger. Hans Magnus Enzensberger über Saddam Hussein im Spiegel der deutschen Geschichte«, in: Der Spiegel, 4.2.1991
11 Z.n. »Wer gegen den Krieg ist, ist auch gegen Israel«, in: analyse & kritik Nr. 327, 11.2.1991
12 Merkur, März 1991
13 »Lazarett Deutschland«, in: Konkret 3/1991
14 »Musik in meinen Ohren«, in: Konkret 3/1991
15 »Diese Regierung muß zurücktreten«, in: die tageszeitung, 16.2.1991
16 »Wider den Feuilleton-Nationalismus«, in: Die Zeit, 19.4.1991
17 »Hitlers Wiedergänger. Hans Magnus Enzensberger über Saddam Hussein im Spiegel der deutschen Geschichte«, in: Der Spiegel, 4.2.1991

18 Im Interview mit Jacques Merlino, Chefredakteur des französischen Fernsehens France-2, zitiert in Mira Beham, *Kriegstrommeln. Medien, Krieg und Politik*, München 1996, S. 8/9
19 In: Die Welt, 28.9.1994
20 Joschka Fischer im Streitgespräch mit seinem Parteifreund Daniel Cohn-Bendit, die tageszeitung, 30.12.1994
21 »Milosevic wird der Verlierer sein«, in: Der Spiegel 19.4.1999
22 Ludger Vollmer, *Die Grünen und die Außenpolitik – ein schwieriges Verhältnis*, Münster 1998, S. 513
23 Vollmer, a.a.O., S. 519
24 Vgl. ausführlich: Jürgen Elsässer, »Die Rampe von Srebrenica«, in: ders., *Kriegsverbrechen. Die tödlichen Lügen der Bundesregierung und ihre Opfer im Kosovo-Konflikt*, Hamburg 2000, S. 14ff.
25 Duve in: Die Zeit, Juli 1995, z.n. Elsässer, a.a.O.
26 Von den 6546 Vermißten aus Srebrenica, die das Internationale Rote Kreuz im August 1996 auflistet, sind 6513 Männer.
27 Z.n. Stefanie Christmann/Dieter S. Lutz, *Die Zerstörung der Vernunft in Zeiten des Krieges – Zum Demokratieverlust seit 1989*, Berlin 2000, S. 199/200
28 Z.n. ebenda
29 Scharping, *(Kriegstagebuch) Wir dürfen nicht wegsehen. Der Kosovo-Krieg und Europa*, Berlin 1999, S. 84
30 Z.n. die tageszeitung, 1.4.1999
31 Pressekonferenz des Auswärtigen Amtes am 6.4.1999
32 Z.n. die tageszeitung, 13.4.1999
33 German Lessons, in: »Guardian«, 29.4.1999 sowie »Deutschstunde«, in: Süddeutsche Zeitung, 30.4.1999)
34 »Gänse auf dem Kapitol«, in: Konkret 1/2001
35 Z.n. Frank Schirrmacher (Hrsg.), *Der westliche Kreuzzug. 41 Positionen zum Kosovo-Krieg*, Stuttgart 1999, S. 119
36 Gerhard Schröder im Gespräch mit Ulrich Wickert, *Deutschland wird selbstbewußter*, Stuttgart/Leipzig 2000, S. 31/32
37 Schröder, a.a.O., S. 32
38 Schröder, a.a.O., S. 84
39 »Sechs Gründe für diesen Krieg«, in: Die Welt, 21.3.2003
40 Debatte des Deutschen Bundestags, 13.2.200

Außenpolitische Muskelspiele des neuen Deutschland

1 »Teltschik auf einer Tour d'horizon über die Krisenregionen der Erde«, in: Frankfurter Allgemeine Zeitung, 2.11.1991
2 »Kein Wiedersehen in Rapallo«, in: Frankfurter Allgemeine Zeitung, 16.4.92
3 Arnulf Baring, *Deutschland, was nun?*, Berlin 1991, S. 75
4 Arnulf Baring, a.a.O., Berlin 1991, S. 102, 166, 167
5 In: Die Welt, 8.12.1993
6 Vgl. Samuel Salzborn, *Heimatrecht und Volkstumskampf. Außenpolitische Konzepte der Vertriebenenverbände und ihre praktische Umsetzung*, Hannover 2001, S. 235

7 Z.n. Salzborn, a.a.O., S. 228
8 Vgl. Salzborn, a.a.O., S. 241
9 Z.n. Salzborn, a.a.O., S. 243
10 Im Gespräch mit den Buchautoren Walter von Goldendach und Hans-Rüdiger Minow, in: dies., *Deutschtum erwache. Aus dem Innenleben des staatlichen Pangermanismus,* Berlin 1994, S. 458/459
11 In: Wall Street Journal, 10.12.1991
12 Z.n. Wolfgang Michal, *Deutschland und der nächste Krieg,* Berlin 1995., S. 26
13 Z.n. Michal, a.a.O., Berlin 1995, S. 26
14 In: New York Times, 22.12.1991; die erste deutsche Leitzins-Erhöhung war am 19.12.1991 erfolgt
15 Z.n. »Faschismus ist möglich«, in: Konkret 3/1992
16 »Zwei, drei, viele Europas«, in: Süddeutsche Zeitung, 1.10.1992
17 »Der bayerische Ministerpräsident in einem SZ-Interview. Stoiber: Mit Adenauers Europapolitik brechen«, in: Süddeutsche Zeitung, 2.11.1993
18 Dokumentiert in: Blätter für deutsche und internationale Politik, 10/1994, S. 1271–1280
19 »›Die D-Mark ist nicht alles‹. CDU/CSU Fraktionschef Wolfgang Schäuble über die Zukunft der Europäischen Union«, in: Der Spiegel, 27.3.1995
20 »SZ-Interview mit Commerzbankchef Martin Kohlhausen: ›Start ohne Frankreich denkbar‹«, in: Süddeutsche Zeitung, 11.10.1995
21 »›Das wäre die völlige Lähmung‹. Frankreichs Premierminister Alain Juppé über Mark, Euro und die Zukunft des europäischen Einigungsprozesses«, in: Wirtschaftswoche, 27.6.1996
22 Z.n. »Briten verweigern Kohl-Suppe«, in: junge Welt, 6.2.1996
23 Z.n. »Briten verweigern Kohl-Suppe«, in: junge Welt, 6.2.1996
24 Z.n. »Kerneuropa? Kernspaltung!«, in: junge Welt, 21.6.1996
25 BW-Lageanalyse 1994, z.n. Ulrich Weisser, *Sicherheit für ganz Europa. Die Atlantische Allianz in der Bewährung,* Stuttgart 1999, S. 199
26 Z.n. »Die Aufrüstung der Bundeswehr zur weltweiten Angriffsfähigkeit«, in: Marxistische Blätter 1/2003
27 »Die Bundeswehr im Alleingang«, in: Süddeutsche Zeitung, 13.2.1992
28 Z.n. »Die Aufrüstung der Bundeswehr zur weltweiten Angriffsfähigkeit«, in: Marxistische Blätter 1/2003
29 Z.n. Searchlight special, *Reunited Germany – The New Danger,* London 1995, S. 29
30 Z.n. Die Zeit, 12.8.1994
31 Vgl. Klaus Naumann, *Frieden – der noch nicht erfüllte Auftrag,* Bonn 2002, S. 117
32 Klaus Naumann, *Die Bundeswehr in einer Welt im Umbruch,* Berlin 1994, S. 129
33 Z.n. »Der dritte Weltkrieg«, in: Konkret, 6/1995
34 Weisser, a.a.O., S. 24
35 Weisser, a.a.O., S. 34
36 Weisser, a.a.O., S. 38
37 Weisser, a.a.O., S. 50
38 Weisser, a.a.O., S. 50
39 Nach Weisser, a.a.O., S. 52

40 Z.n. »Der dritte Weltkrieg«, in: Konkret 6/1995
41 »Deutsche Panzer in den Ardennen und in Polen«, in: junge Welt, 13.11.1995
42 Z.n. »Kohl statt Adenauer«, in: Konkret10/1994
43 »Griff nach der Weltherrschaft«, in: Der Spiegel, 23.3.1992
44 Referiert in der Frankfurter Allgemeine Zeitung, z.n. »Sache der Deutschen«, in: Konkret 8/1992
45 Frankfurter Allgemeine Zeitung Mai 1992, z.n. »Sache der Deutschen«, in: Konkret 8/1992
46 »Was von der Abschreckung bleibt«, in: Frankfurter Allgemeine Zeitung, 3.2.1993
47 Z.n. »Kohl statt Adenauer«, in: Konkret 10/1994
48 Vgl. »...morgen die ganze Welt«, in: Der Spiegel, 19.4.1993 und »Schritt für Schritt in den Krieg«, in: Der Spiegel, 26.4.1993
49 Frankfurter Rundschau, 12.1.1993
50 Vgl. »Schritt für Schritt in den Krieg«, in: Der Spiegel, 26.4.1993
51 »Gewachsene Instinkte«, in: Der Spiegel, 18.5.1992
52 »Die neue Bundeswehrmacht«, in: junge Welt, 7.2.1996
53 Z.n. Hendrik Bullens, Fred Schmid, Linda Schneider, »Kerneuropa – Keim zur Weltmacht«, isw-report nr. 23, München 1995, S. 15
54 Achim Schmillen, in: Wissenschaft & Frieden 3/1994
55 Z.n. Michael, a.a.O., S. 80
56 »Von der Adria...«, in: die tageszeitung, 6.6.1993
57 »Eingreifen heißt Durchgreifen«, in: Die Welt, 7.5.1993
58 »Ein Auftrag«, in: Frankfurter Allgemeine Zeitung, 8.5.1993
59 »Drohen aber nicht handeln«, in: Die Welt, 10.5.1993
60 »Gemeinsames Versagen«, in: Frankfurter Allgemeine Zeitung 26.5.1993; »Moskau führt nun die Balkandiplomatie«, in: Die Welt, 22.5.1993
61 »Faul, oberfaul«, in: Frankfurter Allgemeine Zeitung, 25.6.1993
62 »Hilfe für Kroatien kritisiert«, in: junge Welt, 30.7.1996
63 Nach Searchlight special, a.a.O., S. 27
64 Schmidt-Eenboom, a.a.O., S. 234
65 Z.n. »Kroatien provoziert weiter«, in: junge Welt, 28.8.1995
66 »Totale Unterordnung«, in: Konkret 11/2002
67 »Schwierige Mission«, in: Frankfurter Allgemeine Zeitung, 15.4.1993
68 »Bosnien und die deutsche Politik«, in: die tageszeitung, 21.6.1993
69 Joschka Fischer im Streitgespräch mit seinem Parteifreund Daniel Cohn-Bendit, in: die tageszeitung, 30.12.1994
70 Michal, a.a.O., S. 81
71 Michal, a.a.O., S. 8

Der Kurswechsel der Clinton-Regierung

1 Z.n. »Auf Bewährung«, in: Konkret 3/1992
2 In: New York Times, 8.3.1992, im folgenden zitiert nach »The new global enemy«,. in : Konkret 9/1992
3 Z.n. »Mit voller Führungskraft«, in: Konkret 6/1993
4 Holbrooke, a.a.O., S. 94
5 Weisser, a.a.O., S. 72

6 Z.n. Weisser, a.a.O., S. 72
7 Helmut Kohl am 13.1.1994, z.n. Weisser, a.a.O., S. 62
8 Naumann, a.a.O., S. 48
9 Weisser, a.a.O., S. 73
10 »›Dann helfen uns eben die Osteuropäer‹«, in: Frankfurter Allgemeine Sonntagszeitung, 26.1.2003
11 Z.n. »Die islamische Karte«, in: Konkret 4/1994
12 In: Associated Press, 3.2.1995, z.n. Gregory Elich, »The invasion of Serbian Krajina«, www.tenc.net
13 In: The Observer, 5.11.1995, z.n. Elich, a.a.O.
14 Interview mit Panorama (Mailand), 8.8.1995, z.n. Elich, a.a.O.
15 Oslobodjenje (serbisch), 23.8.1995, z.n. Elich, a.a.O.
16 Oslobodjenje (serbisch), 23.8.1995, z.n. Elich, a.a.O.
17 In: die tageszeitung, 5.10.1995
18 AFP lt. »Seit 5.45 Uhr wird zurückgeschossen«, in: junge Welt, 5.8.1995
19 »Welcome to War«, in: junge Welt, 20.6.1995
20 Z.n. »So beginnt ein neues Vietnam«, in: junge Welt, 26.7.1995
21 Z.n. »Toscana-Fraktion gegen Tornado-Fraktion«, in: junge Welt, 26.6.1995
22 Z.n. »Große Mehrheit für Kriegskurs«, in: junge Welt, 1.7.1995
23 Z.n. »Große Mehrheit für Kriegskurs«, in: junge Welt, 1.7.1995
24 Beitrag für das SPD-Magazin »Vorwärts« 8/1995; vorab in: junge Welt, 26.7.1995
25 »Die Blutspur der Friedensstifter«, in: junge Welt, 8.9.1995
26 Holbrooke, a.a.O., S. 160
27 Holbrooke, a.a.O., S. 166
28 Holbrooke, a.a.O., S. 161
29 »Deutschland befindet sich im Krieg«, in: junge Welt, 2.9.1995
30 »Die Logik des Krieges«, in: junge Welt, 4.9.1995
31 Naumann, a.a.O., S. 126
32 Helmut Kohl am 25.11.1991, z.n. »Kanzlerlügen«, in: junge Welt, 1.7.1995
33 Helmut Kohl am 17.2.1994, z.n. »Kanzlerlügen«, in: junge Welt, 1.7.1995
34 In: International Herald Tribune, 1.9.199

Wachsende Rivalitäten zwischen Berlin und Washington

1 Z.n. Jürgen Elsässer, Deutschland als Brandstifter, in: ders., *Nie wieder Krieg ohne uns. Das Kosovo und die neue deutsche Geopolitik,* Hamburg 1999, S. 51
2 Vgl. »Drogen und Deutschmark«, in: Konkret 3/1999
3 Radio Free Europe/Radio Liberty, Balkan Report vom 4.2.2000
4 In: The European, 21–27 September 1998
5 Monitor, 23.09.1998
6 »Die UCK trägt jetzt deutsche Uniformen«, in: Jungle World, 9.6.1998
7 Ludger Vollmer, a.a.O., S. 59
8 Matthias Küntzel, *Der Weg in den Krieg. Deutschland, die NATO und das Kosovo,* Berlin 2000, S. 166
9 Nach Günter Joetze, *Der letzte Krieg in Europa? Das Kosovo und die deutsche Politik,* Stuttgart/München 2001, S. 8
10 Rolf Clement, Die Teilnahme der Bundeswehr am internationalen Militär-

einsatz im Kosovo und in Jugoslawien, in: Erich Reiter (Hrsg.), *Der Krieg um das Kosovo 1998/99*, Mainz 2000, S. 157
11 Wesley Clark, *Waging Modern War. Bosnia, Kosovo and the Future of Combat*, New York 2001, z.n. »Souveräne Diplomatie«, in: Konkret 2/2002
12 »Aufstand der Stämme«, in: Konkret 99/12
13 Naumann, a.a.O., S. 60
14 »Wettlauf ums Amselfeld«, in: Die Zeit, 17.9.1999
15 »Kosovo: ›oben die Mörder und ringsherum ihre Opfer«, in: Der Spiegel, 30.8.1999
16 Z.n. Michel Collon, Après le Kosovo, la Macédonie, Rund-Mail vom 15.3.2001
17 Z.n. »Drogen und Pipelines«, in: Konkret 4/2001
18 »Fremde Federn: Sabine Leutheusser-Schnarrenberger. Wer erntet bei ›Essential Harvest‹«, in: Frankfurter Allgemeine Zeitung, 28.8.2001
19 »Berliner Propaganda«, in: Frankfurter Allgemeine Zeitung, 22.8.2001
20 Ernst-Otto Czempiel, *Weltpolitik im Umbruch. Die Pax Americana, der Terrorismus und die Zukunft der internationalen Beziehungen*, München 2003, S. 124
21 »Bundeswehr hält 6000 Soldaten bereit«, in: FAS, 30.9.2001
22 »Bundeswehreinsatz«, in: Frankfurter Allgemeine Sonntagszeitung, 21.10.2001
23 Z.n. »Eine amerikanische Anfrage und eine deutsche Antwort«; in: Frankfurter Allgemeine Zeitung, 8.11.2001
24 »Eine Sache von Angebot und Nachfrage«, in: Berliner Zeitung, 8.11.2001
25 In: International Herald Tribune, 8.11.2001
26 Vgl. »Amerikanische Soldaten dringen nach Kandahar vor«, in: Frankfurter Allgemeine Zeitung, 11.12.2001
27 »In Kabul Abneigung gegen eine Schutztruppe unter britischer Führung«, in: Frankfurter Allgemeine Zeitung, 20.12.2001
28 »Streit zwischen Berlin und London droht Afghanistan-Resolution weiter zu verzögern«, in: Frankfurter Allgemeine Zeitung, 18.12.2001
29 »Spannungen vor Afghanistan-Einsatz«, in: Frankfurter Allgemeine Sonntagszeitung, 23.12.2001
30 »Bundeswehr vor Neujahr in Kabul«, in Frankfurter Allgemeine Sonntagszeitung, 23.12.2001
31 Nach Neues Deutschland, 27.02.2002
32 »Deutsche Soldaten kämpfen an vorderster Front«, in: Süddeutsche Zeitung, 9./10.3.2002
33 »Explosion tötet deutsche Soldaten«, in: Frankfurter Rundschau, 7.3.2002
34 Deutsche Presse-Agentur, 10.03.2002
35 »Amerikaner melden Einnahme Shah-ikots«, in: Frankfurter Allgemeine Zeitung, 14.03.2002
36 »Die Bundeswehr wird umgerüstet für Auslandseinsätze«, in: Frankfurter Allgemeine Zeitung, 22.2.2003
37 »Die neue Herausforderung«, in: Frankfurter Allgemeine Zeitung, 23.1.2003
38 In: Frankfurter Rundschau, 11.12.2002, unter www.wolfgang-schaeuble.de
39 Angabe nach Peter Struck, »Deutsche Sicherheitspolitik und die Bundeswehr vor neuen Herausforderungen«, in: Europäische Sicherheit, Januar 2003
40 Interview in den ARD-Tagesthemen, 9.8.200

Gemeinsame und widerstreitende Interessen …

1 »Auschwitz in the Sand«, in: New York Times, 2.1.1989
2 Z.n. Hans Branscheidt, »Der deutsche Exportweltmeister als Todeshändler«, in: Thomas von der Osten-Sacken/Arras Fatah (Hrsg.), *Saddam Husseins letztes Gefecht? Der lange Weg in den III. Golfkrieg*, Hamburg 2002, S. 230
3 Alle Zitate aus dem Januar 1991, z.n. »Händler des Todes«, in: Konkret 12/1991
4 »Das Recht auf die Bombe«, in: Der Spiegel, 18.11.1991
5 »UNO-Untersuchungen belegen tiefe Verstrickungen deutscher Firmen in die Aufrüstung des Irak«, in: Süddeutsche Zeitung, 18./19.1.1992
6 Geheimbericht vom 21.8.1990, z.n. Hans Leyendecker/Richard Rickelmann, *Exporteure des Todes. Deutscher Rüstungsskandal in Nahost*, Göttingen 1990, S. 24
7 Leyendecker/Rickelmann, a.a.O., S. 82
8 Vgl. Stern, 10.12.1987, z.n. »Die Bagdad-Connection«, in: Jungle World, 19.2.2003
9 Vgl. Leyendecker/Rickelmann, a.a.O., S. 39
10 alle Angaben nach: »Peenemünde in Nahost«, in: Konkret 11/1992
11 Hans Walden, *Wie geschmiert. Rüstungsproduktion und Waffenhandel im Raum Hamburg. Ein Schwarzbuch*, Idstein 1998
12 Nach »Die Bagdad-Connection«, in: Jungle World, 19.2.2003
13 Branscheidt, a.a.O., S. 218
14 »Die Waffen des Saddam Hussein«, in: Frankfurter Allgemeine Sonntagszeitung, 23.2.2003
15 Kommunikationszentrum Idstein e.V., Tatort Nahost, Idstein 1991, S. 31/32
16 Branscheidt, a.a.o., S. 227
17 Z.n. »Die Waffen des Saddam Hussein«, in: Frankfurter Allgemeine Sonntagszeitung, 23.2.2003
18 »Die Waffen des Saddam Hussein«, in: Frankfurter Allgemeine Sonntagszeitung, 23.2.2003
19 New York Times, 18.8.2002
20 »Der Treibstoff des Krieges«, in: Der Spiegel 20.1.2003
21 »Die Waffen des Saddam Hussein«, in: Frankfurter Allgemeine Sonntagszeitung, 23.2.2003
22 Z.n. »Die Bagdad-Connection«, in: Jungle World, 19.2.2003
23 Die Zahlen in den folgenden Jahren: 1,2 Milliarden Mark (2001), 335 Millionen Euro (2002).
24 Frankfurter Allgemeine Zeitung Online, 29.06.2001
25 »Chatami ermutigt zu Investitionen in Iran«, in: Financial Times Deutschland, 12.7.2000
26 »Im Anlagenbau Irans haben die Deutschen eine führende Stellung«, in: Frankfurter Allgemeine Zeitung, 3.11.1999
27 »Das Interesse an Direktinvestitionen in Iran erwacht«, in: Frankfurter Allgemeine Zeitung, 6.12.2000
28 Gawdat Bahgat, »Erdgasreserven in der Golf-Region«, in: Internationale Politik 1/2001, S. 49 ff.
29 Bundesstelle für Außenhandelsinformation, Wirtschaftstrends zur Jahresmitte 2001, Iran, Köln 2001

30 Bundesstelle für Außenhandelsinformation, Wirtschaftstrends zur Jahresmitte 2001, Iran, Köln 2001
31 »Für Bush, gegen Bush, für Bush, gegen Bush«, in: Frankfurter Allgemeine Sonntagszeitung, 17.2.2002
32 Saudi-Arabien ist zwar für Deutschland der wichtigste arabische Importeur (jährliches Volumen etwa vier Milliarden Mark, vor allem Maschinen, Anlagen und Fahrzeuge), bezieht aber weit mehr Waren aus den USA (Deutschland wird sogar noch von Japan und Großbritannien überflügelt). Als Kronprinz Abdallah im Juni 2001 in Berlin um weiteres deutsches Kapital warb, meinte Wirtschaftsminister Müller kühl, er befürworte das, es wäre aber schön, »wenn deutsche Firmen, die sich für ein Projekt bewerben, auch mal einen Auftrag bekämen«. (»Günstige Versuchskaninchen«, in: Financial Times Deutschland, 8.6.2001)
33 Mineralölwirtschaftsverband, z.n. Institut für sozialökologische Wirtschaftsforschung, Spezial-Nr. 15, *Krieg ums Erdöl*, München 2001, S. 7
34 Ebenda
35 Putin scheint auch Wort halten zu können. In der Zeitschrift Internationale Politik, dem Organ des wichtigsten deutschen Think Tanks Deutsche Gesellschaft für Auswärtige Politik, hieß es im Januar 2001: »Der Kampf um den Bau oder Nichtbau der amerikanischen Baku-Ceyhan-Pipeline bildet den bisherigen Höhepunkt des ›Großen Spiels‹ um Einfluß und Kontrolle über den Kaspischen Raum.« (»Energieressourcen am Kaspischen Meer«, in: Internationale Politik 1/2001, S. 37) Mittlerweile ist der High noon vorbei, das Spiel entschieden: Im Streit um den Abtransport des kaspischen Öls hat sich Ende 2001 Moskau durchgesetzt und eine Pipeline zum russischen Schwarzmeerhafen Novorossisk eröffnet. Darüber hinaus wird auch an neuen Pipelines für sibirisches Öl gearbeitet.(»Die nördliche Dimension«, in: Internationale Politik, S. 29 ff.)
36 »Die nördliche Dimension«, in: Internationale Politik, 1)2001, S. 29 ff.
37 www.geopowers.com/Trends/Ind_trends/ind_trends.html
38 »Konzerne wiegeln ab«, in: Stuttgarter Zeitung, 13.02.2003
39 »Chemieanlagenbau gegen Krieg«, in: Frankfurter Rundschau, 12.2.200

Die steigende Exportabhängigkeit Deutschlands von den USA

1 Z.n. »Zerwürfnis mit Amerika belastet Unternehmen«, in: Frankfurter Allgemeine Zeitung, 12.2.2003
2 Z.n. »Zerwürfnis mit Amerika belastet Unternehmen«, in: Frankfurter Allgemeine Zeitung, 12.2.2003
3 Tagesspiegel, 12.2.2003; Frankfurter Allgemeine Zeitung, 13.2.2003; Tagesspiegel, 14.2.2003
4 »Antideutsche Stimmung in Amerika«, in: Frankfurter Allgemeine Zeitung, 1.3.2003
5 isw-Wirtschaftsinfo Nr. 34, München 2002, S. 12
6 Zahlen nach DIW-Wochenbericht 10/2003
7 Nach isw-Forschungshefte 1, München, Januar 2003, S. 11
8 »Zugmaschine Amerika«, in: Frankfurter Allgemeine Zeitung, 23.12.2002

9 Angabe nach Leo Mayer/Fred Schmidt, »Wirtschaftskrise des globalisierten Kapitalismus«, in: isw- Report Nr.49, November 2001
10 Statistisches Bundesamt lt. isw-Wirtschaftsinfo 27, München 1999, S. 10
11 Vgl. isw-Report Nr. 29, München 1996, S. 16
12 US-Census-Bureau/Bureau of Economic Analysis, z.n. Leo Mayer/Fred Schmidt, a.a.O.
13 »Die deutsche Einfuhr sinkt 2002 deutlich«, in: Frankfurter Allgemeine Zeitung, 31.12.2002
14 »Deutschland schließt viertes Quartal mit einer roten Null ab«, in: Frankfurter Allgemeine Zeitung, 27.2.2003
15 »Die Bundesbank schlägt Alarm«, in: Frankfurter Allgemeine Zeitung, 8.3.2003
16 Hansjörg Herr, *Währungskonkurrenz und Deregulierung der Weltwirtschaft. Entwicklungen und Alternativen der Währungspolitik der Bundesrepublik und der Europäischen Gemeinschaften (EWS)*, Marburg 1989, S. 17
17 United Nations, World Investment Report 2001, New York/Genf 2001, S. 307
18 »Antideutsche Stimmung in Amerika«, in: Frankfurter Allgemeine Zeitung, 1.3.2003
19 Vgl. isw-Wirtschaftsinfo Nr. 34, a.a.O., S. 12
20 Wirtschaftswoche, 31.5.2001, z.n. isw-Wirtschaftsinfo 34, a.a.O., S. 10
21 Herr, a.a.O., S. 42
22 »Auf absterbendem Ast«, in: junge Welt 17.2. und 18.2.2003 und »Kontinentalverschiebungen«, in: »Marxistische Blätter« 1/2003
23 Herwig Birg, *Die demographische Zeitenwende. Der Bevölkerungsrückgang in Deutschland und Europa*, München 2001, S. 18
24 Vgl. isw-Wirtschaftsinfo Nr. 34, a.a.O., S. 10
25 Vgl. isw-Wirtschaftsinfo Nr. 34, a.a.O., S. 10
26 »Kontinentalverschiebungen«, a.a.O.
27 Börsenzeitung, 6.8.2002
28 Michael Wolgast, Kapitaldeckungsverfahren versus Umlageverfahren, hrsg. vom Gesamtverband der Versicherungswirtschaft, GDV, 13.9.2002
29 Economist, 16.2.200

Krieg als Flucht vor dem wirtschaftlichen Kollaps

1 Kreditanstalt für Wiederaufbau, *Das Leistungsbilanzdefizit der USA – eine Gefahr für die Weltwirtschaft!*, Frankfurt/M. 1999
2 www.jahrbuch2001.studien-von-zeitfragen.net/Global
3 a.a.O.
4 Angaben der US-Notenbank unter www.federalreserve.gov
5 Siegfried Wenzel, stellvertretender Vorsitzender der DDR-Planungskommission, »Die DDR war nicht bankrott«, in: Konkret 10/1999; Siegfried Wenzel geht davon aus, daß die Zahl 49 Milliarden Valutamark zu hoch gegriffen ist und von den SED-Reformern zum Sturz Ulbrichts in Umlauf gebracht wurde
6 Standard & Poor's, Ratingdirect United States of America, 25.01.2001, unter www.ratingdirect.com
7 Vgl. isw-Wirtschaftsinfo 34, a.a.O., S. 1
8 Vgl. isw-Wirtschaftsinfo 34, a.a.O., S. 1

9 Kurt Richebächer, »Die tieferen Gründe der Wirtschaftskrise«, in Gold & Money Intelligence Nr. 5/6, Mai/Juni 2002
10 Vgl. Alfred Sohn-Rethel, *Industrie und Nationalsozialismus. Aufzeichnungen aus dem »Mitteleuropäischen Wirtschaftstag«*, Berlin 1992, S. 100
11 Vgl. Sohn-Rethel, a.a.O., S. 153
12 Nach Emmanuel Todd, *Weltmacht USA. Ein Nachruf*, München 2003, S. 113
13 Bundesagentur für Außenwirtschaft, CD-Rom zur Außenwirtschaft, USA-Wirtschaftstrends zum Jahreswechsel 2002/2003
14 Bundesagentur für Außenwirtschaft, a.a.O.
15 Nach Todd, a.a.O., S. 90
16 Werner Meyer-Larsen, *Griff über den großen Teich. Deutsche Unternehmen als Herausforderer amerikanischer Konzerne*, Frankfurt/New York 1999, S. 17/18
17 Meyer-Larsen, a.a.O., S. 18
18 Francis Fukuyama, *Das Ende der Geschichte. Wo stehen wir?*, München 1992.
19 Samuel P. Huntington, *Der Kampf der Kulturen. Die Neugestaltung der Weltpolitik im 21. Jahrhundert*, München 1996.
20 So die Angaben von Ex-Bundesminister Andreas von Bülow (»Was wußten die Insider?«, in: Konkret 12/2001)
21 Zbigniew Brzezinski, *Die einzige Weltmacht. Amerikas Strategie der Vorherrschaft*, Frankfurt/M. 2001
22 Brzezinski, .a.a.O., S. 15/16
23 Brzezinski, a.a.O., S. 92
24 Genscher in Brzezinski, a.a.O., S. 13
25 Brzezinski, a.a.O., S. 282
26 Richard Butler, *Saddam Defiant. The Threat of Weapons of Mass Destruction and the Crisis of Global Security*, London 2001, S. 226
27 Helmut Schmidt, *Die Selbstbehauptung Europas. Perspektiven für das 21. Jahrhundert*, Stuttgart/München 2000, S. 70
28 Deutsche Bank Research, »Krise, keine Depression«, November 2001, unter www.dbresearch.de
29 Deutsche Bank Research, »Krise, keine Depression«, November 2001, unter www.dbresearch.de
30 »Dem amerikanischen Staat droht die Zahlungsunfähigkeit«, in: Frankfurter Allgemeine Zeitung, 25.6.2002
31 »Amerikas steigendes Etatdefizit zeigt an den Aktienmärkten Wirkung«, in: Frankfurter Allgemeine Zeitung, 10.2.2003
32 Deutsche Bank Research, a.a.O.
33 »Euro-Kurs droht ein ›Überschießen‹«, in: Frankfurter Allgemeine Zeitung, 31.3.2003
34 »Das große Spiel ums Öl«, in: Süddeutsche Zeitung, 28.1.200

Die Phantom-Armee der EU im Sperrfeuer der USA

1 »Sein Regiment«, in: Frankfurter Allgemeine Zeitung, 12.2.2003
2 »Kaiser Gerhard II.«, in: Süddeutsche Zeitung, 12.2.2003
3 »Stoiber: Fehler in der Außenpolitik wie unter Wilhelm II.«, in: Frankfurter Allgemeine Zeitung, 11.2.2003

4 »Das ›alte Europa‹ plant eine Blauhelm-Invasion im Irak«, › 10.2.2003
5 In: Bild, 10.2.2003
6 »Die ›Chefs‹ sprachen über die Welt, die Fachleute über Details«, in: Frankfurter Allgemeine Zeitung, 13.2.2003
7 »Sein Regiment«, in: Frankfurter Allgemeine Zeitung, 12.2.2003
8 »Das Projekt Mirage«, in: Der Spiegel, 10.2.2003
9 Der Spiegel, 3.2.1992
10 In: Frankfurter Allgemeine Sonntagszeitung, 9.4.1991
11 In: Handelsblatt, 10./11.12.99
12 »Zwischen Frankreich und Amerika«, in: Frankfurter Allgemeine Zeitung, 20.11.2000
13 »Europas Friedensoldaten an die Front«, in: Das Parlament, 2.3.2001
14 Vgl. »Europa wird Militärmacht«, IMI-Analyse vom 23.12.2002, www.imi-online.de
15 Vgl. »Die ›Euro-Armee‹«, in: Internationale Politik, 9/2001
16 Vgl. »Europäische Kleinstaaterei«, in: Frankfurter Allgemeine Zeitung, 12.3.2003
17 EADS = European Aeronautic Defence and Space Company
18 »Trittbrettfahrer«, in: Konkret 1/2002
19 Rede am Royal Institute of International Affairs in London: »America´s Stake in a Strong Europe«, Homepage der US-Botschaft
20 Z.n. Soldat und Technik, 3/2000
21 In: Frankfurter Rundschau, 12.01.2002
22 »EU löst NATO ab«, in: Frankfurter Allgemeine Zeitung, 13.3.2003
23 »Ein starkes Europa ist ein besserer Partner für die USA«, in: Frankfurter Rundschau, 14.8.200

Eine neue Partie auf dem eurasischen Schachbrett

1 Ernst-Otto Czempiel, *Weltpolitik im Umbruch. Die Pax Americana, der Terrorismus und die Zukunft der internationalen Beziehungen*, München 2003, S. 97
2 »Stützpunkte werden frühestens in einem Jahr geschlossen«, in: Frankfurter Allgemeine Zeitung, 4.3.2003
3 Dokumentation von Michael Kirk, ARTE-Themenabend Irak, 11.3.2003
4 »›Winds of Change‹ sollen die Völker begeistern«, in: Neues Deutschland, 18./19.1.2003
5 Z.n. Cover-Up and Conspiracy, WSWS Editorial Board, 19.5.2002
6 Vgl. www.cbsnews.com/Stories/2002/09/04/september11/printable520830.shtml
7 In: The New York Times, 27.9.2001, z.n. Czempiel, a.a.O., S. 131
8 International Herald Tribune, 26.11.2001, z.n. Czempiel, a.a.O., S. 139
9 Otfried Nassauer, »Niederlage auf dem Balkan – Die Türken vor Brüssel?«, unter: www.bits.de
10 »Operation über Zeit und Raum«, in: Konkret, 1/2003
11 »Das Pentagon will Deutschland für Anti-Kriegs-Kurs abstrafen«, in: Die Welt, 20.2.2003
12 Z.n. Ekkehard Sauermann, *Neue Weltkriegsordnung. Die Polarisierung nach dem 11. September*, Bremen 2002, S. 488

13 »Amerika will sich gegen Angriffe auch mit Atomwaffen wehren«, in: Frankfurter Allgemeine Zeitung, 12.12.2002
14 Z.n. Profil, 37/200

Machtkampf zwischen Gaullisten und Atlantikern

1 »Berlin muß politische und strategische Reife zeigen«, in: Berliner Morgenpost, 29.9.2002
2 »Union äußert Verständnis für Kritik der USA«, in: Die Welt, 27.1.2003
3 »Kampf gegen Airbus«, in: Spiegel online, 4.3.2003
4 Karl Marx, a.a.O., S. 224
5 »›Schröder, bleib standhaft!‹«, in: Frankfurter Allgemeine Zeitung, 17.2.2003
6 »Koch und Kellner« in: Frankfurter Allgemeine Zeitung, 12.3.2003
7 »CDU und CSU uneins über Haltung zum Irak-Krieg«, in: Frankfurter Allgemeine Zeitung, 25.3.2003
8 »Stoiber lobt deutschen Konsens in Irak-Frage«, in: Die Welt, 30.8.2002
9 Stoiber bei seiner Aschermittwochsrede am 5.3.2003, unter www.csu.de
10 »CDU und CSU uneins über Haltung zum Irak-Krieg«, in: Frankfurter Allgemeine Zeitung, 25.3.2003
11 »Wir können uns keine irrationale Politik leisten«, in: Freitag, 17.1.2003
12 »CSU-Politiker verurteilen Bushs Irak-Politik«, in: Süddeutsche Zeitung, 10.1.2000

Frieden in Europa statt Offensive auf dem Weltmarkt

1 Angaben nach Heiner Flassbeck in: »Lafontaines letzter Kampf«, in: Konkret 11/1999
2 »Lafontaines letzter Kampf«, in: Konkret 11/1999
3 »Lafontaines letzter Kampf«, in: Konkret 11/1999
4 »Koch und Kellner«, in: Frankfurter Allgemeine Zeitung, 12.3.2003
5 Wolfgang Schäuble, »Kontinuität und Wandel – die Zukunft der deutschen Außenpolitik«, Rede am 10.3.2003 (www.kas.de/Publikationen)
6 Frankfurter Allgemeine Zeitung, 29.5.2001
7 Schäuble, a.a.O.
8 Schäuble, a.a.O.
9 »Koch und Kellner«, in: Frankfurter Allgemeine Zeitung, 12.3.200

Register

ABC-Waffenhilfe, deutsche 162
Abschreckung, atomare 131
»Achse des Bösen« 170, 216
Adenauer, Konrad 54, 87, 89, 91
Afghanistan-Resolution 157
Al-Qaida-Netzwerk 217
Allianz, transatlantische 200
Andreotti, Guilio 69
Annan, Kofi 146
Annexionspolitik 42
Anthrax 167
Anti-Terror-Feldzug 214
Anti-Terror-Koalition 156
Antifaschismus 118, 224
Antisemitismus 20, 30–32, 45, 50, 59, 111, 225
Asylrecht 97
Atombombenbau 167
Atompotential 54
Atomwaffenpool 131
Atomwaffensperrvertrag 55
Atomwaffenstreit 55
Augstein, Rudolf 63, 70, 130
Auschwitz 8, 63, 64, 107, 109, 110, 113, 115, 224
Auslandsverschuldung 186
Außenhandel 179, 192
Außenhandelsüberschuß 178
Auswärtiges Amt (AA) 133

Baath-Partei 110
Badinter-Kommission 78
Bagdad 7–8, 206
Balkankonferenz 151
Balkankrise 149
Balkanpolitik 119
Bangemann, Martin 164
Bedrohungsanalyse 193
Berliner Republik 22, 65, 82, 104, 140, 234
Bin Laden, Osama 217
Binnenmarkt 177, 183
Blauhelm-Einsatz 132
Bloch, Ernst 33–35
»Blut für Öl« 199
Bombardierung 151
Bonner Republik 91
Bosnien 77, 142, 153, 157
Bosnienkrieg 138
Brandt, Willy 91–96, 102
Bubis, Ignatz 100
Bundesnachrichtendienst (BND) 73–74, 136–137, 150–163
Bundestagswahlkampf 95, 218
Bundeswehr 72, 125–127, 131, 159
Bundeswehreinsatz 107
Bündnisfall 215
Bush, George H. W. 66, 72, 74, 196, 211
Bush, George W. 101, 170, 174, 192, 197, 212–214, 216, 219, 224, 234

Carter, Jimmy 180
CDU/CSU-FDP-Regierung 94
Chemieanlagenbau 173
Cheney, Dick 213
Chirac, Jacques 11, 200, 202, 216, 226, 233, 235
CIA 150, 214
Claes, Willy 146
Clark, Wesley 153
Clinton, Bill 135, 140–142, 148–149, 185, 196–197, 211, 213
Clinton-Regierung 139, 197

DDR 65, 71, 84–85, 95–96, 136, 165, 211, 230
Demilitarisierung 239
Demokratie, parlamentarische 38
Deutsches Reich 23, 59, 63
Deutschlandpolitik 86
Deutschnationalismus 62
Drittes Reich 35, 89

EG-Ministerrat 76
Eichel, Hans 234
Emanzipation, europäische 30
Entspannungspolitik 10, 55
Eroberungskrieg 32
Eskalationsdynamik 151
EU-Gipfel 204
EU-Militärpolitik 204
EU-Truppe 209
EU-Verteidigungsstrukturen 237
Euro-Armee 127, 200

Euro-Atomwaffen 200
Eurofighter 207
Europäische Sicherheits- und Verteidigungsidentität (ESVI) 208
Europäische Union (EU) 10, 65, 122
Europäischer Gerichtshof 164
Europapolitik 234
Exportabhängigkeit 174

Faschismus 115, 118
Fischer, Joschka 15–16, 112–113, 115, 117
Fiskal- und Zinspolitik 189
Frankreich 29, 34, 36, 67, 98, 148, 156, 167, 179, 181, 194
Französische Revolution 27, 85
Friedensbewegung 101, 105, 107, 108, 162
Friedensordnung 10
Friedenspolitik 105
Friedman, Michel 117
Fundamentalismus 193–194

Gauweiler, Peter 227
Genozid 114
Genscher, Hans-Dietrich 13–14, 73, 75–78
Gewaltverzicht 95
Giftgas 162
Giftgas-Zulieferer 163
Giftwaffen 108
Giordano, Ralph 48, 52
Globalisierung 179
Globalökonomie 189
Glos, Michael 16, 227, 238
Golf 13
Golfkrieg 108–109
Golfkrieg 1991 131, 206, 228, 232
Golfkrieg 2003 228
Golfregion 171, 174
Gorbatschow, Michail 66, 71
Gotteskrieger 194
Grass, Günter 63–64, 108
Großbritannien 36, 68, 148, 156, 179
Großmachtpolitik 10, 104
Gysi, Gregor 70–71

Habermas, Jürgen 58, 60–62
Haussmann, Helmut 163–164
Hermes-Bürgschaften 169
Heye, Uwe 12
High-Tech-Rüstung 185
Historikerstreit 61–62, 109
Hitler-Barbarei 50
Holocaust 18, 20, 33–34, 47, 60, 70, 109, 113, 117, 224
Huntington, Samuel 193
Hussein, Saddam 105–106, 109–110, 118, 167, 201, 213, 224

Interventionspolitik 203
Irak 7–8, 107, 161–162, 166–167, 171, 174, 202, 231, 237
Irak-Feldzug 12, 202
Irak-Frage 220
Irak-Krieg 15, 172, 218
Irak-Krise 101, 195, 221, 233
Irak-Politik 165, 168, 225, 236
Iran 167, 169, 237
Israel 108

Judenfeindschaft 31
Judenvernichtung 44
Jugoslawien 75, 79, 114, 118, 147, 151
Jugoslawische Volksarmee (JVA) 75
Juppé, Alain 124

Kabul 158
Kagan, Robert 10
Kalter Krieg 52, 139, 198, 216, 218
Kapitalismus 36
Katholizismus 48
Kinkel, Klaus 133–134, 149
Kissinger, Henry 130
Klose, Hans-Ulrich 15
Kohl, Helmut 8, 13, 57, 68, 70, 76, 87, 96, 99, 102, 135, 147, 166, 176, 220
Kohl-Doktrin 117
Konstellation, neue weltpolitische 236
Konzentrationslager 114–115
Kosovo 114–115, 117, 151, 154, 157, 196, 205, 211
Krieg 108, 110, 114, 118, 125, 174, 190, 230

»Krieg gegen den Terror« 158
Kriegsangst 239
Kriegslogik 10
Kriegspolitik 117, 232
Kriegsverbrechen 113
Kriegsverbrecher 52
Kriegsvorbereitung 190
Krisenregion 148
Kroatien 74, 79, 80, 135, 143, 144
Kuba 237

Lafontaine, Oskar 83–85, 87, 92–93, 96, 102, 145, 176
Lambsdorff, Otto Graf 164
Liberalismus 39, 50
Libyen 162
Luther, Martin 24–26

Maastricht-Kriterien 200
Machtpolitik 61, 105
Machtzentrum 61
Major, John 75
Marcuse, Herbert 43
Marktwirtschaft 51, 189
Marschflugkörper 206
Massaker 142, 146
Massenmord 45, 107, 113
Massenvernichtungswaffen 168, 217
Mazedonien 77, 157
Menschenrechte 14, 105
Merkel, Angela 16, 226, 231
Militärausrüstung 144
Militärgewalt 188
Militarismus 107, 118
Militärpolitik 160
Militärschlag 134
Mitterrand, François 66–68, 71, 122
Möllemann, Jürgen 162
Mordpolitik 34
Münchner Sicherheitskonferenz 201–202
Müntefering, Franz 12, 143

Nachkriegsordnung 94
Naher Osten 12
Nationalismus 30–31, 42, 61, 69, 83, 88, 91–92, 105, 108, 116, 137
Nationalsozialismus 19, 43, 50, 52, 58
Nationalstaat 61, 63, 65, 83, 84, 85
NATO 7, 9–10, 53, 126–131, 134, 142, 145–146, 151–153, 155, 160, 203, 208–209, 214–215, 218, 232
NATO-Osterweiterung 141, 211
Nazi-Deutschland 116, 190, 223
Neoliberalismus 239
Nordkorea 237
Nuklearpotential 130

»Ökonomische Kriegführung« 123
Ölhandel 193
Ölindustrie 212
OPEC-Kartell 56
Oslo-Friedensvertrag 213
Osmanisches Reich 41
Ostverträge 55

Panslawismus 33
Pazifismus 8
Protektionismus 230
Protestantismus 34
Putin, Wladimir 218, 234

Raketenindustrie 213
Reagan-Regierung 167, 212
»Reich des Bösen« 217
Remilitarisierung 53, 90
Restriktionspolitik 178
Revanchismus 94
Revisionismus 60
Rohstoffkrieg 200
Rumsfeld, Donald 157, 167, 201, 213, 217, 224
Rußland 41, 120, 153, 194–195, 237
Rüstungsexport 166

Saudi-Arabien 168, 171–172, 199, 237
Scharping, Rudolf 98, 114–115, 117, 207
Schäuble, Wolfgang 15, 159, 231
Schmidt, Helmut 56–57, 197
Scholz, Rupert 80–81
Schröder, Gerhard 8, 11–16, 43, 86–87, 96–101, 117–118, 157, 160, 172, 174, 200, 202, 216, 225–226, 232–233, 238

Schumacher, Kurt 87–88, 90–91
Schurkenstaat 199, 217–218
Selbstbestimmungsrecht 75
Selbstmordattentäter 225
Serbien 41, 73, 135
Shultz, George 58
Sicherheitspolitik 126
Siegermächte 90
Slowenien 74
Sonderweg-Theorie 21–22, 35, 58
Sonderweg-These 33, 36, 50
Sozialpolitik 102
SPD 11, 83–84, 87–90, 92–94, 97–98, 100, 238
Stabilitätspakt 235
Stoiber, Edmund 15–16, 123–124, 201, 227
Strasbourger Gipfel 68–69
Strauß, Franz-Josef 17, 54, 56, 226
Struck, Peter 159, 207
Supermacht 8
Syrien 162

Taliban 215
Teltschik, Horst 119, 220
Terrorismus 211
Thatcher, Margaret 67, 68
Truppeneinsatz 147

UN-Blauhelme 148
UN-Charta 221
UN-Embargo 136, 168
UN-Mandat 156, 222
UN-Sicherheitsrat 155, 157, 206
Unilateralismus 197, 219
Untertanengeist, deutscher 35, 50
US-Bomber 147
US-Handelsdefizit 200
US-Kriegsanstrengungen 191
US-Militärhaushalt 191
US-Notenbank 198
US-Ökonomie 188
US-Regierung 16
US-Rüstungsindustrie 172
US-Wirtschaft 175
Ustascha-Bewegung 79

Vatikan 80
Vereinigte Staaten (USA) 8, 36, 78, 148, 152, 154, 156–157, 212, 214, 218
Vergeltungsanschläge, islamische 228
Vernichtungskrieg 45, 47, 50
Vernichtungswaffen 52
Völkermord 59, 63, 113, 222
Volmer, Ludger 112

Waffenexporte, deutsche 168
Waffengewalt 133
Waffenhilfe, deutsche 138, 165
Waffeninspektionen 196
Wahlkampftrick 99
Waigel, Theo 124, 236
Walesa, Lech 70
Warschauer Pakt 128
Wehner, Herbert 94
Weimarer Republik 91
Weltkrieg, atomarer 237
Weltmarkt 175, 176, 189, 229
Weltordnung 229
Weltsicherheitsrat 7, 143
Weltwährungsschlacht 200
Weltwirtschaft 56, 175, 183, 184, 188, 198
Weltwirtschaftsordnung 126
Wiedervereinigung 8, 61–63, 65–67, 69–71, 85, 87, 94, 103, 105, 125, 203, 211, 220, 238–239
Wirtschaftskrise 192
Wirtschaftsleistung 229
Wirtschaftspolitik 86, 177
Wirtschaftsunion 86
Worldcom 186

Zentralgewalt 25
Zweiter Weltkrieg 34, 45, 89, 94, 199, 223